Aspekte der CD-Piraterie
aus kriminologischer Sicht

Europäische Hochschulschriften

Publications Universitaires Européennes
European University Studies

Reihe II
Rechtswissenschaft

Série II Series II
Droit
Law

Bd./Vol. 3023

PETER LANG
Frankfurt am Main · Berlin · Bern · Bruxelles · New York · Oxford · Wien

Martin Krug

Aspekte der CD-Piraterie aus kriminologischer Sicht

PETER LANG
Europäischer Verlag der Wissenschaften

Die Deutsche Bibliothek - CIP-Einheitsaufnahme

Krug, Martin:

Aspekte der CD-Piraterie aus kriminologischer Sicht / Martin Krug. - Frankfurt am Main ; Berlin ; Bern ; Bruxelles ; New York ; Oxford ; Wien : Lang, 2000
(Europäische Hochschulschriften : Reihe 2, Rechtswissenschaft ; Bd. 3023)
Zugl: Berlin, Freie Univ., Diss., 2000
ISBN 3-631-36993-X

D 188
ISSN 0531-7312
ISBN 3-631-36993-X

Die Arbeit lag im Wintersemester 1999/2000 am Fachbereich Rechtswissenschaften der Freien Universität Berlin als Dissertation vor.

Ich möchte an dieser Stelle all jenen - Familie und Freunden - danken, die mich auf vielfältige Art und Weise bei der Arbeit unterstützt haben.

Vor allem meiner Freundin Olga Barykina möchte ich danken, die mir tagtäglich die nötige Kraft und Motivation nicht nur für die vorliegende Arbeit gegeben hat.

Herrn Prof. Dr. Ulrich Eisenberg möchte ich meinen Dank für die immer zügige und anregende sowie den Verfasser nie einengende Unterstützung aussprechen. Ebenso gilt mein Dank Herrn Prof. Dr. Klaus Rogall für seine Arbeit als Zweitkorrektor.

Ich möchte darüber hinaus die Möglichkeit nutzen, an dieser Stelle auch der Friedrich-Ebert-Stiftung für die Unterstützung meines Studiums und meiner Promotion zu danken. Neben der finanziellen Unterstützung fand ich hier auch viele weitere wertvolle Hilfestellungen und Anregungen.

Die hier ungerechtfertigterweise namentlich nicht Genannten bitte ich um Entschuldigung für die Kürze dieses Teils der Arbeit.

Berlin, im August 2000

Inhaltsverzeichnis

Abkürzungs- und Literaturverzeichnis

Hinsichtlich der hier nicht aufgeführten Abkürzungen wird verwiesen auf Hildebert Kirchner: Abkürzungsverzeichnis der Rechtssprache, 4. Aufl., Berlin 1993.

Abele, Andrea: Methodik der Einstellungsforschung. Einige Aspekte dargestellt am Beispiel der Einstellungen gegenüber straffällig gewordenen Personen, in: Kury, Helmut: Methodologische Probleme in der kriminologischen Forschungspraxis, Köln u.a. 1984, S. 395

AKPM: Aktionskreis gegen Produkt- und Markenpiraterie

Albrecht, Peter-Alexis: Das Strafrecht im Zugriff populistischer Politik, in: Institut für Kriminalwissenschaften (Hrsg.): Vom unmöglichen Zustand des Strafrechts, Frankfurt 1995, S. 429

AP: Associated Press

Arold, R.: Einstellungen zur Wirtschaftskriminalität; Dissertation, Erlangen-Nürnberg 1975

Atteslander, Peter: Methoden der empirischen Sozialforschung, 7. Aufl., Berlin 1993

Aufenanger, Stefan: Qualitative Analyse semi-struktureller Interviews - Ein Werkstattbericht, in: Garz, Detlef, Kraimer, Klaus (Hrsg.): Qualitativ-empirische Sozialforschung, Opladen 1991, S. 35

Bär, Wolfgang: Anm. zu BGH CR 1996, 35, in: CR 1996, 37f

Bauer, Fritz: Das Verbrechen und die Gesellschaft, München/Basel, 1957

BBS: Bulletin Board System

Bechthold, Stefan: Multimedia und Urheberrecht - einige grundsätzliche Anmerkungen, in: GRUR 1998, 18

Becker, Helmut / Horn, Wolfgang: Der Schutz von Computersoftware in der Rechtspraxis, in: DB 1985, 1274

Becker, Jürgen: Neue Übertragungstechniken und Urheberrechtsschutz, in: ZUM 1995, 231

Beier, Joachim: Produktpiraterie, Köln 1991

Bellinghausen, Iris: CD-ROM: Einstieg ins Multimedia-Zeitalter?, in: Media Perspektiven 1995, 489

Bieber, Margarete: Contributions to the history of Greek and Roman art, New York 1977

BKA: Bundeskriminalamt

Boeden, Gerhard: Erscheinungsformen und polizeiliche Bekämpfungsmöglichkeiten der organisierten Kriminalität, in: Schwind, Hans-Dieter / Steinhilper, Gerhard / Kube, Edwin (Hrsg.): Organisierte Kriminalität, Heidelberg 1987, S. 23

Bögel, Marion: Strukturen und Systemanalyse der Organisierten Kriminalität in Deutschland, Berlin 1994 (zugl.: Würzburg, Diss., 1994)

Börner, Fritjof: Das geplante Gesetz und die Verordnung zur digitalen Signatur, in: ZUM 1997, 245ff.

Bortloff, Nils: Der Tonträgerpiraterieschutz im Immaterialgüterrecht, Baden-Baden 1995 (zugl.: Münster, Diss. 1994)

Brauchli, Marcus W.: In a Trade War. China fakes the bigger hit. It needs U.S.market - but Beijing may have edge in future, in: The Wall Street Journal vom 17. Mai 1996

Braun, Edwin: Produktpiraterie, Köln u.a. 1993 (zugleich: Bayreuth, Diss., 1992)

BSA: Business Software Association

BSA-Pressemitteilung: Erfolg für die Business Software Alliance: Richter ordnet erstmals zivilrechtliche Durchsuchung nach Raubkopien an, vom 24.07.1996

BSA-Pressemitteilung: Business Software Alliance (BSA) überführt Krefelder CD-Fälscher / Schaden liegt bei 390.000 Mark, vom 18.04.1997

BSA-Pressemitteilung: Führende Softwarehersteller weisen Kritik an der BSA-Kampagne gegen illegalen Softwareeinsatz in deutschen Unternehmen zurück, vom 27.05.1997

BSA-Pressemitteilung: Eilmeldung - BSA erwirkt weitere zivile Durchsuchungen, vom 15.07.1997

BSA-Pressemitteilung:	BSA-Aktionen zeigen Wirkung, vom 19.12.1997
BSA-Pressemitteilung:	Aus Südostasien droht Flut illegaler CDs, vom 30.01.1998
BSA-Pressemitteilung:	Scenario 2001: Die Softwareindustrie in Deutschland hat 96.117 Arbeitsplätze geschaffen - es könnten 35.215 mehr sein, vom 28.05.1998
BSA-Pressemitteilung:	Neue BSA-Kampagne zeigt erste Erfolge: 13 Hinweise auf illegale Software im Agentur- und Verlagswesen, vom 19.05.1998
BSA-Pressemitteilung:	Szenario 2001: Die Softwareindustrie in Deutschland hat 96.117 Arbeitsplätze geschaffen - es könnten 35.215 mehr sein, vom 28.05.1998
BSA-Pressemittteilung:	Raubkopierate in Deutschland sinkt auf 33 Prozent: Der entstandene Schaden steigt auf 891 Millionen Mark, vom 17.06.1998
BSA-Pressemitteilung:	Halbjahresbilanz der Business Software Alliance: Deutsche Unternehmen zahlen mehr als 175.000 DM an Schadensersatz und Ordnungsstrafen, vom 11.08.1998
CD:	Compact Disc
CD-DA:	Compact Disc - Digital Audio
CD-I:	Compact Disc - Interactive
CD-ROM:	Compact Disc - Read Only Memory
CD-V:	Compact Disc - Video
Charlier, Michael:	Alles im Griff. DVD-Spieler, die Nachfolger der CD-Player sind auf dem Markt. Allein die Software fehlt, in: Wirtschaftswoche vom 27.02.1997, S. 84
Christie, Nils:	Die Beziehung zwischen Kriminologie und Strafrecht: Diener, Freunde oder Feinde?, in: Deichsel, Wolfgang / Kunstreich, Timm / Lehne, Werner / Löschper, Gabi / Sack, Fritz (Hrsg.): Kriminalität, Kriminologie und Herrschaft, Pfaffenweiler 1988, S. 7
Claude, Jörg u.a.:	„Organisierte Kriminalität", in: StV 1994, 693

Cremer, Richard: Rote Karte für Plagiatoren - Bekämpfung der Produktpiraterie in der Praxis, in: Beier, Joachim: Produktpiraterie, Köln 1991, S. 53

Damm, Gerhard: Zur Problematik von Statistiken über Wirtschaftsdelikte, in: wistra 1986, 43

Davies, Gillian: Pixel Piracy, Digital Sampling & Moral Rights. Multimedia und Urheberrecht: Ein Dilemma des digitalen Zeitalters, in: GRUR int. 1996, 888

Davies, Gillian / Hung, Michèle E.: Music and video private copying, Oxford 1993

Diederichs, Frank: Budgetline und Special Products, in: Moser, Rolf / Scheuermann, Andreas: Handbuch der Musikwirtschaft, 4. Aufl., München 1997, S. 227

Dreier, Thomas: Developments and perspectives of copyright: From Gutenberg to Data Highways, in: Brunnstein / Sint (Hrsg.): Intellectual Property Rights and New Technologies, Proceedings of the KnowRight '95 Conference, Wien/München 1995, S. 31ff.

DVD: Digital Versatile Disc

Eck, Mathias: Betriebsspionage endet vor dem Strafrichter, in: FAZ vom 17.02.1997

Eisenberg, Ulrich: Über Organisiertes Verbrechen, in: JZ 1990, 574

ders.: Videopiraterie aus kriminologischer Sicht, in: Schriftenreihe des Instituts für Rundfunkrecht an der Universität zu Köln, München 1993, S. 13 [zitiert: Eisenberg (1993)]

ders.: Straf(verfahrens-)rechtliche Maßnahmen gegenüber Organisiertem Verbrechen, in: NJW 1993, 1033

ders.: Kriminologie, Jugendstrafrecht, Strafvollzug, 4. Aufl., München 1994 [(zitiert: Eisenberg (1994)]

ders.: Kriminologie, 4. Aufl., Köln u.a. 1995 [zitiert: Eisenberg (1995)]

ders.: Beweisrecht der StPO - Spezialkommentar, 2. Aufl., München 1996 [zitiert: Eisenberg (1996)]

Eisenberg, Ulrich / Ohder, Claudius: Über Organisiertes Verbrechen, in: JZ 1990, 574

Emmerich, Torsten: Rechtsschutz für Standardsoftware, Diss. Göttingen, 1990

Ensthaler, Jürgen: Produktpirateriegesetz, in: GRUR 1992, 273

Erbs / Koolhaas (Hrsg.): Strafrechtliche Nebengesetze, 1. bis 5. Auflage, Stand: 111. EL, München 1994 (zitiert: Erbs / Koolhaas - *Bearbeiter* -)

Etter, Eberhard: Softwareschutz durch Strafanzeige, in: CR 1989, 115

Fabiani, Mario: Sind Apparate geistige Schöpfer?, in: GRUR int. 1965, 422

Falk, Bernhard: Erfassung, Beschreibung und Analyse von Organisierter Kriminalität. Defizite und Fortentwicklungsmöglichkeiten, in: BKA (Hrsg.): Organisierte Kriminalität, Wiesbaden 1997, S. 127

Fiedler, Herbert / Ullrich, Hans (Hrsg.): Information als Wirtschaftsgut, Köln 1997

Flechsig, Norbert P.: Zum Bedürfnis einer Verschärfung des Urheberrechts, in: FuR 1980, 345

ders.: Urheberrechtskriminalität und Urheberstrafrecht, in: ZRP 1980, 313

ders.: Anmerkung zu KG NStZ 1983, 561, in: NStZ 1983, 562

Franzheim, Horst: Überkriminalisierung durch Urheberrechtsnovelle, in: CR 1993, 101

Friedrich, Matthias: Strafbarkeit des Endabnehmers von Raubkopien, in: MDR 1985, 366

Fromm / Nordemann: Nordemann, Wilhelm / Vinck, Kai / Hertin, Paul: Urheberrecht. Kommentar zum Urheberrechtsgesetz und zum Urheberrechtswahrnehmungsgesetz, 8. Aufl., Stuttgart u.a. 1994 (zitiert: Fromm / Nordemann - *Bearbeiter* -)

Funk, R.: The history of the CD-ROM, in: Sherman, Chris (Hrsg.): CD-ROM Handbook, 2. Aufl., New York 1994, S. 222

GACG: Global Anti-Counterfeiting Group

Ganter, Alexander: Strafrechtliche Probleme im Urheberrecht, in: NJW 1986, 1479

Garz, Detlef / Kraimer, Klaus: Qualitativ-empirische Sozialforschung im Aufbruch, in: Garz, Detlef, Kraimer, Klaus (Hrsg.): Qualitativ-empirische Sozialforschung, Opladen 1991, S. 1

Gaster, Jens: Urheberrecht und verwandte Schutzrechte in der Informationsgesellschaft, in: ZUM 1995, 740

GEMA: Gesellschaft für musikalische Aufführungs- und mechanische Vervielfältigungsrechte

Gerhardus, Thomas: Berührungspunkte des Urheber- und Wettbewerbsrechts, Frankfurt a.M. 1994

Glauben, Paul J.: Kopieren von Computerprogrammen, in: DRiZ 1991, 73

Göppinger, Hans: Kriminologie, 5. Aufl., 1997

Götting, Horst-Peter: Die Entwicklung neuer Methoden der Beweisbeschaffung zur Bekämpfung von Schutzrechtsverletzungen, in: GRUR int. 1988, 729

von Gravenreuth, Günter Frhr.: Das Plagiat aus strafrechtlicher Sicht, Köln u.a. 1986 [zitiert: von Gravenreuth (1986)]

ders.: Folgekriminalität im Bereich der Softwarepiraterie und ähnlichen Delikten, in: CR 1986, 741

ders.: Typische und untypische Raubkopien. Eine Erwiderung, in: CR 1991, 36

GVU: Gesellschaft zur Verfolgung von Urheberrechtsverletzungen

GVU-Information Nummer 1: Die Piraterieситuation 1994

Haberstumpf, Helmut: Handbuch des Urheberrechts, Neuwied 1996

Harms / Ehlers: Harms, Wolfgang / Ehlers, Dirk (Hrsg.): Wirtschaftsstrafrecht. Eine Gesamtdarstellung des deutschen Wirtschaftsstraf- und -ordnungswidrigkeitenrechts, 2. Aufl., Münster 1992 (zitiert: Harms / Ehlers - *Bearbeiter* -)

Hassel, Florian: Grenzenloser Klau - Raubkopien sind längst keine chinesische Spezialität mehr, in: Frankfurter Rundschau vom 24.8.1996

Hassemer, Winfried: Kennzeichen und Krisen des modernen Strafrechts, in: ZRP 1992, 378

ders.: Rechtsstaatliche Grenzen bei der Bekämpfung der Organisierten Kriminalität, in: Sieber, Ulrich (Hrsg.): Internationale Organisierte Kriminalität. Herausforderung und Lösungen für ein Europa offener Grenzen, Köln 1997, S. 213 [zitiert: Hassemer (1997)]

Heghmann, Michael: Öffentliches und besonderes öffentliches Interesse an der Strafverfolgung in der Softwarepiraterie, in: NStZ 1991, 112

Heinrich, Bernd: Die Strafbarkeit der unbefugten Vervielfältigung und Verbreitung von Standardsoftware, Berlin 1993 (zugleich: Tübingen, Diss., 1992)

Heinz, Wolfgang: Konzeption und Grundsätze des Wirtschaftsstrafrechts (einschließlich Verbraucherschutz), in: ZStW 96 (1984), 417

ders.: Wirtschaftskriminalität, in: Kaiser, Günther / Kerner, Hans-Jürgen / Sack, Fritz / Schellhoss, Hartmut (Hrsg.): Kleines Kriminologisches Wörterbuch, 3. Aufl., 1993, S. 589ff. [zitiert: Heinz (1993)]

Helgerson, Linda W.: The CD-ROM Industry: Past, Present and Future, in: Sherman, Chris (Hrsg.): CD-ROM Handbook, 2. Aufl., New York 1994, S. 3ff.

Hentschel, Udo: Rechtswidrige Vervielfältigung oder Verbreitung von Video-Kassetten als Vortat im Sinne von § 259 StGB, in: FuR 1983, 389

Hess, Henner: Rauschgiftbekämpfung und desorganisiertes Verbrechen, in: KritJ 1992, 324

Heymann, Thomas: Probleme des Shareware-Vertriebs, in: CR 1991, S. 6

Hilpert, Hanns G.: TRIPS und das Interesse der Entwicklungsländer am Schutz von Immaterialgüterrechten in ökonomischer Sicht, in: GRUR int. 1998, 91

Hoeren, Thomas: Sounds von der Datenbank - Zur urheber- und wettbewebsrechtlichen Beurteilung des Samplings in der Popmusik, in: GRUR 1989, 11

ders.: Multimedia = Mulitlegia, in: CR 1994, 390

ders.: Multimedia - Eine Herausforderung für das Urheber- und Wettbewerbsrecht, in: Informationsmarkt und Informationsschutz in Europa. Rechtliche Fragen - Europäische Harmonisierung (hrsg. von Thomas Heymann), Köln 1995 [zitiert: Hoeren (1995)]

Hubmann, Heinrich: Die Idee vom geistigen Eigentum, die Rechtsprechung des Bundesverfassungsgerichts und die Urheberrechtsnovelle von 1985, in: ZUM 1988, 4

Hubmann, Heinrich / Rehbinder, Manfred: Urheber- und Verlagsrecht, 8. Aufl., München 1995

Hund, Horst: Entkriminalisierung - Königsweg oder Notlösung, in: ZRP 1994, 4

IFPI: International Federation of the Phonographic Industry

IFPI-Pressemitteilung: Aller guten Dinge sind drei - dritter Durchsuchungserfolg gegen Pinneberger Musikpiraten in 18 Monaten, vom 20.01.1995

IFPI-Pressemitteilung: Vorsicht Falle: Illegale Importe, vom 23.10.1995

IFPI Phono Press News: Euro-Bootlegs im Wert von 2,5 Mio. DM beschlagnahmt. IFPI-Fahnder in Hamburg erfolgreich, vom 12.12.1995

IFPI Phono Press News: Volltreffer! Entscheidender Schlag gegen Musik-Piraten-Mafia im Ruhrgebiet, vom 12.03.1996

IFPI press information: "Zero Tolerance" policy for CD manufacturers as music piracy reaches US$5 billion, vom 18.09.1997

van Isacker, Frans: Vom tieferen Sinn des Urheberrechts und der Rolle, die die Verwertungsgesellschaften dabei spielen, in: Herschel, Wilhelm / Klein, Friedrich / Rehbinder, Manfred (Hrsg.): Festschrift für Georg Roeber, Berlin 1973, S. 221

Isensee, Josef: Im Spannungsfeld: Marktwirtschaft - Moral - Recht - Verfassungsstaat, in: Hollerbach, Alexander / Maier, Hans / Mikat, Paul: Wirtschaftsethik - Wirtschaftsstrafrecht, Paderborn 1991, S. 87

ISO: International Standards Organization

ISRC: International Standard Recording Code

Ivanov, L.O.: Über Tendenzen und Struktur der Wirtschaftskriminalität in der UdSSR, in: Eser, Albin / Kaiser, Günter (Hrsg.): Strafrechtsreform in der UdSSR und Deutschland. Problemschwerpunkte des strafprozessualen Verfahrens, Schadenswiedergutmachung und Wirtschaftskriminalität. (Fünftes deutsch-sowjetisches Kolloquium über Strafrecht und Kriminologie), Baden-Baden, 1992

Jahn, Carsten: Sharewareregistrierung auf Umwegen, in: jur-pc 1995, 3286

Jansen, Maria: Das Risiko tragen die Kleinen. Auf der Suche nach dem Schutz für das geistige Eigentum, in: Die Zeit vom 06.12.1996

Jensen-Wolf: Schallplatten-Händler laufen Sturm gegen CD-Verleih in Videotheken, dpa-Information vom 17.07.1987

Jung, Heike: Gesetz zur Bekämpfung der Produktpiraterie, in: JuS 1990, 856

Jurczyk, Jan: Rüde Methoden im Kampf gegen Software-Piraten, in: Berliner Zeitung vom 29.12.1997

Kaiser, Günther: Diversion, in: Kaiser, Günther / Kerner, Hans-Jürgen / Sack, Fritz / Schellhoss, Hartmut (Hrsg.): Kleines Kriminologisches Wörterbuch, 3. Aufl., 1993, S.88 [zitiert: Kaiser (1993)]

ders.: Kriminologie, 3. Aufl., Heidelberg 1996 [zitiert: Kaiser (1996)]

Kann, Berit: Musikpiraterie: Ansätze zur Lösung der praktischen und juristischen Probleme unter besonderer Berücksichtigung des Urheberstrafrechts, Münster 1995 (zugl.: Rostock, Diss., 1995)

Karstedt, Susanne: Recht und Scham, in: Neue Kriminalpolitik Nr. 4/1996, S. 22

Kastner, Klaus: Das Plagiat - literarische und rechtliche Aspekte, in: NJW 1983, 1151

Kirchhof, Paul: Der Gesetzgebungsauftrag zum Schutz des geistigen Eigentums, Heidelberg 1988

KK: Pfeiffer, Gerd (Hrsg.): Karlsruher Kommentar zur Strafprozeßordnung und zum Gerichtsverfassungsgesetz, 3. Aufl., München 1993 (zitiert: KK - *Bearbeiter* -)

Kniesel, Michael: „Innere Sicherheit" und Grundgesetz, in : ZRP 1996, 482

Koch / Scholtz: Koch, Karl / Scholtz, Rolf-Detlev: Abgabenordnung, 5. Aufl., München 1996

Koch, Frank: Software-Urheberrechtsschutz für Multimedia-Anwendungen, in: GRUR 1995, 459

Kohler, Josef: Die Idee des geistigen Eigentums, in: UFITA 1993, S. 99

Kornmeier, Udo: Nutzungsrechte bei Multimedia-Auswertungen, in: Moser, Rolf / Scheuermann, Andreas: Handbuch der Musikwirtschaft, 4. Aufl., München 1997, S. 864

Kraßer, Rudolf: Schadensersatz für Verletzungen von gewerblichen Schutzrechten und Urheberrechten nach deutschem Recht, in: GRUR int. 1980, 259

Kreile, Johannes / Becker, Jürgen: Multimedia und die Praxis der Lizenzierung von Urheberrechten, in: GRUR int. 1996, 677

Kreile, Johannes / Westphal, Dietrich: Multimedia und das Filmbearbeitungsrecht, in: GRUR 1996, 254

Kreile, Reinhold: Technischer Fortschritt und Urheberrecht, in: Herschel, Wilhelm u.a. (Hrsg.): Festschrift für Georg Roeber zum 10. Dezember 1981, Freiburg 1982

ders.: Einnahme und Verteilung der gesetzlichen Geräte- und Leerkassettenvergütung für private Vervielfältigung in Deutschland, in: GRUR int. 1992, 24

Krelle, Wilhelm: Wirtschaftsethik und Ökonomie, in: Hollerbach, Alexander / Maier, Hans / Mikat, Paul: Wirtschaftsethik - Wirtschaftsstrafrecht, Paderborn 1991, S. 9

Kretschmer, Friedrich: Schutz von Computerprogrammen, in: GRUR 1982, 670

Kühne, Hans-Heiner: Sonderheiten japanischer organisierter Kriminalität: Möglichkeit der Entwicklung auch in Europa, in: BKA-Vortragsreihe, Bd. 36: Organisierte Kriminalität in einem Europa durchlässiger Grenzen, Wiesbaden 1991, S. 111

Kube, Edwin: Prävention von Wirtschaftskriminalität, Wiesbaden 1984

Lamnek, Siegfried: Qualitative Sozialforschung, 3. Aufl., Weinheim 1995
- Bd. I: Methodologie [zitiert: Lamnek (Bd. I)]
- Bd. II: Methoden und Techniken [zitiert: Lamnek (Bd. II)]

Lamparter, Dietmar H.: Lockruf des Yuan, in: Die Zeit Nr. 26/1996 vom 21.6.1996, S. 19

Lange, Klaus: Transnationale Organisierte Kriminalität, München 1997

Langer, Jörg: Halb Deutschland brennt, in: GameStar 6/1998, S. 58

Leutheusser-Schnarrenberger, Sabine: Die Bundesregierung setzt sich dafür ein, „daß die ausschließlichen Verwertungsrechte der Urheber im Zeitalter der digitalen Technologie klargestellt und bekräftigt werden"., in: ZUM 1992, 115

dies.: Urheberrecht am Scheideweg, in: ZUM 1996, 631

Levin, Marianne: Was bedeutet counterfeiting?, in: GRUR int. 1987, 18 *von Lewinski, Silke:* Die Umsetzung der Richtlinie zum Vermiet- und Verleihrecht, in: ZUM 1995, 442

Lieben, Detlev: Strafrechtliche Bekämpfung der Video-Piraterie durch die §§ 257ff StGB, in: GRUR 1984, 572

LKA: Landeskriminalamt

LR: Riess, Peter (Hrsg.): Die Strafprozeßordnung und das Gerichtsverfassungsgesetz, 24. Aufl., Berlin u.a. 1987 (zitiert: LR - *Bearbeiter* -)

Lühr, Rüdiger: Kommen die Urheberrechte auf der Datenautobahn unter die Räder?, in: „M" Nr. 3/96, S.9

Lührs, Wolfgang: Verfolgungsmöglichkeiten im Fall der „Produktpiraterie" unter besonderer Betrachtung der Einziehungs- und Gewinnabschöpfungsmöglichkeiten (bei Ton-, Bild- und Computerprogrammträgern), in: GRUR 1994, 264

Maus, Joachim: Die digitale Kopie von Audio- und Videoprodukten, Baden-Baden 1990

MBI: Music Business International

Meier, Bernd-Dieter: Software-Piraterie - eine Straftat?, in: JZ 1992, 657

Meier, Bernd-Dieter / Böhm, Bernhard: Strafprozessuale Probleme der Computerkriminalität, in: wistra 1992, 166

Meister, Herbert E.: Aspekte der Produktpiraterie, in: WRP 1991, 137

Meuser, Michael / Nagel, Ulrike: ExpertInneninterviews - vielfach erprobt, wenig bedacht, in: Garz, Detlef, Kraimer, Klaus (Hrsg.): Qualitativ-empirische Sozialforschung, Opladen 1991, S. 441

Möhrenschlager, M.: Wirtschaftsstraftaten, in Krekeler, Wilhelm / Tiedemann, Klaus / Ulsenheimer, Klaus / Weinmann, Günter (Hrsg.): Handbuch des Wirtschafts- und Steuerstrafrechts (mit Ordnungsiwdrigkeiten- und Verfahrensrecht), Köln 1985ff.

Möhring, Philipp: Können technische, insbesondere Computer-Erzeugnisse Werke der Literatur, Musik und Malerei sein?, in: UFITA Band 50/Teil C (1967), S. 835

Montenbruck, Axel: Zum Verhältnis von Steuerhinterziehung und gewerbsmäßigem Schmuggel, in: wistra 1987, 7

MS: Microsoft

Müller, Dietrich: Produktpiraterie: Eine neue Form des Wettbewerbs?, in: Beier, Joachim: Produktpiraterie, Köln 1991, S. 9

Müller, Rudolf: Schwerpunktverschiebungen der Wirtschaftskriminalität in den letzten Jahren aus der Sicht der Praxis [zitiert: Müller (Schwerpunktverschiebungen)]

ders.: Wirtschaftskriminalität, 2. Aufl., München 1986 [zitiert: Müller, R. (1986)]

Müller, Rudolf / Wabnitz, Heinz-Bernd: Die veränderte Stellung des Staatsanwalts im heutigen Wirtschaftsleben, in: ZRP 1990, 429

dies.: Wirtschaftskriminalität, 3. Aufl., München 1993 [zitiert: Müller / Wabnitz (1993)]

dies.: Wirtschaftskriminalität - Eine Bedrohung für Staat und Gesellschaft, in: APuZ 23/95, S. 28

Müller, Rudolf / Wabnitz, Heinz-Bernd / Janovsky, Thomas: Wirtschaftskriminalität, 4. Aufl. München 1997

Münker, Reiner: Urheberrechtliche Zustimmungserfordernisse beim Digital Sampling, Frankfurt a.M. 1995 (zugl.: Gießen, Diss. 1994)

Nauth, Wolfgang: Die organisierte Weinkriminalität, Frankfurt/Main, 1961

Nick, Wolfgang: Musikdiebstahl. Technische, wirtschaftliche und rechtliche Aspekte der illegalen Herstellung und Verbreitung von Tonträgern, Hamburg, 1979 [zitiert: Nick (1979)]

ders.: Die Verfolgung der Tonträger-Piraterie in den USA und in der Bundesrepublik. Pirateriegeschäfte und Abwehraktionen, in: FuR 1980, 377

Ockenfeld, Marlies / Wetzel, Emil: Grundlagen und Perspektiven der Multimedia-Techniken, in: CR 1993, 385

von Olenhusen, A.: „Ewiges geistiges Eigentum“ und „Sozialbindung“ der Urheberrechte in der Rechtsentwicklung und Diskussion im 19. Jahrhundert in Frankreich und Deutschland, in: Herschel, Wilhelm u.a. (Hrsg.): Festschrift für Georg Roeber zum 10. Dezember 1981, Freiburg 1982, S. 83

Opp, Karl-Dieter: Soziologie der Wirtschaftskriminalität, München 1975

Oppermann, Klaus: Der Auskunftsanspruch im gewerblichen Rechtsschutz und Urheberrecht - Dargestellt unter besonderer Berücksichtigung der Produktpiraterie, Berlin 1997 (zugl.: Diss., Berlin 1995)

Ostendorf, Heribert: Wirtschaftskriminalität - Kehrseit der Medaille oder schleichende Systemveränderung, in: See, Hans / Schenk, Dieter (Hrsg.): Wirtschaftsverbrechen. Der innere Feind der freien Marktwirtschaft, Köln 1993

Otto, Harro: Personales Unrecht, Schuld und Strafe, in: ZStW 87 (1975), 539

ders.: Außerstrafrechtliche Voraussetzungen des Wirtschaftsstrafrechts, in: Hollerbach, Alexander / Maier, Hans / Mikat, Paul: Wirtschaftsethik - Wirtschaftsstrafrecht, Paderbron 1991, S. 51 [zitiert: Otto (1991)]

ders.: Strafrechtsdogmatische Aspekte der Wirtschaftskriminalität, in: Eser, Albin / Kaiser, Günther (Hrsg.): Fünftes deutsch-sowjetisches Kolloquium über Strafrecht und Kriminologie, Baden-Baden 1992 [zitiert: Otto (1992)]

o.V.: ohne Verfasserangabe

o.V.: Unbekannte Täter stahlen CDs, in: Musikhandel 1993, S. 151

o.V.: Antikopier-Kampagne, in: Musikhandel 1993, S. 214

o.V.: Microsoft geht vehement gegen die illegalen Softwarekopierer vor, in: Computerwoche 7/94 vom 18.02.1994, S.11

o.V.: Die Silberscheibe entwickelt sich zum großen Renner, in: Handelsblatt vom 8.3.1994

o.V.: Die Programm-Hersteller wollen vor den Software-Piraten nicht kapitulieren, in: Handelsblatt vom 12.4.1994

o.V.: Internationales Händler-Treffen in Köln - Bessere Diebstahls-Sicherung an der CD gefordert, in: Musikhandel 1994, S. 318

o.V.: International Antipiracy Conference (IAC) mit weltweiter Beteiligung in Hamburg, in: Musikhandel 1995, S. 320

o.V.: USA und China wenden Handelskrieg ab, in: Berliner Zeitung vom 18.06.1996

o.V.: in: BSA - Software Review, Nr 1/96, S. 4

o.V.: „Der Gesetzgeber muß gegensteuern", Interview mit Wolfgang Schimmel (IG Medien) über das Urheberrecht in digitalen Medien, in: „M" 3/96, S. 12

o.V.: Das Ende unbeschreiblicher Zustände, in: PC Professionell, Nr. 3/96, S. 94

o.V.: IFPI macht Disco-Mix-Piraten dingfest, in: Musikwoche Nr. 14 / 96

o.V.: Rampaging Chinese pirates sink new hopes of regional clean-up, in: MBI June 1996

o.V.: Software-Piraten aufgeflogen, in: Musikwoche Nr. 20 / 1996

o.V.: Das Geschäft mit illegalen Tonträgern floriert, in: Musikwoche Nr. 21 / 96

o.V.: Schutzabkommen ohne Wirkung, in: Musikwoche Nr. 26/96

o.V.: Interview mit Rolf Nobel, Sprecher der Foto-Journalisten-Vereinigung „FreeLens", in: Neues Deutschland vom 20.11.1996

o.V.: China beschlagnahmte 1996 zehn Millionen Raubkopien (AP-Agenturmeldung vom 26.12.1996)

o.V.: Piracy Update, in: IFPI Network No. 5/1997, S.3

o.V.: Verkauf, in: Berliner Zeitung vom 29.07.1998

o.V.: Markenpiraten werden immer zahlreicher und perfekter, in: Tagesspiegel vom 01.10.1998

Palandt: Bassenge, Peter / Diederichsen, Uwe / Edenhofer, Wolfgang / Heinrichs, Helmut / Heldrich, Andreas / Putzo, Hans: Kommentag zum Bürgerlichen Gesetzbuch, 58. Aufl.. München 1998 (zitiert: Palandt - *Bearbeiter* -)

Peters, Butz: Die Absahner, Hamburg 1996

Peters, Karl: Strafprozeß - Ein Lehrbuch, 4. Aufl., Heidelberg 1985

Podiumsdiskussion Entkriminalisierung der Softwarepiraterie (Leitung: RA Bartsch), in: Heymann, Thomas (Hrsg.): Informationsmarkt und Informationsschutz in Europa. Rechtliche Fragen - Europäische Harmonisierung, Köln 1995 (zitiert: Podiumsdiskussion - *Diskussionsteilnehmer* -)

Poerting, Peter: Begriff und Besonderheit der Wirtschaftskriminalität aus kriminalpolizeilicher Sicht, in: Poerting, Peter (Hrsg.): Wirtschaftskriminalität. Bd. 1, Wiesbaden 1984

Pohlmann, Ken: Compact Disc Handbuch. Grundlagen des digitalen Audio. Technischer Aufbau von CD-Playern. CD-ROM, CD-I, Photo-CD, München 1994

PolSt: Polizeiliche Kriminalstatistik (Hrsg: Bundesminister des Innern)

Reckless, Walter C.: Criminal Behavior, New York, London, 1940

Rehbinder, Manfred: Multimedia und das Urheberpersönlichkeitsrecht, in: ZUM 1995, 684

Reischel, Hagen: Wirtschaftskriminalität und Rechtsgut, Diss., Berlin 1990

Reiwald, P.: Die Gesellschaft und ihre Verbrecher, Zürich 1948

Robert, Philippe: Strafe, Strafrecht, Kriminologie, Frankfurt u.a. 1990

Rochlitz, Burkhard: Der strafrechtliche Schutz des Urhebers und Leistungsschutzrechts-Inhabers - Vorschlag zur Einführung eines neuen Tatbestandes im allgemeinen Strafrecht mit einheitlicher Geltung für Berechtigte auf dem Gebiet des Urheberrechts und des gewerblichen Rechtsschutzes, in: FuR 1980, 351

ders.: Der strafrechtliche Schutz des ausübenden Künstlers, des Tonträger- und Filmherstellers und des Sendeunternehmers, Frankfurt a.M. 1987 [zitiert: Rochlitz (1987)]

Roeber, Georg: Piraterie an geschützten Werken und Leistungen, in: FuR 1980, 390

Röhl, Klaus F.: Rechtssoziologie, Köln 1987

Rogall, Klaus: Grundprobleme des Abfallrechts, in: NStZ 1992, 360, 561

Roxin, Claus: Zur Entwicklung der Kriminalpolitik seit den Alternativ-Entwürfen, in: JA 1980, 545

Rucktäschel, A.: Käuferpotential oder Trendsetter, in: Erdmann, J.W. / Rückriem, G. / Wolf, E.: Jugend heute. Wege in die Autonomie, Rieden 1996, S. 115

Sawall, Achim: Selbstgebranntes am PC, in: Computer & Co Nr. 11/97, S.26

Schack, Haimo: Urheber- und Urhebervertragsrecht, Tübingen 1997

Schaefer, Christoph: Organisierte Kriminalität aus der Sicht der Justiz, in: BKA (Hrsg.): Organisierte Kriminalität, Wiesbaden 1997, S. 107

Schäfer, H.: Zur Täterpersönlichkeit des Wirtschaftskriminellen, in: BKA (Hrsg.): Grundfragen der Wirtschaftskriminalität, Wiesbaden 1963, S. 117

Schaefer, Martin: Für EG-Bürger führen viele Wege nach Rom, in: GRUR 1992, 424

ders.: Tonträgerpiraterie, in: Moser, Rolf / Scheuermann, Andreas: Handbuch der Musikwirtschaft, 4. Aufl., München 1997, S. 796

Schaefer, Martin / Körfer, Manfred: Tonträger-Piraterie. Ein Leitfaden für die Praxis; Starnberg 1995

Schmehl, Arndt: Symbolische Gesetzgebung, in: ZRP 1991, 251

Schmid, Thomas Peter: Urheberrechtliche Probleme moderner Kunst und Computerkunst in rechtsvergleichender Darstellung, München 1995 (zugl.: München, Diss. 1995)

Schmölders, G.: Der heimliche Beitrag zum Sozialprodukt, in: FAZ vom 8.3.1980

Schneider, Hans-J.: Wirtschaftskriminalität, in: ders. (Hrsg.): Die Psychologie des 20. Jahrhunderts, Bd. XIV Auswirkungen auf die Kriminologie, Zürich 1981, S. 359 [zitiert: Schneider (1981a)]

ders.: Strafgesetzgebung, in: ders. (Hrsg.): Die Psychologie des 20. Jahrhunderts, Bd. XIV Auswirkungen auf die Kriminologie, Zürich 1981, S. 711 [zitiert: Schneider (1981b)]

ders.: Kriminologie, Berlin 1987 [zitiert: Schneider (1987)]

Schnell, Rainer / Hill, Paul B. / Esser, Elke: Methoden der empirischen Sozialforschung, 4. Aufl, München 1993

Schöch, Heinz: Empirische Grundlagen der Generalprävention, in: Theo Vogler (Hrsg.): Festschrift für Hans-Heinrich Jescheck zum 70. Geburtstag, 2. Halbband, Berlin 1985, S. 1081 [zitiert: Schöch (FS-Jescheck)]

ders.: Rechtsstaatliche und kriminologische Grundlagen der strafrechtlichen Sanktionen in der Bundesrepublik Deutschland, in: Eser, Albin / Kaiser, Günther / Weigend, Ewa (Hrsg.): Vom totalitären zum rechtsstaatlichen Strafrecht – Kriminalpolitische Tendenzen im Strafrecht osteuropäischer Reformländer, Freiburg i. Br. 1993, S. 361 [zitiert: Schöch (1993)]

Scholz, Rupert:	Organisierte Kriminalität - Entwicklung und rechtspolitische Aufgabe, in: Schwind, Hans-Dieter/ Steinhilper, Gerhard/ Kube, Edwin (Hrsg.): Organisierte Kriminalität, Heidelberg 1987, S. 61
Schramm, Balthasar:	Sample-Computer und das Recht der Musik, Diss., Münster 1992
Schramm, Carl:	Der Marktverwirrungsschaden, in: GRUR 1974, 617
Schricker:	Schricker, Gerhard (Hrsg.): Urheberrecht. Kommentar, 2. Aufl., München 1999
Schüler-Springorum, Horst:	Kriminalpolitik für Menschen, Frankfurt/M. 1991
Schulze, Erich:	Tendenzen in der Entwicklung des Urhebervertragsrechts, in: NJW 1995, 706
Schulze, Marcel:	Materialien zum Urheberrechtsgesetz, Weinheim u.a. 1993
Schwenzer, Oliver:	Werden Träume wahr in der CD-Kopier-Bar? - Grenzen der Privatkopie nach § 53 I UrhG, in: ZUM 1997, 478
SCMS:	Serial Copy Management System
Seelmann, Kurt:	Risikostrafrecht, in: KritV 1992, 452
SID-Code:	Source Identification Code
Sieber, Ulrich:	Organisierte Kriminalität in Japan und in Deutschland, in Kühne (Hrsg.): Festschrift für Koichi Miyazawa, Baden-Baden 1995, S. 265 [zitiert: Sieber (FS-Miyazawa)]
ders.:	Gefahren und Präventionsmöglichkeiten im Bereich der Internationalen Organisierten Kriminalität, in: Sieber, Ulrich (Hrsg.): Internationale Organisierte Kriminalität. Herausforderung und Lösungen für ein Europa offener Grenzen, Köln 1997, S. 269 [zitiert: Sieber (1997a)]

ders.: Die Logistik der Organisierten Kriminalität. Erkenntnisse eines interdisziplinären Forschungsansatzes, in: BKA (Hrsg.): Organisierte Kriminalität. Vorträge und Diskussionen bei der Arbeitstagung des Bundeskriminalamts vom 19. bis 22. November 1996, Wiesbaden 1997, S. 229, [zitiert: Sieber (1997b)]

Sieber, Ulrich / Bögel, Marion: Logistik der Organisierten Kriminalität, Wiesbaden 1994

Sielaff, Wolfgang: Produktpiraterie. Gedanken über ein Delikt mit Zukunft, in: Kriminalistik 1991, 434

Siemens, Mark: in: Frankfurter Allgemeine Zeitung vom 17.4.1989

SK (StGB): Rudolphi, Hans-Joachim / Horn, Eckhard (Hrsg.): Systematischer Kommentar zum Strafgesetzbuch, 31. Lieferung, September 1999 (zitiert: SK (StGB) - *Bearbeiter* -)

SK (StPO): Rudolphi, Hans-Joachim / Horn, Eckhard / Samson, Erich (Hrsg.): Systematischer Kommentar zur Strafprozeßordnung und zum Gerichtsverfassungsgesetz, 15. Ergänzungs-lieferung, März 1996 (zitiert: SK (StPO) - *Bearbeiter* -)

Smettan, Jürgen Rüdiger: Die zwei Seiten moralischer Kosten, in: Kaiser, G. / Kury, H.: Kriminologische Forschung in den 90er Jahren, Freiburg i.Br. 1993, S. 52

SPA: Software Publishers Association

Spautz, Wolfgang: Zur Ahndung von Urheberrechtsverletzungen, in: FuR 1978, 96

Spieß, Andreas: Urheber- und wettbewerbsrechtliche Probleme des Sampling in der Pop-Musik, in: ZUM 1991, 524

StBA: Statistisches Bundesamt

Statistisches Bundesamt (Hrsg.): Datenreport 1989, Darmstadt 1990

dass. (Hrsg.): Wirtschaftsrechnungen, Fachserie 15, Reihe 1: Einnahmen und Ausgaben ausgewählter privater Haushalte 1994, Wiesbaden 1995

dass. (Hrsg.): Statistisches Jahrbuch 1997 für die Bundesrepublik Deutschland, Wiesbaden 1997

Steinbrink, Bernd: Multimedia - Einstieg in eine neue Technologie, Haar bei München, 1992

Stenger, Hans-Jürgen: Ein Delikt mit Zukunft?, in: Kriminalistik 1989, 479

Sternberg-Lieben, Detlev: Internationaler Musikdiebstahl und deutsches Strafanwen-dungsrecht, in: NJW 1985, S. 2121

Streng, Franz: Strafrechtliche Sanktion - Grundlage und Anwendung, Stuttgart u.a. 1991

Sutherland, Edwin: White collar crime. The uncut version. With an introduction by Gilbert Geis and Colin Goff

Sykes, Gresham M. / Matza, David: Techniken der Neutralisierung: Eine Theorie der Delinquenz, in: Sack, Fritz, König, René: Kriminalsoziologie, 3. Aufl., Wiesbaden 1979, S. 360

Tai, Thomas: Cracker, Hacker, Datensammler - Softwarepiraterie unter der Lupe, Heidelberg 1986

Thelen, Peter J.: Wirtschaftskriminalität und Wirtschaftsdelinquenz aus ökonomischer Sicht (Branchen Märkte Unternehmen, Band 4: Wirtschaftskriminalität), Düsseldorf 1981

de Thier, Peter: „Gates gegen die Menschheit“, in: Berliner Zeitung vom 16.01.1998

Tiedemann, K.: Wirtschaftsstrafrecht als Aufgabe, in: Tiedemann, K. (Hrsg.): Die Verbrechen in der Wirtschaft - Neue Aufgaben für Strafjustiz und Strafrechtsreform, Karlsruhe 1970, S. 9 [zitiert: Tiedemann (1970)]

ders.: Welche strafrechtlichen Mittel empfehlen sich für eine wirksame Bekämpfung der Wirtschaftskriminalität?, Gutachten zum 49. Deutschen Juristentag, München 1972 [zitiert: Tiedemann (1972a)]

ders.: Wirtschaftsgesetzgebung und Wirtschaftskriminalität, in: NJW 1972, S. 657 [zitiert: Tiedemann (1972b)] *ders.:* Wirtschaftsstrafrecht und Wirtschaftskriminalität, 1. Allg. Teil, Reinbek bei Hamburg, 1976 [zitiert: Tiedemann (1976)]

ders.: Wirtschaftsstrafrecht - Einführung und Übersicht, in: JuS 1989, 689

Tielke, Joachim: Die Ermittlung im Bereich der Videopiraterie, in: Schriftenreihe des Instituts für Rundfunkrecht an der Universität zu Köln, München 1993, S. 29

TOC: Table of contents

Tóth, Ferenc-Stephan: Kriminologische Forschung in Unganr zwischen 1956 und 1981, Berlin 1996 (zugl: Diss., Berlin, 1995/96)

Traub, David C.: A Historical Perspective of CD-ROM, in: Sherman, Chris (Hrsg.): CD-ROM Handbook, 2. Aufl., N.Y. 1994, S. 17ff.

Dreher, Eduard / Tröndle, Herbert: Strafgesetzbuch, 48. Aufl., München 1997

Vahlenkamp, Werner / Hauer, Peter: Phänomenologie der Logistik der Organisierten Kriminalität in den Bereich KfZ-Verschiebung, Ausbeutung der Prostitution, Menschenhandel und illegales Glücksspiel, Wiesbaden 1993

VBP: Vereinigung zur Bekämpfung von Produktpiraterie e.V.

Voelkel, Frank: Brenntricks, in: PC professionell PC Nr. 5/1998, S. 165

Volk, Klaus: Kriminologische Probleme der Wirtschaftskriminalität, in: MschrKrim 1977, 265

ders.: Strafrecht und Wirtschaftskriminalität, in: JZ 1982, S. 85

VSI: Verband der Softwareindustrie Deutschlands e.V.

VUD: Verband der Unterhaltungssoftware Deutschlands e.V.

Wafzig, Hans Rudolf: Prolegomena zu einer normativen Wirtschaftskriminologie - Notwendigkeit, Problematik und Ansatzpunkte einer Kooperation von Wirtschaftsdevianz erforschender Wirtschaftswissenschaft und Wirtschaftsethik-, München, Köln, 1984

Wahl, Adolf: Urheberrechtsverletzungen - Musik- und Video-Piraterie, Raubdrucke und Raubkopien;in: Wirtschaftskriminalität (BKA), S. 267

Wand, Peter: Dreifach genäht hält besser! - Technische Identifizierungs- und Schutzsysteme, in: GRUR int. 1996, 897

Weber, Ulrich: Der strafrechtliche Schutz des Urheberrechts unter Berücksichtigung der bestehenden zivilrechtlichen Schutzmöglichkeiten, Tübingen 1976 [zitiert: Weber (1976)]

ders: Sind die Urheberdelikte für die Hehlerei geeignete Vortaten?, in: Festschrift für Horst Locher zum 65. Geburtstag am 20. Oktober 1990 (Hrsg.: Löffelmann, Peter / Korbion, Hermann), Düsseldorf 1990 [zitiert: Weber (1990)]

ders.: Die Bekämpfung der Videopiraterie mit den Mitteln des Strafrechts, in: Schriftenreihe des Instituts für Rundfunkrecht an der Universität zu Köln, München 1993, S. 51 [zitiert: Weber (1993)]

Weber-Steinhaus, Ulrich: Computerprogramme im deutschen Urheberrechtssystem, Köln 1993 (zugl: Münster, Diss., 1993)

Werner, Christian: Die Beschäftigungswirkungen der Schattenwirtschaft, Pfaffenweiler 1990

Wiebe, Andreas: Information als Schutzgegenstand im System des geistigen Eigentums, in: Fiedler, Herbert / Ullrich, Hans (Hrsg.): Information als Wirtschaftsgut, Köln 1997, S. 93

Wild, Christoph: Tendenzen in der Videonutzung, in: Media Perspektiven 1991, S. 819

Wittkämpfer, Gerhard / Krevert, Peter / Kohl, Andreas: Europa und die innere Sicherheit, Wiesbaden 1996

Wittstamm, Katja: Die kurze Freiheitsstrafe. Eine Bestandsaufnahme, in: ZfStrVo 1997, S. 3

Wittweiler, Bernhard: Produktion von Multimedia und Urheberrecht aus schweizerischer Sicht, in: UFITA Nr. 128 (95)

Wölfel, Helmut: Rechtsfolgen von Markenverletzungen und Maßnahmen zur Bekämpfung der Markenpiraterie, Köln 1990 (zugl.: Münster, Diss., 1989)

Zachert, Hans-Ludwig: Organisierte Kriminalität iun der Bundesrepublik Deutschland: Strukturen, Bedrohungspotential, Bekämpfungsprobleme, in: BKA-Vortragsreihe, Bd. 36: Organisierte Kriminalität in einem Europa durchlässiger Grenzen, Wiesbaden 1991, S. 37 [zitiert: Zachert (1991)]

ders.: Die Entwicklung der Organisierten Kriminalität in Deutschland - Ursachen, Bilanz, Perspektiven; in: APuZ 23/1995, S.11

Zipf, Heinz: Kriminalpolitik, 2. Aufl., Heidelberg 1980

Zombik, Peter: Die Schallplatte: Kulturträger und Wirtschaftsfaktor. Marktstrukturveränderungen und ihre Folgen, in: Media Perspektiven 1987, S. 437ff.

1 Einleitung

Die Compact Disc (CD) hat seit ihrer Einführung im Jahre 1978 als Audio-Speichermedium (CD-DA) eine enorme Verbreitung gefunden. Weltweit war die CD-DA die sich am schnellsten ausbreitende Erfindung in der Geschichte der Unterhaltungs-Elektronik: Vier Millionen Stück wurden in den ersten vier Jahren verkauft.[1] In der Bundesrepublik besaßen sechs Prozent der Haushalte 1988 einen CD-Player[2], 1994 waren es bereits 56 Prozent[3]. Die Schallplatte ist damit weitgehend verdrängt, wovon nicht zuletzt auch ein etwas nostalgisches Gefühl auf Schallplatten-Börsen zeugt.[4] Aber auch die MusiCassette (MC) befindet sich auf dem Rückzug.

Von besonderer Bedeutung ist, daß die damit eingeführte Digital-Technik es ermöglicht, ohne Qualitätsverlust das Original immer wieder zu reproduzieren und so zu kopieren, daß die Kopie identisch mit dem Original ist.[5] Damit besitzt selbst die digitale Privatkopie eine höhere technische Qualität als ein professionell - z.B. von einem Tonträgerproduzenten - hergestelltes analoges Vervielfältigungsexemplar.[6] Denn im Unterschied zur analogen Aufnahmetechnik, die ein kontinuierliches Abbild des Werkes erzeugt, speichert die CD Zahlensignale, die verlustfrei übertragen werden.[7]

Nachdem im November 1984 die computerlesbare CD-ROM von Denon, Hitachi und Philips erstmalig vorgeführt wurde[8], war dieser Standard auch im Computerbereich nicht mehr länger aufzuhalten. Die Vorzüge lagen klar auf der Hand: eine große Speicherkapazität von 650 MB[9], schnelle Zugriffszeiten[10] sowie eine nahezu verschleißfreie Benutzung.

---

[1] *Traub*, in: CD-ROM Handbook, S. 17.

[2] StBA: Datenreport 1989, S. 113.

[3] Haushaltstyp 3 (Beamte, Angestellte). Im Haushaltstyp 2 (Arbeiter, Angestellte) waren es 38,7 %. Quelle: Einnahmen und Ausgaben privater Haushalte 1994, hrsg vom StBA, S. 14.

[4] Im ersten Quartal 1995 wurden in Deutschland nur noch 100.000 Schallplatten verkauft - im Gegensatz zu 50 Mio CDs (Quelle: *o.V.*, in: Musikhandel 1995, S. 220).

[5] Zum Unterschied zwischen analoger und digitaler Technik vgl. Kapitel 3.5.

[6] *Maus*, S. 23.

[7] *Davies / Hung* sprechen von einem „'clone' of the parent", ebenso BVerfG, NJW 1990, 896 (897): akustisches „Klonen".

[8] *Helgerson*, in: CD-ROM handbook, S.3.

[9] Dies entspricht ca. 260.000 Seiten Text oder 74 Minuten Musik/Video; die HighDensity (HD) - CD soll eine Speicherkapazität von 4,7 GB haben.

[10] Die Zugriffszeit liegt z. Zt. bei etwa 1800 kb/sec.

Heute ist der Großteil der neuverkauften Computer mit einem CD-ROM-Laufwerk ausgestattet. Bereits 1993 waren fünf Millionen CD-ROM-Laufwerke auf dem Markt.[11]

1996 waren 75 % der verkauften PCs mit CD-ROM-Laufwerk ausgestattet. 1995 wurden viermal soviel CD-Brenner verkauft wie 1994.[12]

Auch die Aufrüstung eines alten Computers ist nicht mehr teuer: Kostete ein CD-ROM-Laufwerk im Jahre 1988 noch ca. 2000 DM[13], so ist ein Laufwerk für den Hausgebrauch heutzutage schon ab ca. 200 DM zu haben. Die Nutzung der CD-ROM im Heim-Computer ist damit für viele Normalität.

Die CD-ROM hat auch als Träger von verkaufter Software die Diskette mittlerweile abgelöst. Nach Angaben der Firma Datamonitor investierte in Frankreich jeder mit einem mit CD-ROM-Laufwerk ausgerüsteten PC ausgestattete Haushalt im ersten Halbjahr 1998 rund 246 Mark in CD-ROMs, in Deutschland waren es zur gleichen Zeit 176 DM.[14]

Das optische Speichermedium CD[15] ist damit - bei technischen Entwicklungen schreibt man besser: vorerst - aus unserem stark technisierten Leben nicht mehr wegzudenken, und im Zusammenhang mit Multimedia-Hardware ist die CD nicht mehr allein für den Audio-Bereich oder als Speicher von Computerprogrammen von Interesse, sondern als Datenträger für die verschiedensten Medien. So gibt es kaum noch eine große Zeitschrift oder Zeitung, die nicht mittlerweile auch auf CD-ROM veröffentlicht wird. Die elektronischen Publikationen (Enzyklopädien, Magazine) erfuhren weltweit von 1991 zu 1992 einen Zuwachs von 165 Prozent.[16] Auch fast alle juristischen Fachzeitschriften sind so inzwischen auf CD-ROM erschienen.[17]

Das Computerprogramm bildet dabei nur noch die „Verpackung“. Die CD (in ihren verschiedenen Standards) ermöglicht es damit, als multimediales Speichermedium die verschiedenen Kommunikationsmedien zu verbinden - und dabei diese nicht nur zu addieren, sondern interaktiv aufeinander einzustellen.

Von besonderer Bedeutung in diesem Zusammenhang ist auch, daß der mit CD-ROM-Laufwerk und Sound- und Videokarte ausgestattete Computer auf dem

---

[11] *O.V.*, in: Handelsblatt vom 8.3.1994.

[12] *O.V.*, in: PC Professional Nr. 3/96, S. 95.

[13] *Funk, R.*, in: CD-ROM, S. 222.

[14] *O.V.*, in: Berliner Zeitung vom 29.07.1998.

[15] Heute unterscheiden wir eine Vielzahl von Termini bei der Bezeichnung von CDs: CD-ROM, CD-I, CD-R..., vgl. dazu Kapitel 3.2.

[16] *Steinbrink*, S. 148.

[17] Einen Überblick für die Verbreitung der CD-ROM im juristischen Bereich gibt CoR 1996, 216ff.

Wege ist, Stereo-Anlage, Fernseher und Videoplayer zu ersetzen, und daß die CD sich damit zu dem vielseitigsten Speichermedium entwickelt. Der Computer ist damit endgültig aus der Nische des Interesses nur für Cracker und Hacker herausgeholt.

Hinzu tritt eine weitere Veränderung:

Einen kostengünstigen CD-Recorder für jedermann, wie er seit den 60er Jahren für die MC (MusiCassette) einen starken Aufschwung erlebte, gab es bisher für den Hausgebrauch nicht.

Kosteten CD-Brenner bis 1994 noch 5000 DM bis 8000 DM, so war Top-Technik (für alle gängigen Formate) 1996 bereits für 2000 DM zu haben.[18] 1997 war ein guter CD-Brenner schon für 1.000 bis 1.500 DM zu haben, 1998 sind die Preise bereits auf 500 DM gesunken. Die Preise eines CD-ROM-Rohlings mit einer Speicherkapazität von 650 MB sind auf etwa 3 DM gesunken. Dazu kommt eine für jedermann verständliche und einfache Bedienung.

Indem die CD sich somit zu einem zentralen Wirtschaftsgut einer „Freizeit- und Unterhaltungsgesellschaft"[19] entwickelt, wird sie auch als Objekt der Begierde für die das Urheberrecht verletzenden „Produktpiraten" interessant. Hier setzt die kriminologische Betrachtung an.

Die von der EU eingesetzte Arbeitsgruppe „Europäische Informationsstruktur" führte in ihrem 1994 vorgelegten Bericht aus: „Die Digitaltechnologie erlaubt eine beliebige Massen-Vervielfältigung in perfekter Qualität, die Manipulation vorbestehender Werke wird in einem nie gekannten Ausmaß ermöglicht und die Gefahr unerlaubter Verwertung steigt insgesamt deutlich."[20]

---

[18] *O.V.*, in: PC Professionell 3/96, S. 95.

[19] Allein in Deutschland hängen Einkünfte von rd. 56 Mrd Mark pro Jahr und ca. 800.000 Arbeitsplätze unmittelbar oder mittelbar von urheberrechtlich geschützten Werken und ihrer Verwertung ab, ohne Einbeziehung der Computersoftware. Das entspricht ca. 2,9% der Brutto-Wertschöpfung und einem Anteil von 3,1% an der Gesamtzahl der Erwerbstätigen. Mit der zunehmenden Entwicklung der Freizeitgesellschaft wächst die Bedeutung der Kulturwirtschaft und damit parallel die Bedeutung des Urheberrechts (*Hubmann / Rehbinder*, § 1 II.). Nach einer Studie der Unternehmensberatung Price Waterhouse beschäftigt die europäische Softwareindustrie mittelbar und unmittelbar 334.181 Arbeitnehmer (BSA-Pressemeldung vom 28.05.1998). Nach Einschätzung der EG-Kommission wird der Beitrag der urheber- und leistungsschutzrechtlich relevanten Tätigkeiten auf 3-5 % des BIP geschätzt (nach *Schack*, Rz. 30). Dabei stellt die Produktion von CDs als multimedialem Speichermedium mittlerweile in der Unterhaltungsindustrie einen wichtigen Faktor dar.

[20] Zitiert in *Gaster*, in: ZUM 1995, 740 (741).

Noch drastischer drückte sich *E. Piola-Casselli* bereits im Jahre 1927 aus: „The hypothetical event that future inventions make reproductions a current and everyday practice, could be the death of copyright."[21]

Technologische Schübe stehen so zumindest auch unter dem Erwartungsdruck des Hervorbringens neuer Erscheinungsformen der Kriminalität. In der Begründung zum Produktpirateriegesetz heißt es demgemäß: „Neue Täterkreise mit kriminellem Hintergrund und die infolge der technischen Entwicklung geschaffene Möglichkeit der kostengünstigen Reproduktion von Waren jeder Art haben die gezielte Schutzrechtsverletzung zu einem schwerwiegenden Problem anwachsen lassen, dem auch mit hinreichenden strafrechtlichen Mitteln entgegengetreten werden muß."[22]

Inwieweit eine qualitative Veränderung der Kriminalität im Bereich der CD[23] wirklich stattfindet, ist Gegenstand der vorliegenden Arbeit. Im Mittelpunkt der Arbeit steht eine Analyse dieser Entwicklung. Dabei sollen urheberrechtliche Fragen nur - soweit notwendig - am Rande betrachtet werden. Die Einstellung zu dieser neuartigen Form von Kriminalität wird durch die Befragung einer Gelegenheits-Stichprobe beleuchtet.[24]

---

[21] Zitiert in *Davies / Hung*, S. 2.

[22] *Schulze, M.*, S. 402.

[23] Dabei ist die Weiterentwicklung des „Urspungsbereichs der Produktpiraterie - der Tonträger- und Videopiraterie" (*Scholz*, S. 72) gemeint; diesen Bereich bezeichnet *Kube* (S.2) als "Innovation" in der Tatbegehungsweise.

[24] Zum methodologischen Vorgehen vgl. Kapitel 3.2.

2 Erläuterung und Definition einschlägiger Fachtermini

Eine Auseinandersetzung mit dem Thema der CD-Piraterie verlangt eingangs einige Anmerkungen zu und Erläuterungen von notwendigerweise zu verwendenden Fachtermini. Dies hat nicht nur erklärenden Charakter, sondern ist auch die notwendige „Geschäftsgrundlage" für die folgende Arbeit, da in der Literatur vielfach Begriffe entweder schlagwortartig oder auch unterschiedlich gebraucht werden.

2.1 Multimedia

Eines dieser Schlagworte ist das 1995 von der Gesellschaft für deutsche Sprache zum „Wort des Jahres" gekürte Wort „Multimedia". Heute gibt es kaum noch Produkte im Bereich der Hard- und Softwareindustrie, die sich dieses Etikett nicht werbewirksam auf ihre Fahnen schreiben.

Zur Verständlichmachung ist dieser Terminus durch drei Elemente einzugrenzen[25]:

• Das erste Kennzeichen für Multimedia ist die Digitalisierung, d.h., Inhalte werden in digitaler Form gespeichert und übermittelt.

• Zweites Kennzeichen von Multimedia ist die Verwendung mehrerer Medien: Text, Ton, Grafik, Animation, stehendes oder bewegtes Bild

• Und drittens bedeutet Multimedia Interaktivität[26]. Diese erlaubt es dem Nutzer, nicht nur passiv zu konsumieren, sondern zumindest auszuwählen, einen Ablauf zu steuern oder sogar die Inhalte kreativ zu verändern. Das bedeutet nicht nur eine Programmsteuerung über verschiedene Menüpunkte, sondern auch, daß die verschiedenen Medien zueinander in Bezug stehen.

2.2 Die CD-Formate

Von Bedeutung ist auch die Unterscheidung der verschiedenen CD-Formate (oder auch: CD-Standards), die oft nur abgekürzt erscheinen. Die wichtigsten möchte ich an dieser Stelle vorstellen.[27] Soweit auf bestimmte „books" verwiesen wird, so ist dies nur der Verweis auf bestimmte Vereinbarungen der Industrie, die nach „books" benannt wurden.

---

[25] Ebenso: *Rehbinder*, in: ZUM 1995, 684; *Wittweiler*, in: UFITA Nr. 128 / 95; vgl. sehr ausführlich *Ockenfeld / Wetzel*, in: CR 1993, 385.

[26] In diesem Punkt unterscheidet sich die Multimedia-Technologie vom Fernseher, bei dem auch Wort und Bild zusammenfallen.

[27] Im Einzelnen vgl. *Pohlmann*, Kapitel 6: Verschiedene CD-Formate, S. 209.

Allen CDs gemeinsam ist das 12 cm - Maß. Einzige Ausnahme ist die CD-Single:

- CD-DA (Compact Disc - Digital Audio): Dies ist die CD, die allgemein unter der Kurzbezeichnung CD im Audio-Bereich bekannt ist. Dieses Format wird durch das Red Book definiert. Zur besseren Verständlichkeit wird diese Form der CD im folgenden als Musik-CD bezeichnet.
- CD-Single: Das Datenformat entspricht der CD-DA; jedoch hat diese nur einen Durchmesser von 8 cm und ist mit einer Spielzeit von 20 Minuten als Ersatz für die analoge 45 UpM-Single gedacht. Sie wird auch als CD-3 bezeichnet.
- CD-ROM (Compact Disc - Read Only Memory): Dieser Standard wird durch das Yellow Book definiert. Am meisten verbreitet ist die CD-ROM im XA-Modus, der sowohl die Speicherung von Computerdaten, kompriminierten Audio-Daten und Video/Bild-Daten ermöglicht.
- CD-R (CD-Recordable): dies ist die einmalig[28] beschreibbare Compact Disc; diese CD wird auch als CD-WORM (Write Once Read Many) bezeichnet.
- CD-RW (Compact Disc Rewriteable): Das ist die mehrmalig beschreibbare CD (auch: CD- Erasable).
- CD-I (CD-Interactive): Dieser von Philips entwickelte CD-Standard (bekannt auch als Green Book) ist ein Speicher für bewegte Bilder, Text, Musik.
- CD-V (CD-Video): Dieser von Philips 1987 eingeführte Standard besteht aus einer Kombination von Audio- und Video-Technik - der Compact Disc und der sog. „Laservision“; die CD-V trägt die Video-Daten in analoger Form
- Musik-CD: siehe CD-DA
- Photo-CD: Diese von Philips und Kodak entwickelte CD verwendet digitale Bildtechnologien
- DVD (Digital Versatile Disc): Dies ist die Weiterentwicklung hin zu einer multimedia-fähigen Disc, die sich vor allem durch einen hohe Speicherkapazität auszeichnet, was das Speichern auch von längeren Filmen erlaubt
- Gold- und Silber-CDs: Diese stellen eigentlich keine eigenständigen CD-Formate dar. Gold- und Silber-CDs unterscheiden sich vielmehr nur im Material, das für verschiedene Anwender konzipiert ist. Bei der Silber-CD handelt es sich um die handelsüblich erhältlich bereits gepreßte CD. Die Gold-CD

---

[28] Angesichts der Flut der auf den Markt dringenden CDs werden sich diese später zu einem großen Problem der Abfallentsorgung entwickeln.

wird zum Brennen von CDs benutzt. Die innere Polykarbonatseite ist mit einer Leitspur, quasi einem Graben, vorstrukturiert, um auf diese Weise den Laserstrahl zu führen. Darauf aufgebracht sind eine organische Schicht, anschließend eine dünne Goldschicht als Reflektor und abschließend der Lack.

Soweit im Text nur von der CD die Rede ist, wird damit das opto-elektronische Speichermedium „Compact Disc" als solches allgemein bezeichnet. Zur besseren Verständlichkeit werde ich die CD-DA im folgenden als Musik-CD bezeichnen.

2.3 Weitere Speichermedien

Neben der CD gibt es eine Reihe weiterer Speichermedien, und zwar:

- DAT - Digital Audio Tape
- DCC (Digital Compact Cassette) von Philips (Markteinführung im Oktober 1992): deren Vorteil liegt darin, daß der benötigte DCC-Spieler auch für die Abspielung von MC's einsetzbar ist.
- LP (Langspielplatte): Die LP ist eine Sonderform der Schallplatte, die mit einer Geschwindigkeit von 33 1/3 Umdrehungen/min. abgespielt wird und damit längeren Musikgenuß bietet.
- MC (MusiCassette): Die MC funktioniert ähnlich wie ein Magnettonband, ist jedoch wesentlich kleiner und wegen der damit verbundenen leichteren Handhabbarkeit in Privathaushalten verbreiteter. Mittels eines Kassettenrecorders wurde auch für den Privaten damit die Möglichkeit der Erstellung einer Kopie geschaffen. Daher wurde der Begriff der Kassette auch mit der „Musik" verbunden. Besonders kleine Ausführungen - bekannt von Diktiergeräten - sind die Mini- und die die Mikro-Kassette.
- MD (Mini Disc): Dieses von Sony entwickelte Produkt mit einem Durchmesser von 6 cm (2 1/2 inches) hat das Aussehen einer Mini-Diskette. Diese Disc ist überschreibbar und hat - wie die Musik-CD - eine maximale Bespielzeit von 74 min, obwohl sie eine viel geringere Speicherkapazität als die herkömmliche 5 inch (12cm) - CD hat. Die neue Kompressions-Technologie von Sony erlaubt es jedoch, die Musik auf ein Fünftel der bisher benötigten Speicherkapazität zu reduzieren, indem die vom menschlichen Ohr nicht wahrnehmbaren Frequenzen „abgeschnitten" werden.

2.4 Andere wichtige Fachtermini

Andere mit der durch die CD symbolisierten digitalen Revolution im Zusammenhang stehende Fachtermini sind:

- CD-Player: Der CD-Player ist das Abspielgerät für Musik-CDs; mittels eines Laserstrahls tastet er die auf einer CD gespeicherten Informationen ab.
- CD-Presser: Dies ist die handelsübliche Form der Herstellung von CDs. Die die Information an den CD-Player enthaltenden Pits werden auf der Scheibe eingepreßt und anschließend mit einer Schutzschicht überzogen.
- CD-Writer: Der CD-Writer ist der „Recorder" für die sog. Gold-CDs. Mittels des CD-Writers können Informationen in Form von Einbrennungen auf eine CD geschrieben werden (auch: CD-Brenner). Das Beschreiben erfolgt mit einem energiereichen Laserstrahl, der die organische Schicht erhitzt und so eine bleibende Deformation erzeugt, die für eine unterschiedliche Reflektion beim Lesen sorgt.
- Internet: Das Internet ist das weltweite Datennetz.
- Modem: Mittels eines externen oder in den Computer eingebauten internen Modems wird der Computer an das Telefonnetz angeschlossen, um so mit anderen Computern kommunizieren zu können. Bei ISDN übernimmt diese Funktion der sog. Terminal Adapter bzw. eine integrierte Karte.
- SID-Code: Der von der IFPI gemeinsam mit Philips Consumer Electronics entwickelte Source Identification Code, der mittels eines Laserstrahls auf die CD gebracht wird, beinhaltet zwei Identifikationsnummern: einen für die Produktionsstätte der Master-CD, und einen Preßform-Code für die Stätte, in der die Master dupliziert wurde.
- Baudrate: Anzahl der übertragbaren Daten in einer bestimmten Zeiteinheit

3 Ziel der Untersuchung und methodisches Vorgehen

3.1 Erkenntnisinteresse

Ausgangspunkt der Untersuchung von CD-Piraterie war das aus Sicht des Verfassers gegebene Erkenntnisinteresse an

- einem Deliktsbereich, der - jedenfalls nach dem Gesetzgeber[29] - zum Bereich der Wirtschaftskriminalität zu zählen ist;
- einem Deliktsbereich, der das immer wichtiger werdende Wirtschaftsgut des geistigen Eigentums berührt;
- einem Deliktsbereich, der erst durch den technischen Fortschritt möglich geworden ist und an dessen Entwicklung gekoppelt ist;
- einem Deliktsbereich, der aus Sicht des Verfassers jedenfalls in dem Teilbereich der Software-Disketten-Piraterie weit verbreitet war;
- einem Deliktsbereich, bei dem unterschiedliche Rechtsfolgen an nicht mehr - jedenfalls kaum noch -unterscheidbare Tatmodalitäten geknüpft werden.

Die Forschungsarbeit wurde - geprägt durch dieses Interesse - in zwei Richtungen vertieft:

1. Wie stellt sich CD-Piraterie dar, welche Organisationsformen gibt es, wie entwickelt sie sich, und welche Unterschiede gibt es zur herkömmlichen Produkt- und Markenpiraterie?
2. Wie wird CD-Piraterie innerhalb der Gesellschaft wahrgenommen?

   Dabei ging es um eine Analyse dessen, wie sich die Wahrnehmung von und die Attitüden zur CD-Piraterie darstellen und wie sich diese jeweils bei den Nicht-Besitzern und Besitzern von Raubkopien unterscheiden. Dies erschien vor dem Hintergrund wichtig, daß sich Handeln und Bewußtsein nicht ohne weiteres decken. Vielmehr bedarf es eines Bindegliedes, das durch den Begriff der „attitude" definiert wird. Eine solche Attitüde stellt die affektive Bindung an eine Wertvorstellung dar.[30]

   Dabei waren insbesondere folgende Fragen von Bedeutung:

   - Wird CD-Piraterie als schädigendes Verhalten angesehen und ggf. welcher Grad der Schädlichkeit wird CD-Piraterie zugeschrieben?
   - Wird CD-Piraterie als strafwürdiges Verhalten empfunden?

---

[29] § 74c GVG.

[30] Vgl. *Röhl*, S. 236, zum soziologischen Konstrukt der "Einstellung" vgl. auch *Abele*, S. 396f.

- Wie wird die tatsächliche gesetzliche Strafbarkeit bzw. das Strafmaß beurteilt?
- Gibt es einen Unterschied zwischen der Einstellung zu CD-ROM - und Musik-CD-Piraterie?

3.2 Methodenwahl

Die Wahl der Methode wird durch den Inhalt der Forschungsfrage geprägt. Dieser Herangehensweise wird von Seiten der qualitativen Sozialforschung entgegengehalten, daß der Untersuchungsgegenstand der vorgegebenen Methode angepaßt wird.[31] Diese Kritik verkennt jedoch, daß im Rahmen der Sozialforschung - will man nicht bloße „Datenfriedhöfe" errichten - jedenfalls die Ausgangsfragen definiert werden müssen. Erst dann ist die Methode wählbar, von der man sich einen entsprechenden Erkenntnisgewinn erhoffen kann.

Für das sich mit der Ausgangsfragestellung eröffnende, nahezu unerforschte Tätigkeitsgebiet stellte sich vorab die Frage der Wahl zwischen quantitativen und qualitativen Methoden der Sozialwissenschaft. Eine Hypothesen-Bildung zu Beginn des Vorhabens verbot sich - zum einen aus einem Mangel an bisherigen Erhebungen, zum anderen aus der Gefahr einer damit einhergehenden Einschränkung des Sichtfeldes. So konzentrierte sich die Arbeit im wesentlichen auf die Methoden der qualitativen Sozialforschung. Um jedoch nicht der Gefahr zu unterliegen, eine Methode gegen die andere auszuspielen, wurde im Interesse der Vertiefung der Analyse der multimethodische Ansatz gewählt.

So konnte und mußte während der Erhebung die Offenheit erhalten bleiben, sich an das Thema erst langsam „heranzutasten" und sich von den Erkenntnissen leiten zu lassen und gleichzeitig den Versuch zu unternehmen, die gewonnenen Erkenntnisse zu überprüfen.

Im Laufe der Erhebungen wurde deshalb sowohl der Weg qualitativer wie auch der quantitativer Sozialforschung eingeschlagen. Quantitative Erhebungen kamen insbesondere für die Beschreibung der Anzahl registrierter Kriminalität und deren Rezeption durch die Gesellschaft in Betracht, während auf qualitative Sozialforschung vor allem für die Beschreibung der Kriminalitätsbegehung als soziale „Realität" zurückgegriffen wurde.

Die teilweise für ein solches Vorgehen gesehene „Gefahr" der Erhebung nichtdeckungsgleicher Ergebnisse[32] beinhaltet jedoch auch die Chance der Erhebung komplementärer Erkenntnisse durch eine Ergänzung der Verfahren in ihrer

---

[31] Vgl.*Lamnek* (Bd. I), S. 12.

[32] Vgl. dazu *Lamnek* (Bd. I), S. 251ff.

jeweiligen begrenzten Leistungsfähigkeit. Die Überwindung des bisher als unüberbrückbar gehaltenen Gegensatzes zwischen quantitativer und qualitativer Forschung wird deshalb immer mehr als Voraussetzung für den wissenschaftlichen Fortschritt gesehen.[33]

Die Betrachtung der Entwicklung mutmaßlicher CD-Piraterie basiert auf der Inhaltsanalyse und sowohl qualitativer als auch quantitativer Befragung, die Analyse der Einstellung nur auf quantitativer Befragung. Die Darstellung der Wahl der verschiedenen Methoden erfolgt getrennt nach der Erforschung von CD-Piraterie und der Einstellung zu dieser Form der Kriminalität, entsprechend den vorab formulierten o.g. zwei Eingangsfragen.[34]

3.2.1 Methoden zur Erforschung der Entwicklung, Organisation und Strafverfolgung von mutmaßlicher bzw. registrierter CD-Piraterie

3.2.1.1 Inhalts- und Dokumentenanalyse

Soweit im Rahmen der Forschung Dokumente und Datensammlungen herangezogen wurden, waren dies Polizeiliche Kriminalstatistik (PolSt) und Polizeilicher Meldedienst. Dabei wurde ein grundsätzliches Problem des Zugangs zu Informationen für das Thema deutlich: Eine explizite Auswertung hinsichtlich von CD-Piraterie war jedenfalls anhand der PolSt nicht möglich, da diese Tatmodalität nicht gesondert ausgewiesen wird.

3.2.1.2 (Quantitative) Befragung

Darüber hinaus wurde der Versuch unternommen, die Frage der Entwicklung von CD-Piraterie und insbesondere der Ermittlung der Rechtsfolgen mittels einer (standardisierten) Umfrage unter den Schwerpunkt-Staatsanwaltschaften „Wirtschaftskriminalität" bei den für Wirtschaftsdelikte gemäß § 74c GVG zuständigen Wirtschaftsstrafkammern zu erfassen. Diese Schwerpunktstaatsanwaltschaften wurden über die Landesjustizministerien angeschrieben.

Wegen der Schwierigkeit der Ausfilterung von Daten bezüglich CD-Piraterie und der Arbeitsüberlastung insbesondere der Staatsanwaltschaften im Bereich der Wirtschaftskriminalität war eine bundesweite Erhebung von Daten von vornherein nicht flächendeckend zu erwarten. Mit den lückenhaft von den

---

[33] So z.B. bereits *Hoffmann-Riem*, zitiert in: *Garz/Kraimer*, S. 18, kritisch jedoch: *Garz/Kraimer*, S. 19.

[34] Siehe Kapitel 3.1.

Staatsanwaltschaften mitgeteilten Daten können daher keine generalisierenden Aussagen getroffen werden.[35]

Eine eigens durch den Verfasser vorgenommene Untersuchung sämtlicher Akten der Staatsanwaltschaften im Deliktsbereich Urheberstraftaten war nicht möglich. Da darüber hinaus CD-Piraterie nach der Mitteilung von StA und Polizei oftmals ein nur mitverfolgtes Delikt war, wäre auch hier kein abschließendes Bild der Strafverfolgungstätigkeit in der BRD zu zeichnen gewesen.

3.2.1.3 (Qualitative) Befragung

Zur Betrachtung mutmaßlicher CD-Piraterie wurden darüber hinaus 29 Experten befragt, die parallel zur Materialsichtung und -beschaffung stattfanden.

a) Auswahl der Befragten

Die Expertenbefragung bezog ein:

- das Bundeskriminalamt,

- die Sachbearbeiter der Landeskriminalämter,

- die OFD München,

- die mit der Verfolgung von CD-Piraterie beschäftigten Mitarbeiter der Urheberrechts-industrie - insbesondere in deren dazu geschaffenen Verbänden - und der Autoren und Künstler.[36]

Die Bereitschaft zur Mitwirkung an der Untersuchung war sehr groß.

Was die polizeiliche Sicht der CD-Piraterie angeht, so ist bei der Befragung der Landeskriminalämter zu beachten, daß diese teilweise über dieses Gebiet nicht abschließend berichten konnten, da kleinere Fälle von CD-Piraterie auch bei den örtlichen Polizeidienststellen bearbeitet wurden (z.B. in Bayern). Es konnten so aus polizeilicher Sicht nicht alle befragt werden, die sich mit dem Thema CD-Piraterie auseinandersetzten, was ein Problem in der Selektion darstellt.

---

[35] Eine Zusammenfassung des Rücklaufs enthält Kapitel 6.3.4.

[36] Eine Übersicht über die Gesprächspartner findet sich in Anhang II.

b) Durchführung der Befragung

Die Befragung konnte in mündlichen Einzelinterviews durchgeführt werden. Zur Durchführung der Befragung wurde auf einen Leitfaden[37] zurückgegriffen, der ein grobes Schema, jedoch kein einengendes Korsett, für das Interview darstellte. Dieser Leitfaden wurde bei allen Interviewpartnern verwendet, wenngleich er natürlich auch der jeweiligen Funktion des Befragten angepaßt wurde.

Als spezielle Methode wurde die des sog. „problemzentrierten Interviews“[38] gewählt. Der befragte Experte hatte so die Möglichkeit, Schwerpunkte auch an den aus seiner Sicht wichtigen Stellen zu setzen. Ihm wurden so weite Freiräume zugestanden, die der Interviewer - soweit nötig - durch Nach- und Zwischenfragen immer wieder auf das Thema und den Leitfaden lenken konnte. Der Leitfaden diente dabei vor allem dazu, alle vom Befragten von sich aus angesprochenen Themenbereiche von der Liste zu streichen und nicht behandelte Gegenstände auszusondern und nachzufragen. Der Leitfaden war damit vor allem Gedächtnisstütze und Orientierungsrahmen.[39] Da die Befragung sich nicht nur um die CD-Piraterie herum rankte, sondern auch in dieses Thema hineinging, stellte die Befragung gleichzeitig ein „Intensivinterview“[40] dar.

Die Befragungen wurden zum größten Teil im persönlichen Kontakt am Arbeitsplatz der Befragten, teilweise auch im Wege einer Telefonkonferenz durchgeführt. Von einer direkten Kontaktaufnahme wurde dann abgesehen, wenn die Befragten (bei den Landeskriminalämtern) bereits in einem ersten Telefonat erklärten, keine Angaben zum Thema machen zu können, da in ihrem Bundesland bisher keine Ermittlungen wegen CD-Piraterie angestellt wurden.

Da es hier um einen wirtschaftspolitisch brisanten Themenbereich ging, waren die Befragten bei steigender vertraulicher Gesprächsatmosphäre verstärkt zu offenen Aussagen bereit. Die zugesicherte Vertraulichkeit war damit Voraussetzung für ein - soweit für den Verfasser erkennbar - „ehrliches“ Antwortverhalten der Befragten. Es war dabei zu beachten, daß alle Befragten gegenüber den von Ihnen repräsentierten Behörden, Organisationen und Unternehmen für die von ihnen gemachten Aussagen rechenschaftspflichtig waren.

Bei den Befragungen wurde deshalb auf den Mitschnitt mittels eines Tonbandgerätes verzichtet. Im Anschluß an das Gespräch wurde ein Gesprächsprotokoll erstellt. Da die offene Atmosphäre durch eine Zitierfähigkeit eingeschränkt

---

[37] Siehe Anhang I.
[38] Vgl. *Lamnek* (Bd. II), S.74.
[39] *Lamnek* (Bd. II), S. 77.
[40] *Atteslander*, S. 170.

worden wäre, muß im Rahmen der Darstellung auch auf die Quellen der jeweiligen Informationen verzichtet werden. Dies hat den Nachteil, daß die Quellen so nicht verifizierbar sind. Gegenüber diesem Nachteil muß jedoch der Vorteil einer dadurch geschaffenen relativen Anonymität der Befragungssituation gesehen werden, wobei zu erwarten war, daß diese Anonymität auch in diesem Fall zu einem Mehr an Erkenntnissen durch „gehaltvolle Aussagen“[41] führen würde. Denn nur unter dem Schutz der „relativen“ Anonymität waren offene Antworten zu erwarten.[42]

c) Auswertung der Befragung

Als wenig erforscht muß in der soziologischen Literatur bisher die Auswertung der offenen Leitfadeninterviews angesehen werden. Oftmals wird nur die Durchführung analysiert.[43] Allein die Durchführung einer qualitativen Befragung entledigt die Forschung jedoch nicht der systematischen Auswertung.[44] Die verschiedenen Gliederungsstichpunkte der Gesprächsprotokolle wurden im Anschluß an die Befragungen nebeneinandergelegt, was es schwierig machte, die jeder Gesprächsführung innewohnende Einmaligkeit von Interaktion und Kommunikation zu abstrahieren. Für eine solche Auswertung der Befragungen spricht jedoch, daß bei den Befragungen nicht der situative Kontext ausschlaggebend war, sondern die funktionelle Einbindung der Experten. Da es also nicht um ein die Betroffenen persönlich berührendes Thema ging, ist es nicht so sehr von Bedeutung, an welcher Stelle des Interviews Aussagen gemacht wurden, so daß es gerechtfertigt erscheint, den Gesprächsstoff im nachhinein durch eine Gliederung umzustellen. Deshalb mußte nicht der sequenzanalytische Weg eingeschlagen werden, sondern der Weg abkürzender objektiv-hermeneutischer Auswertung erwies sich als ausreichend für die Bearbeitung des durch die Befragungen erhobenen Datenmaterials.

---

[41] Tóth, S. 38.

[42] Zur Zulässigkeit einer solchen Vorgehensweise: Tóth, S. 38 m.w.N. aus der soziologischen Literatur.

[43] Vgl. nur *Atteslander*, S. 169ff.

[44] Vgl. zum Ganzen *Meuser / Nagel*, S. 451ff.

3.2.2 Erforschung der Einstellung zu CD-Piraterie

3.2.2.1 Die Methode

Bei der Untersuchung ging es um die Darstellung von Meinungen und Einstellungen der Befragten. Die Ermittlung objektiver Gegebenheiten stellte nur ein (notwendiges) Nebenprodukt dar. Zur Darstellung von Meinungen und Einstellungen eignet sich insbesondere die Befragung.[45] Dabei wurde der Weg der quantitativen Befragung beschritten, um eine größere Zahl an Interview-Partnern zu erreichen und um diese Befragung zeitgleich zur Befragung der Strafverfolgungsbehörden, Produzenten und Urheber durchzuführen, was anderenfalls organisatorisch und zeitlich unmöglich gewesen wäre.

Die Umfrage wurde mittels eines standardisierten Fragebogens in anonymer schriftlicher Form durchgeführt.[46]

3.2.2.2 Der Aufbau des Fragebogens

Die Befragten wurden mit Einstellungs- und Meinungsfragen sowie Verhaltensfragen konfrontiert.

Da bei einer schriftlichen Befragung, bei der der Befragte auf sich allein gestellt ist, der Einleitungsfrage besondere Bedeutung zukommt, wurde der Fragebogen so aufgebaut, daß durch die eingangs aufgestellte, weitverbreitete und in der Öffentlichkeit vieldiskutierte Behauptung „Der Ehrliche ist der Dumme" die Befragten „geöffnet" und deren Interesse geweckt werden sollte. Der Bezug zum Thema CD-Piraterie wurde durch eine mündliche Einführung zum Thema der Produktpiraterie hergestellt. Die Befragten sollten so das Gefühl und die Möglichkeit bekommen, zu einer aktuellen Debatte ihre Meinung darstellen zu können.[47]

Der Fragebogen gliedert sich in 4 Abschnitte:

- Einstellung zur CD-Piraterie
- Einschätzung der Strafbarkeit von CD-Piraterie
- Verhaltens-Darstellung des Verhaltens
- persönliche (soziodemographische) Angaben des Befragten

---

[45] Vgl. *Eisenberg* (1995), § 13 Rz 32.

[46] Siehe Anhang III.

[47] Zum Aufbau eines standardisierten Fragebogens in der empirischen Sozialforschung vgl. *Schnell / Hill / Esser*, S. 328.

3.2.2.3 Die Auswahl der Interview-Partner

Der Auswahl der Interview-Partner mußte die Frage vorangehen, auf welche Grundgesamtheit sich die Befragung richten sollte. Untersuchungsobjekt war die Einstellung zur CD-Piraterie, so daß sich die Grundgesamtheit nicht näher eingrenzen ließ. Die Forschungsfrage war somit auf die Darstellung von Zusammenhängen gerichtet und nicht auf die Charakterisierung einer Gesamtheit, so daß auf die sog. Gelegenheitsstichprobe zurückgegriffen wurde. Dabei war sich der Verfasser darüber im Klaren, daß so keine für die quantitative Sozialforschung vorausgesetzte Repräsentativität über die Gruppe hinaus erzielt werden konnte. Darüber hinaus war jedoch von einer „repräsentativen“ [48] Auswahl der Bevölkerung der BRD und einer damit möglichen generalisierenden Aussage über deren Einstellung zur CD-Piraterie kein größerer Erkenntnisgewinn zu erwarten gewesen. Angesichts einer zunehmenden Ausdifferenzierung gesellschaftlicher Interessen scheint es sowieso fraglich, inwieweit mit herkömmlichen Methoden noch ein entsprechender Querschnitt der Gesellschaft in Stichproben herausgefiltert werden kann.

Die Interview-Partner waren Teilnehmer in Seminaren der politischen Erwachsenenbildung im Zeitraum August bis Dezember 1997 in Berlin.

Die Vorauswahl der Teilnehmer dieser Veranstaltungen lag nicht in der Hand des Verfassers. Bei den Teilnehmern handelte es sich nicht um „Eingeladene“, sondern um Teilnehmer, die sich aufgrund offener Ausschreibungen zu diesen Seminaren angemeldet hatten.

Der Vorteil des Teilnehmerkreises war eine große Heterogenität[49] und eine gute Erreichbarkeit der Interview-Partner. Positiv hat sich der Effekt ausgewirkt, daß die Befragung in einer schulähnlichen Gruppensituation durchgeführt wurde, wobei die Teilnehmer eine ganze Woche Zeit zum Ausfüllen des Fragebogens hatten.

Darüber hinaus handelte es sich um einen solchen Vorhaben offen gegenüber eingestellten Teilnehmerkreis. Es war bei diesem Teilnehmerkreis zu erwarten, daß er sich mit gesellschaftlichen Problemstellungen - wie es der Schutz geistigen Eigentums darstellt - verstärkt auseinander setzen würde, da es sich bei Seminarteilnehmern der politischen Bildung um eine ihre Umwelt reflektierende Gruppe handelte.

Möglicherweise entspricht dieser Personenkreis der Gruppe, von der man einen Rücklauf bei einer „repräsentativen“ Befragung erwarten kann, da zu diesen Seminaren offen und breit eingeladen wird. Denn auch bei einer repräsentativen

---

[48] Kritisch gegenüber „repräsentativen“ Ergebnissen von Befragungen *Lamnek* (Bd. II), S. 93.

[49] Vgl. Kapitel 8.1.1.

Streuung der Befragung erhält man nur von denjenigen einen Rücklauf, die eigene Aktivitäten entwickeln und Energien aufwenden.

3.2.2.4 Durchführung der Befragung

Die Teilnehmer bekamen das Projekt zu Beginn der Woche vorgestellt. Dabei erläuterte der Verfasser kurz das Thema und stellte es in einen Gesamt-Kontext mit dem - nahezu jedermann - bekannten Thema der Produkt- und Markenpiraterie. Die Befragten wurden gebeten, die Fragebögen bis zum Ende der Woche in ein bereitgestelltes Fach zu legen. Durch diese Einbindung in den Gruppenprozeß, die Menge der bereitgestellten Zeit und eine große Anonymität waren die Befragten möglicherweise verstärkt bereit und motiviert, den Fragebogen auch auszufüllen. Der Rückfluß der Befragungsbögen war mit einer Quote von 85 % (153 von 180) sehr groß.

Der Fragebogen wurde aufgrund vorhergehender qualitativer Interviews auf Computer- und CD-Messen erstellt. Der Erhebung der Daten wurde ein Pretest mit 30 Interview-Partnern vorangestellt, nach dem der Fragebogen nochmals insbesondere auf eindeutige Verständlichkeit der Fragen und deren Gliederung innerhalb des Fragebogens hin überarbeitet wurde. Bei dem Pretest wurde der Fragebogen durch positiv und negativ formulierte Fragen insbesondere auch daraufhin untersucht, inwieweit die Fragen die Antworten vorgeben bzw. suggerieren. Dies wurde durch den Vergleich der Antworten auf Positiv- und Negativ-Fragen überprüft.

4 Die technische Entwicklung der Vervielfältigungsmöglichkeiten und des damit einhergehenden Rechtsschutzes

Das Raubkopieren ist keine Schöpfung der „digitalen Revolution". Seit der mit der Menschwerdung einhergehenden bewußten Schaffung von Gütern hat der Mensch auch Güter anderer nachgemacht. Schon in der Zeit der römischen und griechischen Antike gab es im Bereich von Kunst und Kultur Kopien und Fälschungen.[50]

Die Bezeichnung „Piraterie" in diesem Zusammenhang wurde bereits im 18. Jahrhundert zur Umschreibung von Urheberrechtsverletzungen benutzt.[51]

Ursprünglich bedeutete Piraterie[52] Beutezüge von Seefahrern oder auch die gewaltsame Übernahme des Kommandos über ein Schiff oder Flugzeug, um eine bestimmte Forderung durchzusetzen.[53]

Mit dem 1990 verabschiedeten „Produktpiraterie-Gesetz"[54] ist der Begriff der Piraterie heute in den offiziellen Sprachgebrauch des Gesetzgebers übernommen worden. Jedoch taucht der Begriff hier nur im Titel des Gesetzes auf. Auf eine Begriffsbestimmung hat der Gesetzgeber verzichtet. Denn Produktpiraterie soll nicht als ein aliud zur herkömmlichen Schutzverletzung angesehen werden, sondern als ein Fall der Schutzrechtsverletzung mit besonders großem Unrechtsgehalt oder hohem Schaden.[55]

Heute wird der Begriff der Piraterie[56] - oftmals präzisiert als Produktpiraterie - verwendet für die Bezeichnung von Imitationen von Handels- und Gewerbegütern ohne Zustimmung des Berechtigten, die mit „Annexfälschungen" wie Warenzeichen- und Firmennamenimitationen einhergehen können.[57] Dieser weite, nicht streng am UrhG orientierte Begriff soll der Arbeit auch zugrundeliegen.

---

[50] Vgl. *Kastner*, in: NJW 1983, 1151 (1153f.), ausführlich zu diesem Thema: *Bieber*, Ancient Copies

[51] *Nick*, in: FuR 1980, 377 (378); *Meister* reklamiert die Wortschöpfung „Produktpiraterie" für sich [vgl. *Meister*, in: WRP 1991, 137 (138)].

[52] Pirat ist vom griechischen „peirates" (Seeräuber) und „peiran" (versuchen, wagen, unternehmen) abgeleitet.

[53] Duden („Das große Wörterbuch der deutschen Sprache", Bd. 5), S. 2557.

[54] BGBl 1990 I, 422.

[55] *Jung*, in: JuS 1990, 856 (856), BT-Dr 11/ 4792, S. 17.

[56] Auch das "Surfen" im Internet ist der Seefahrt entlehnt. Die Sprache scheint in einer nichtgreifbaren „Cyber-Welt" zu versuchen, neue Phänomene mit Althergebrachtem zu beschreiben.

[57] *Lührs*, in: GRUR 1994, 264; zum (internationalen) Diskussionsstand der Defintion von Produktpiraterie vgl. *Braun, Edwin*, S. 2ff.

Nicht deckungsgleich mit Piraterieprodukten sind Plagiate. Ein Plagiat ist die bewußte Aneignung fremden Geistesgutes, wobei Aneignung hier die Behauptung der eigenen Urheberschaft bedeutet. Plagiator ist folglich nur der, der ein fremdes Werk als sein eigenes ausgibt.[58]

Um die Aufregung um den bisweilen beklagten Verlust fast jeglichen Urheberrechtsschutzes zu verstehen und zu relativieren, möchte ich einen kurzen Abriß der technischen Entwicklung der Medien-Speicher und der Vervielfältigungs- und Bearbeitungs-Möglichkeiten darstellen, die im Laufe der Zeit immer wieder das Urheberrecht herausgefordert haben. Denn kaum ein anderes Rechtsgebiet ist so stark von den Wechselwirkungen der technischen Entwicklung einerseits und der notwendigen - durch systemgerechte Auslegung oder Neukodifizierung zu erreichenden - Anpassung der rechtlichen Normierungen an den jeweiligen Stand der Technik andererseits geprägt wie das Urheberrecht.[59]

4.1 Printmedien

Das massenweise Kopieren von geistigen Werken begann im Printmedienbereich mit der Erfindung des Buchdrucks durch Gutenberg in der Mitte des 15. Jahrhunderts. Bis dahin mußte der Autor eines Werkes froh sein, wenn sich jemand fand, der die Mühe des Abschreibens auf sich nahm und so das Werk bekannt machte.[60] Dies war die Geburtsstunde des Urheberrechts. Der Schutz der Werke wurde damals, an die alten Gewerbemonopole anknüpfend, als vom jeweiligen Landesherrn vergebenes Druckerprivileg ausgestaltet. Die Vergabe der Privilegien war jedoch auch politisch motiviert, da die Verbreitung von Ideen so einer Genehmigungspflicht unterzogen wurde.[61] Da die Privilegien auf das Territorium des Landesherrn beschränkt waren, blühte trotzdem der Nachdruck außerhalb der Landesgrenzen. Geschützt war also nicht der Schöpfer, sondern der Verwerter des Werks.[62] Erst die Theorie des geistigen Eigentums veranlaßte den Gesetzgeber, Urheberrechtsschutz zu gewährleisten.[63] 1837 wurde in Preußen ein Gesetz zum Schutze literarischen Eigentums erlassen. In

---

[58] *Becker*, in: ZUM 1995, 231 (242). Dies ist bei „CD-Piraten“ nicht der Fall: Der Raubkopierer einer CD gibt die CD von Phil Collins oder Winword97 nicht als selbst erstellte Produkte aus. Die Käufer wollen ja auch gerade das "prominente" Produkt.

[59] *Münker*, S. 1.

[60] *Hubmann*, in: ZUM 1988, 4 (5).

[61] *van Isacker*, S. 222.

[62] *Schramm, B.*, S. 2.

[63] Bis dahin war der Autor auf die Gunst eines Mäzens angewiesen, der ihm seinen Lebensunterhalt sicherte oder im Mittelalter auf ein Kloster, in dessen schützenden Mauern er für Gotteslohn arbeitete. (*Hubmann*, in: ZUM 1988, 4 [4]).

Frankreich erfolgte dies bereits durch die Revolutionsgesetze 1791 und 1793, die die propriété littéraire et artistique des Urhebers festlegten.

Seit dem 1901 in Kraft getretenen Literaturrhebergesetz und dem Kunstschutzgesetz sprechen die Gesetze nicht mehr vom „geistigen Eigentum", sondern vom Urheberrecht.

Eine neue Herausforderung für den Schutz der Urheberrechte war die Entwicklung des Kopierers, der die private massenhafte Vervielfältigung von Gedrucktem - heute auch in hoher farblicher Brillianz - möglich machte. Daraufhin wurde 1985 eine allgemeine Photokopiergeräte- und Betreibergebühr eingeführt (§ 54 Abs. 2 UrhG). Für 1989 wurde geschätzt, daß in Deutschland über 51 Mrd. Fotokopien erstellt worden sind, davon etwa 20 % urheberrechtlich geschützter Werke.[64]

Die Bezeichnung „Printmedien" trifft den Bereich von Zeitungen, Zeitschriften, Magazinen und Büchern heute nur noch zum Teil. Denn das vormals gedruckte *Print*-Produkt erscheint bereits zu einem großen Teil auf CD-ROM oder wird über home-pages im Internet vertrieben.

4.2 Phonogramme

4.2.1 Die Schallplatte

1877 gelang es erstmals *Thomas A. Edison*, seine eigene Stimme mit Hilfe eines von ihm erfundenen Walzenapparates aufzunehmen und wiederzugeben. Bereits diese Aufnahmen war das Ziel von Produktpiraten.[65] 10 Jahre später, im September 1887, meldete *Emil Berliner* die Schallplatte als US-Patent an - das traditionelle analoge Phonogramm.

Die Schallplatte setzte sich jedoch erst nach dem Ersten Weltkrieg gegen die Edison-Walze durch und wurde binnen weniger Jahre zu einem Medium, welches die Musik den Massen erschloß. 1921 erreichte in den USA der Umsatz mit 106 Mio US$ einen vorläufigen Höhepunkt.

Die Ausbreitung und wachsende Akzeptanz des Hörfunks in der Mitte der 20er Jahre bremste die weitere Entwicklung der Schallplatte. Im Wettbewerb mit den Hörfunkgeräten war das Grammophon in den 30er Jahren in allen Industrieländern unterlegen.

Nach dem Ende des Zweiten Weltkrieges erreichte in der Zeit des Wirtschaftsaufschwungs die Schallplatte mit der Einführung der Vinyl-Langspielplatte, der

---

[64] *Schack* Rz. 30.

[65] *Rochlitz*, in: FuR 1980, (352), *Nick*, in: FuR 1980, 377 (378).

Erhöhung der Speicherkapazität durch Entwicklung der sog. „Füll-Schrift" und dem Durchbruch in der Stereo-Technik einen neuen Aufschwung.[66]

Die Herstellung von Schallplatten war und ist jedoch sehr aufwendig.

4.2.2 Die MusiCassette

Mit der Einführung der Cassettenrecorder in den sechziger Jahren begann 1965 die Produktion von Musikwerken auf industriell erzeugten MusiCassetten (MC). Letzteres war die bislang bedeutendste technische Entwicklung, welche die private Vervielfältigung in ihrem heutigen Umfang ermöglichte. In der Zeit vor seiner Einführung war es dem privaten Musikhörer nicht möglich, eine sowohl technisch-qualitativ akzeptable als auch finanziell adäquate Aufnahme von einer ansonsten nur zur Rezeption genutzten Signalquelle wie Schallplatte oder Radio zu erstellen. Das schon entwickelte Tonbandgerät war demgegenüber teuer und aufwendig.[67] Mit der Einführung der MC wurde das „Schmarotzen an fremder Leistung kommerziell so bedeutsam, daß von den Betroffenen eine gezielte Kampagne zu ihrer Bekämpfung organisiert wurde."[68]

So führten wirtschaftliche Rezession und neue Medienangebote in Verbindung mit dem selbstverständlichen Umgang mit der durch den Recorder geschaffenen Mitschneidemöglichkeit seit 1980 zu einer für die Musikwirtschaft existentiellen Bedrohung, die sich erst in den Jahren 1985 und 1986 durch die Einführung der Compact Disc (CD) 1983 wieder konsolidieren konnte.[69]

4.2.3 Die digitalen Tonträger

Als erster bespielbarer digitaler Tonträger kam vor mehr als 10 Jahren das Digital Audio Tape (DAT) auf den Markt. Obwohl die DAT-Kassette im Gegensatz zur CD von Anfang an bespielbar war, konnte sich dieser Standard bisher im privaten Massengebrauch nicht durchsetzen. Dies hat seinen Grund wahrscheinlich vor allem in dem hohen Preis der DAT-Recorder und darin, daß die CD wegen ihrer leichten Handhabbarkeit und Ähnlichkeit mit der LP vom Handel als das die LP ersetzende Speichermedium akzeptiert wurde. Darüber hinaus haftete der DAT-Kassette der von der MC übernommene schlechte Ruf eines mit der Zeit einhergehenden natürlichen Verschleißes an, der durch den physikalischen Kontakt zwischen Tonband und Magnetkopf beim Aufnahme-

---

[66] *Zombik*, in: Media Perspektiven 1987, 437 (437).
[67] *Maus*, S. 45f.
[68] *Nick*, in: FuR 1980, 377 (378).
[69] *Zombik*, in: Media Perspektiven 1987, 437 (444).

und Abspielvorgang bedingt ist[70]. Möglicherweise ist dies aber auch das Ergebnis eines zunehmenden Konsumdenkens, das fertige Produkte (bespielte CDs) den für die Selbstaufnahme geschaffenen Produkten (DAT) vorzieht.

Der DAT-Recorder findet heute vor allem Anwendung im Bereich der Erstellung von Demo- und Masterbändern.

Die im Frühjahr 1997 vorgestellte DVD soll die Musik-CD nunmehr vom Markt verdrängen, da letztere nicht rückwärtskompatibel ist.

Als eine wichtige Auswirkung der mit der technischen Entwicklung einhergehenden massenhaften Vervielfältigung von Phono- und später auch Videogrammen hat der Gesetzgeber die Nutzungsabgabe eingeführt (§ 54 UrhG). Von der Geräte-, Leerkassetten- und Betreiberabgabe sind mittlerweile auch Laserdrucker, Readerprinter, Scanner und sogar Telefaxgeräte betroffen.[71] Die Abgabe hat sich mehr und mehr auch im Ausland durchgesetzt. In den USA ist sie 1992 durch den Audio Home Recording Act eingeführt worden, wobei sie jedoch auf DATs und DAT-Geräte beschränkt worden ist.[72] 1996 hat die Abgabe aus § 54 Abs. 1 UrhG für den Audio- und Video-Bereich 127,8 Mio DM eingebracht.[73]

4.3 Videogramme

Die Videokassette ist der einzige analoge Bildträger für den Konsumentenbereich. Wie die MC besteht sie aus einem mit magnetisierbaren Partikeln versehenen Kunststoffband, das kurz Magnetband genannt wird. Die Videokassette besitzt eine Aufnahmekapazität von maximal 480 min. Der (wesentliche) Unterschied zur MC besteht darin, daß die Videokassette nur eine Bandlaufrichtung besitzt (Ausnahme: Video 2000).

Als digitale Videogramme sind bisher die Laserdisc, die CD-I und CD-V entwickelt worden. Keiner dieser Standards konnte sich aber bisher durchsetzen. Neben der Problematik der mangelnden Einigung der Industrie, die Unsicherheit bei den Konsumenten hervorruft, ist im Video-Bereich die Möglichkeit der eigenen Aufnahme zum zeitversetzten Fernsehen eine wichtige Anwendung. Bei den vorgenannten Datenträgern handelt es sich jedoch nicht um bespielbare Videogramme.

Die neueste Entwicklung der DVD wird auch für den Videobereich anwendbar sein. Im Gegensatz zu den bisherigen digitalen Video-Speichern scheint hier

---

[70] *Maus*, S. 49.
[71] *Schack*, Rz. 444 m.N. zur Rspr.
[72] *Schack*, Rz. 443.
[73] *Schack*, Rz. 447.

nunmehr ein großes gemeinsames Interesse der Industrie vorzuliegen, daß sich dieser flexibel einsetzbare Speicher auf dem Markt etabliert. Nicht zuletzt garantieren ja solche Neuentwicklungen auch einen steigenden Umsatz von Hardware.

4.4 Computerprogramme

Am Beginn des Computerzeitalters wurden Daten vor allem auf Magnetbändern gespeichert. Das ist ein Kunststoffband, das mit einer ferro-magnetischen Schicht überzogen ist. Dabei können bis zu 18 parallele Spuren gleichzeitig gelesen oder beschrieben werden. Der Nachteil des Magnetbandes liegt vor allem in der hohen Zugriffszeit, da die Daten nur in der Reihenfolge gelesen werden können, in der sie aufgezeichnet wurden. Im Heimcomputer-Bereich wurden vor allem Kassetten-Geräte zum Abspielen benutzt. Die lange Zugriffszeit wurde durch die Einführung der Diskette (auch Floppy oder Floppy-Disc) verkürzt. Durch ein vom Betriebssystem angelegtes Disc Directory erfolgt der Zugriff sofort auf den entsprechenden Sektor der rotierenden Kunststoffscheibe mit magnetischer Beschichtung.

Waren diese Speicher noch magnetische Speicher, so wurden mit der Einführung der CD-ROM die Daten fortan optisch gelesen. Der Vorteil dieser Technologie ist eine besondere Haltbarkeit und insbesondere Verschleißfreiheit sowie ein enormer Zugewinn an Speicherkapazität.

Durch die Urheberrechtsnovelle vom 24. Juni 1985[74] ist der Grundsatz des Urheberrechtsschutzes auch für Computerprogramme durch Aufnahme in den Katalog des § 2 Abs.1 Nr. 1 UrhG für grundsätzlich anwendbar erklärt worden. Diese Aufnahme in den Katalog - wodurch mit der Nennung eines konkreten Geistesproduktes die Systematik des Gesetzes durchbrochen wurde - war das Ergebnis einer Entscheidung des LG Mannheim[75], in der angeführt wurde, daß Computerprogramme grundsätzlich nicht urheberrechtsfähig seien.[76]

---

[74] BGBl. 1985 I, S. 1137.

[75] LG Mannheim, BB 1981, 1543.

[76] *Weber-Steinhaus*, S. 32.

In Umsetzung der EG-Richtlinie über den Rechtsschutz von Computerprogrammen[77] sind nunmehr in den §§ 69a-g UrhG besondere Bestimmungen für Computerprogramme eingeführt worden.[78] Wesentlich ist nun nicht mehr die Schöpfungshöhe, sondern die Individualität des Programmes.[79]

4.5 Digital[80] und analog - eine Gegenüberstellung

Da die digitale Technik Einzug in alle Medienbereiche gehalten hat, möchte ich das Kapitel der technischen Entwicklung mit einer Gegenüberstellung von analoger und digitaler Technik abschließen. Nur mit diesem Wissen läßt sich auch die Einführung der digitalen Technik als „digitale Revolution" verstehen, und erst so erschließt sich auch das grundsätzlich Neue, das es im Bereich der CD-Piraterie zu betrachten gilt.

„Digital" wird heute oftmals als Synonym für „hochwertig" gebraucht.[81] Beides hat aber nichts miteinander zu tun, denn „digital" ist nur eine Art der Technik, die wie jede andere Technik auch mehr oder weniger hochwertig sein kann.

Analog, gegensätzlich zu digital verstanden, beschreibt kontinuierlich und stufenlos sich verändernde Größen und Prozesse, die beliebig viele Veränderungen enthalten. Diese Darstellung kann jedoch - in Abhängigkeit auch von der Qualität des Meßgerätes - immer nur Annäherungswerte zu einem bestimmten Zeitpunkt enthalten: schon Licht und Schatten weisen unendlich viele Helligkeitsstufen auf. Ein entscheidendes Merkmal eines analogen Systems ist folglich auch, daß es keine diskrete Wertetabelle hat, sondern daß diese gegen Unendlich geht.

Analoge Signale können also kontinuierliche Prozesse getreu abbilden. Ein wachsender oder abnehmender Schalldruck kann beispielsweise durch eine wachsende oder abnehmende Spannung dargestellt werden, oder, wie bei der Schallplatte, durch eine wachsende oder abnehmende Rillenauslenkung. Eine analoge Darstellung repräsentiert also die (möglichst) getreue Abbildung eines kontinuierlichen, sich in steter Veränderung befindlichen Äquivalentes.[82] Jedoch treten oftmals bereits bei der Abbildung Fehler auf, die in der Unvoll-

---

[77] Richtlinie 91/250/EWG des Rates vom 14.Mai 1991 (GRUR Int. 1991, 545ff.).

[78] BGBl. 1993 I, S. 910.

[79] Fromm / Nordemann - *Vinck* - § 69a Rz.1.

[80] "Digital" ist vom lateinischen "digitus" - der Finger - abgeleitet.

[81] So entschied auch das HansOLG, Az. 3 U 11/89, in: WRP 1990, 525: „Führt ein Unternehmen den Firmenbestandteil „CD-Video" so erwarten (...) erhebliche Teile des angesprochenen Verkehrs, daß das Unternehmen (...) mit CD-Technik zu tun hat, insbesondere Video-Cassetten auf den Markt bringt, die CD-Qualität besitzen."

[82] *Steinbrink*, S. 159.

kommenheit der Wandlung liegen. Die Reproduktion durch ein elektrisches Signal ist niemals exakt, in jedem analogen System treten dabei Störungen auf, die durch die Verarbeitung, Übertragung, Aufzeichnung verstärkt werden. Zusätzlich werden dabei immer auch die Eingangssignale gedämpft.[83]

Die digitale Technik ist demgegenüber kein „analoges“ Abbild des Originals. Digitale Darstellungen geben nicht einen kontinuierlichen, stufenlosen Ablauf getreu wieder, sondern sie halten Meßwerte zu bestimmten, aufeinanderfolgenden Zeitpunkten fest. Diese Meßwerte sind als Zahlen erfaßt und jederzeit exakt reproduzierbar, stellen also keinen Prozeß dar, sondern beschreiben diesen zu bestimmten, aufeinanderfolgenden Zeitpunkten durch eine Folge von Zahlen. Je geringer der Abstand der Meßzeitpunkte ist, desto genauer läßt sich der Prozeß beschreiben.[84] Diese Werte werden als Samples bezeichnet.

Dabei kann eine Aufnahme z.B. eines Klavierkonzerts nicht ausschließlich digital erfolgen. Denn das Ausgangssignal bleibt analog, wird aber später durch einen Analog/Digital-Wandler (A/D-Wandler) digitalisiert. Dieser vergleicht die analogen Signale mit einer vorgegebenen Skala von Werten (Beschreibungen) und weist die auf der Skala vorgegebenen Werte dem Abtastwert zu.

Ebenso stellt sich dann auch der Genuß des auf einer Musik-CD gespeicherten Klavierkonzerts erst dann ein, wenn die digitalen Signale durch einen D/A-Wandler wieder gewandelt werden. Denn die Betrachtung der Beschreibungen des Konzerts durch Zahlensignale auf einem Bildschirm ist sicherlich nicht das beim Kauf Erhoffte.

Dennoch hat die digitale Technik Vorteile: Ist das Eingangssignal erst einmal digital bearbeitet, liegt es als eine Folge von Zahlen vor. Diese können dann verlustfrei übertragen, bearbeitet und aufgezeichnet werden - und zwar mit relativ geringem technischem Aufwand, da das digitale Signal nicht wie das analoge mit einer unendlichen Vielzahl von möglichen Werten arbeitet, sondern eine bestimmte Anzahl von Werten[85] unterscheidet.

Im Ergebnis ist zwar also das Original nach wie vor abhängig vom analogen Eingangssignal (und auch von der Abtastfrequenz), jedoch sorgt die digitale Technik dafür, daß dieses während der Verarbeitung, Übertragung und Speicherung nicht an Qualität verliert.

Dazu kommt, daß mit verhältnismäßig geringem Aufwand sogar eine Fehlerbeseitigung durchgeführt werden kann. So können bspw. CD-Player ein fehlendes Signal aufgrund der vorangehenden und der folgenden Signale berechnen.

---

[83] *Steinbrink*, S. 160.

[84] *Steinbrink*, S. 161.

[85] Das binäre Zahlensystem unterscheidet nur die Werte "0" und "1".

Mit all diesen Vorzügen wird die digitale Technik vor allem für diejenigen Personen interessant, die sich mit der Weiterverarbeitung und -bearbeitung von Werken befassen, aber auch für die, die - mit geringem technischen Aufwand - Werke in großer Stückzahl vervielfältigen und verbreiten wollen.

Da digitale Darstellungen also keine Abbildungen mehr sind, wird in Zukunft auch bspw. der Schutz des Rechts am eigenen Bild diskutiert werden müssen. So können schon heute Bilder von Schauspielern als Dateien eingescannt werden, die dann als „synthetische Hyperschauspieler“ auf dem Bildschirm laufen lernen.

5 Die Straftatbestände und deren Begehungsformen

5.1 Die Strafbarkeit der „Piraten" bzw. der Endabnehmer

5.1.1 Die „Piraten"

Kriminologie ist, unabhängig von dem mittlerweile durch eine Etablierung der Kriminologie in der Praxis teilweise überholtem Streit, ob es sich dabei um eine eigenständige Wissenschaft oder nur um die Verknüpfung der Bezugswissenschaften handelt, jedenfalls eng mit der Strafrechtswissenschaft verbunden.[86] Anknüpfungs-, jedenfalls aber Ausgangspunkt einer kriminologischen Analyse der CD-Piraterie ist deshalb deren strafrechtliche Bewertung.[87]

5.1.1.1 Typische Straftatbestände der Produkt-Piraterie

Typische Straftatbestände der Produkt-Piraterie, zu der ja auch die CD-Piraterie gehört, hinsichtlich der Verletzung von Schutzgesetzen sind[88]:

- §§ 4[89], 15, 18 UWG
- §§ 106, 107, 108, 108a UrhG
- § 143 MarkenG
- § 14 GeschmMG
- § 142 PatG
- § 25 GebrMG
- § 10 HlSchG
- § 39 SSchG.

Zur Systematik: Während das UWG die Grundlinien des Wettbewerbs regelt und den Eingriff in die betriebliche bzw. gewerbliche Sphäre eines Konkurrenten nur dann unter Strafe stellt, wenn besondere Umstände vorliegen, steht bei den anderen Gesetzen schon die lediglich Verletzung des besonderen Schutz-

---

[86] *Eisenberg* (1995), § 2 Rz. 4; ebenda zum Problem der herrschaftsstützenden Funktion von Kriminologie: „Die Einsicht in die Möglichkeit, Legitimationsbeiträge zu leisten, wird es der Kriminologie jedoch kaum erlauben können, in Abstraktion der Strafrechtspraxis Forschung zu betreiben."

[87] Vgl. dazu im einzelnen *Eisenberg* (1995), § 1 Rz 32ff.

[88] *Lührs*, in: GRUR 1994, 264 (264), vgl. auch *Sternberg-Lieben*, in: NJW 1985, 2121 (2123).

[89] Eine strafbare Werbung gemäß § 4 UWG kommt vor allem dann in Betracht, wenn der Täter „counterfeits" zu einem besonders günstigen Preis abgibt. Bei anderen Piraterie-Produkten liegt - meist - keine Täuschung über die betriebliche Herkunft vor.

rechtes unter Strafe. Das UrhG besitzt unter den speziellen Gesetzen generalklauselartigen Charakter, da gemäß § 2 UrhG Werke der Literatur, Wissenschaft und Kunst geschützt sind.[90]

Treffen die für die CD-Piraterie insbesondere relevanten Handlungen Vervielfältigung und Verbreitung als Verletzungshandlung zusammen, so ist nur wegen einer Tat zu verurteilen. Tatmehrheit ist nur gegeben, wenn verschiedene Vervielfältigungen von verschiedenen Werken hergestellt werden.[91]

5.1.1.2 Verstöße gegen die AO

Da Produktpiraterie vielfach grenzüberschreitend ist und das damit verbundene Gewerbe sich weitestgehend staatlicher Kontrolle entziehen will, sind auch Verstöße gegen die AO oftmals der Fall.

Dabei ist die vorsätzliche Steuerverkürzung (§ 370 AO) als Straftat, die leichtfertige Steuerverkürzung (§ 378 AO) als Ordnungswidrigkeit klassifiziert. Bezieht sich die Straftat auf Zölle, so handelt es sich nach der Sprachregelung des § 369 Abs. 1 AO um „Zollstraftaten", wenngleich Zölle gemäß § 3 Abs. 1 S. 2 AO Steuern im Sinne der AO sind.[92] Bei der Steuerverkürzung kommen vor allem die Tatmodalitäten der unrich-tigen Angaben (§ 370 Abs. 1 Nr. 1 AO) sowie des pflichtwidrigen Verschweigens (§ 370 Abs. 1 Nr. 2 AO) steuerlich erheblicher Tatsachen in Betracht.

Der Tatbestand des § 373 Abs. 1 AO erfaßt den gewerbsmäßigen Schmuggel. Aufgrund der vom BGH[93] vorgenommenen Verknüpfung dieser Norm mit § 370 Abs. 3 AO verbleibt ein Anwendungsbereich für diese Norm nur im Bereich des „minderschweren Falles der Gewerbsmäßigkeit".[94]

Bei der Einfuhr raubkopierter CDs wird auch regelmäßig der Bannbruch gemäß § 372 AO verwirklicht. Dies ist ein steuerfremdes Delikt, welches gemäß § 372 Abs. 2 AO nur subsidiär ist und deshalb kaum praktische Bedeutung hat.[95] Bedeutung erlangt diese Norm daher vor allem in den Fällen der qualifizierten Formen des Bannbruchs gemäß § 373 AO, für die die Subsidiaritätsklausel des § 372 Abs. 2 AO nicht gilt.[96]

---

[90] *Lührs*, in: GRUR 1994, 264 (264).
[91] BayObLG, UFITA 47 (1996), 326.
[92] Erbs / Koolhaas - *Senge* - A 24 Rz. 3.
[93] BGHSt 32, 95ff.
[94] *Montenbruck*, in: wistra 1987, 7 (12f).
[95] Harms / Ehlers - *Küster* - § 36 Rz 196.
[96] *Koch / Scholtz* § 372 Rz. 11.

5.1.1.3 *Strafbarkeit wegen Betrugs gemäß § 263 StGB*

Bezüglich des gutgläubig verkaufenden Händlers begeht der „Pirat“ einen Betrug gemäß § 263 StGB. Während der Händler glaubt, mit dem Kaufpreis alle Rechte der Urheber abzugelten, drohen ihm die in §§ 97ff. UrhG normierten Unterlassungs-, Vernichtungs- und Herausgabeansprüche der Berechtigten. Zudem sieht er sich Gewährleistungsansprüchen ausgesetzt.[97] Unerheblich ist daher, ob bereits ein bloßer „sittlicher“ Makel der erworbenen Ware oder die allgemeine Gefahr, einem Prozeß um die Sache ausgesetzt zu sein, einen Schaden darstellt, da die konkrete Gefahr besteht, daß der Erwerber den etwaigen Prozeß verliert.[98]

5.1.1.4 *Strafbarkeit wegen Hehlerei gemäß § 259 StGB*

Eine Strafbarkeit wegen Hehlerei gemäß § 259 StGB bei der Verbreitung von raubkopierten CDs scheidet für den die Kopien selbst vertreibenden Kopierer aus, da die CDs nicht durch eine Vortat erlangt sind, sondern durch die illegale Vervielfältigung erst entstanden sind.[99] Jedenfalls handelt es sich auch nicht um die Tat eines anderen.[100]

5.1.1.5 *Strafbarkeit wegen Verstoßes gegen das BDSG gemäß § 43 BDSG*

Da es sich bei den auf CDs gespeicherten Informationen um Datensätze handelt, kommt auch eine Strafbarkeit gemäß § 43 BDSG in Betracht. Da jedoch bei der Piraterie von CDs personenbezogene Daten keine Rolle spielen, kann die Strafbarkeit gemäß § 43 BDSG für die vorliegende Arbeit außer Betracht bleiben.

---

[97] *Wahl*, S. 271.

[98] Vgl. SK (StGB) - *Samson / Günther* - § 263 Rz. 179.

[99] Umstritten; so *Tröndle* § 259 Rz. 10, a.A.: *Lieben*, in: GRUR 1984, 572 (573), der jedoch die Schaffung einer rechtswidrigen Vermögenslage verneint.

[100] Zur Frage, ob §§ 106 ff. UrhG überhaupt taugliche Vortaten für die Hehlerei darstellen vgl. Kapitel 5.1.2.2.

5.1.2 Die Endabnehmer

Strittig ist die Strafbarkeit des Endabnehmers, der von dem „Produktpiraten" oder dem Händler das schutzrechtsverletzende Produkt erwirbt.

5.1.2.1 Strafbarkeit wegen Teilnahme an der Urheberrechtsverletzung

Grundsätzlich kommt eine Strafbarkeit wegen Beihilfe zur unerlaubten Vervielfältigung, Verbreitung oder öffentlichen Wiedergabe gemäß §§ 106 ff. UrhG, 27 StGB bei einem bloßen Ankauf der Kopien durch den Enderwerber nicht in Betracht.[101]

Hinsichtlich der unerlaubten Vervielfältigung fehlt es an der Förderung der Haupttat. Zwar werden die Kopien im Hinblick auf einen späteren Kauf erstellt, so daß sich die Nachfrage förderlich auf die Tat auswirkt. Insoweit könnte es sich um einen Fall der psychischen Beihilfe handeln. Der Kopierer läßt sich jedoch lediglich von einer allgemein-abstrakten Absatzerwartung leiten. Eine konkrete Erleichterung der Tat durch den möglicherweise bereits zum Zeitpunkt der Tat tatsächlich vorhandenen Erwerbswillen liegt damit nicht vor. Darüber hinaus besteht auch zum Zeitpunkt der Vervielfältigung kein Vorsatz auf die konkrete Förderung der Vervielfältigung. Täter und Tat sind selbst für den späteren Erwerber, der sich bereits zum Zeitpunkt der Vervielfältigung mit dem Gedanken des Erwerbs einer Raubkopie trägt, noch nicht einmal in Umrissen bestimmt.[102] Der anschließende Erwerb der Kopie erfolgt erst nach Vollendung der Haupttat. Zu diesem Zeitpunkt ist eine Beihilfe jedoch bereits ausgeschlossen.[103]

Bei der unbefugten Verbreitung oder öffentlichen Wiedergabe der Kopien handelt es sich bei dem Erwerb um einen Fall der straflosen notwendigen Teilnahme, sofern nicht das notwendige Maß der Mitwirkung überschritten wird.[104]

Eine Strafbarkeit des Erwerbers wegen Beihilfe ist aber dann anzunehmen, wenn dieser der raubkopierenden Person einen CD-Rohling zur Verfügung stellt, damit diese mit den notwendigen Daten bespielt werde.[105] Dies wurde von

---

101 Zur Teilnahme an den Straftaten gemäß §§ 106 ff. UrhG vgl. BGH, GRUR 1990, 353 (354).

102 *Tröndle* § 27 Rz. 9

103 *Tröndle* § 27 Rz. 4.

104 *Schricker* § 106 Rz. 15.

105 Demgemäß wurde das zur Verfügungstellen einer Leerdiskette gemäß § 27 StGB, §§ 106, 109 UrhG als Beihilfe für strafbar gehalten vom KG, in: NStZ 1983, 582; AG Kronach, in: CR 1993, 930.

Etter abgelehnt, da kein Unterschied zwischen dem Kauf und der Erstattung der Selbstkosten des Lieferanten gemacht werden könne.[106] *Etter* verkennt dabei jedoch, daß der Kauf erst nach der Herstellung erfolgt, so daß eine Förderung der Vervielfältigung nicht mehr möglich ist und hinsichtlich der Verbreitung eine notwendige Teilnahme darstellt, das Stellen einer CD dem Täter die Vervielfältigung jedoch erst ermöglicht. Eine entsprechende Strafbarkeit des Erwerbers muß danach auch dann angenommen werden, wenn dieser die Erstellung einer unerlaubten Vervielfältigung in Auftrag gibt.

5.1.2.2 Strafbarkeit wegen Hehlerei gemäß § 259 StGB

Eine Strafbarkeit wegen Hehlerei gemäß § 259 StGB wurde durch die Rechtsprechung bislang abgelehnt.[107] Ausschlaggebender Grund für diese Beurteilung ist, daß das Schutzgut der Hehlerei Eigentum und Besitz ist. Da durch unerlaubte Vervielfältigungen i.S. der §§ 106, 108 UrhG die sachenrechtliche Lage an den dafür verwendeten Gegenständen unberührt bleibt und somit keine rechtswidrige Besitzlage geschaffen wird, scheiden diese Taten als Vortaten zur Hehlerei aus.[108] Auch bei der irreführenden Kennzeichnung von Vervielfältigungsstücken gemäß § 107 Nr.2 UrhG wird noch nicht derart in fremdes Vermögen eingegriffen, daß von einer gegen fremdes Vermögen gerichteten Tat i.S. von § 259 StGB gesprochen werden kann.[109] Diese Argumentation wurde teilweise von der Literatur unter Hinweis darauf abgelehnt, daß es sich bei Raubkopien um „geistiges Eigentum" als vermögenswerte Position handelt. Dementsprechend hat auch das BVerfG ausgeführt, daß das geschaffene Werk und die darin verkörperte Leistung in vermögensrechtlicher Hinsicht Eigentum des Urhebers im Sinne von Art. 14 Abs. 1 GG ist.[110]

Eine Straflosigkeit der Erwerber erscheint jedoch hinsichtlich zweier Gesichtspunkte als angemessen. Zum einen würde anderenfalls ein Mißverhältnis in der Höchststrafe bestehen: drei Jahre bei den Grundtatbeständen der Schutzgesetze, fünf Jahre für den hehlenden Erwerber. Zum anderen sind die Schutzgesetze als Spezial-Straf-Gesetze zu verstehen, die abschließende strafrechtliche Regelungen für Rechtsgutverletzungen in ihrem Spezial-Bereich schaffen und gerade nicht auf eine Strafbarkeit des Erwerbers abzielen. Und schließlich ist auch nur

---

[106] *Etter*, in: CR 1989, 115 (118).
[107] KG, in: NStZ 1983, 582.
[108] *Braun*, S. 181.
[109] *Weber* (1990), S. 436ff.
[110] BVerfGE 31, 229 (239); 50, 290 (352), BVerfG GRUR 1972, 490.

so die Freistellung des Endabnehmers von zivilrechtlichen Sanktionen gemäß §§ 97ff. UrhG konsequent.[111]

Auch das Bestimmtheitsgebot des Art. 103 Abs. 2 GG spricht dafür, die Strafbarkeit der Ausbeutung fremder geistiger Leistungen auf die in §§ 106 ff. UrhG präzise umschriebenen Tathandlungen zu begrenzen.[112]

5.1.2.3 Strafbarkeit wegen Strafvereitelung gemäß § 258 StGB

Auch eine Strafbarkeit der Endabnehmer wegen Strafvereitelung gemäß § 258 StGB kommt nicht in Betracht, da der mit dem Ankauf der Piraterie-Ware verlorene Anspruch des Verletzten gegen den Verletzer gemäß § 98 UrhG auf Vernichtung oder Überlassung nur zivilrechtlicher Natur ist, also keine Maßnahme i.S.v. § 11 Abs. 1 Nr. 8 StGB darstellt.[113]

5.1.2.4 Strafbarkeit wegen Begünstigung gemäß § 257 StGB

In Erwägung zu ziehen ist jedoch eine Strafbarkeit des Endabnehmers wegen Begünstigung gemäß § 257 StGB.

§ 257 StGB dient nach h.M. kumulativ dem Interesse der Rechtsordnung an der Wiederherstellung des gesetzmäßigen Zustandes[114] und, soweit Ansprüche des Verletzten auf Restitution des früheren Zustandes betroffen sind, auch dem Schutz von Individualinteressen.[115] Als Vortaten kommen damit auch Straftaten gemäß §§ 106, 108 UrhG in Betracht.

Eine Hilfeleistung zur Sicherung des durch die Tat erlangten Vorteils kann in dem Ankauf der Piraterieprodukte liegen. Das Verhalten ist geeignet, den Vortäter gegen die Herstellung des gesetzmäßigen Zustandes zu sichern. Der Vortäter eignet sich mit dem Verkauf den wirtschaftlichen Wert des unerlaubt hergestellten Vervielfältigungsstückes endgültig zu. Seine Lage wird insofern verbessert, als er nicht mehr die Beute selbst, sondern nur deren weniger verfänglichen und schwerer zu entziehenden Surrogate in Besitz hat.[116]

Nur selten wird jedoch der Enderwerber in der Absicht handeln, dem Vortäter die Vorteile der Tat zu sichern. Der Endverbraucher erwirbt das Piraterie-Produkt in der Regel nur zum eigenen Gebrauch und Vorteil. Zwar wird nicht verlangt, daß die Vorteilssicherungsabsicht der einzige Zweck der Tat sein

---

[111] *Braun*, S. 182, a.A. *Hentschel*, in: FuR 1983, 389ff.
[112] *Weber* (1990), S. 438f.
[113] *Weber* (1993), S. 64.
[114] A.A.: SK (StGB) - *Samson* - § 257 Rz. 5.
[115] H.M., vgl. *Tröndle* vor § 257 Rz. 2 m.w.N.
[116] *Braun, Edwin*: S. 183

muß[117], der Käufer wird sich jedoch regelmäßig überhaupt keine Gedanken darüber machen, gleichzeitig die Wiederherstellung des gesetzmäßigen Zustandes zu erschweren.[118]

5.2 Erscheinungsformen der Kriminalität

Um sich mit dem Phänomen der mit dem Speichermedium CD zusammenhängenden Produktpiraterie auseinanderzusetzen, möchte ich nun einen Überblick über die möglichen und praktisch relevanten Tatmodalitäten geben, bei denen die CD Objekt der Tatbegehung ist. Außer Betracht sollen dabei die Straftaten bleiben, bei denen die CD nicht als Speichermedium im Vordergrund steht, sondern vielmehr ein beliebig austauschbares Tatobjekt ist.[119]

5.2.1 Die „klassischen" Raubkopien

Neben der durch die neue Technik ermöglichten Digitalisierung gibt es natürlich auch den „klassischen Fall" der CD-Raubkopien: die „einfache" unerlaubte Vervielfältigung von autorisierten CDs und deren Vertrieb. Diese ist strafbar nach §§ 106 ff. UrhG. In Fällen des Schutzes einer CD durch eine Kopiersperre, die den Zugang zum Objektcode verhindern soll, kommt auch eine Strafbarkeit nach § 202a StGB in Betracht. Dies gilt jedoch nur dann, wenn der Kopierschutz durchbrochen wird und nicht bei einer 1:1-Kopie mitkopiert wird.[120]

5.2.1.1 Die „klassischen" Raubkopien

Die einfache unerlaubte Vervielfältigung des Speichermediums stellt die eigentlich „klassische" Art der Raubkopie dar. Diese zeichnet sich dadurch aus, daß sie in ihrer äußeren Form und Aufmachung völlig vom Original abweicht, teilweise mit phantasievollen Produktions-Firmen-Namen versehen ist. Diese Raubkopien sind nahezu für jeden - interessierten - Laien erkennbar. Aufgrund der leichten Erkennbarkeit und der stärkeren Verfolgung der Piraterie ist diese Form der Raubkopie jedoch auf dem Rückzug.

---

[117] *Tröndle* § 257 Rz. 9.
[118] *Friedrich*, in: MDR 1985, 366 (368)
[119] So wurde bspw. 1993 ein Lastzug mit 70.000 CDs ausgeraubt (Quelle: *o.V.*, in: Musikhandel 1993, S. 151).
[120] Vgl. *Meier*, in: JZ 1992, 657 (662f.).

5.2.1.2 Counterfeits

Die bis in alle Einzelheiten den Originalexemplaren angeglichenen Kopien werden als counterfeits oder Ident-Fälschungen bezeichnet. Da die Täter hier auch Details wie z.B. das GEMA-Zeichen und das Firmenzeichen kopieren, kommt hier neben der Strafbarkeit nach §§ 106 ff. UrhG auch eine Strafbarkeit nach dem MarkenG in Betracht. In diesem Zusammenhang ist auch eine Urkundenfälschung gemäß § 267 StGB vollendet.

Zu den Ident-Fälschungen gehört - jedenfalls von der äußeren Erscheinungsform - letztlich auch die Produktion von „Überstücken". Hier sind die „CD-Piraten" nicht einmal mehr gefordert, aufwendig die Vorlagen für die Raubpressungen oder Cover bzw. booklets zu organisieren. Der normale autorisierte Produktionsvorgang wird einfach über das vertraglich vereinbarte Maß hinaus weitergeführt. Das ist jedoch auch schon der Unterschied zu den klassischen counterfeits: Während letztere Kopien des Originals sind, sind die Überstücke selbst Originale.

5.2.1.3 Bootlegs

Davon zu unterscheiden ist im Musik-CD und -Video-Bereich die Herstellung von bootlegs. Bootlegs sind die Kopien, die der Täter unerlaubt von Konzertveranstaltungen, Rundfunksendungen, Kinovorführungen anfertigt.[121] Deren Aufnahme und die Vervielfältigung und Weiterverbreitung ist strafbar nach §§ 106 ff. UrhG.

Daneben gibt es auch straflose Fälle der sogenannten Schutzlücken-Piraterie.[122] Dies sind in der Regel Fälle der unautorisierten Vervielfältigung und Verbreitung von Mitschnitten von Veranstaltungen in einem Nicht-Mitgliedsland des Rom-Abkommens ausländischer Künstler. In allen anderen Ländern ist der Schutz ausländischer Urheber regelmäßig durch § 121 IV UrhG in Verbindung mit RBÜ und WUA gewährleistet.

Deren massives Auftreten war seit dem Sommer 1990 zu beobachten, nachdem am 23.1.1990 die Straflosigkeit durch das BVerfG in Sachen „Bob Dylan" festgestellt wurde.[123]

---

[121] Der Ausdruck „bootleg" stammt aus der Zeit der Prohibition in den USA, wo Alkohol im „Stiefelschaft" geschmuggelt wurde und bezieht sich auf die im Stiefelschaft versteckten Mikrofone der Tonbandgeräte, mit denen in den Anfängen des bootlegging die Konzertmitschnitte angefertigt wurden (*Nick* (1979), S. 36).

[122] Vgl. dazu insbesondere *Braun*.

[123] *Schaefer*, in: GRUR 1992, 424.

Seit dem 1. Januar 1996 ist diese Schutzlücke durch die Zusatzvereinbarung TRIPS (Trade Related Aspects of Intellectual Property Rights) zum Welthandelsabkommen GATT geschlossen. Die Regelungen des TRIPS sind rückwirkend: Sie betreffen alle unerlaubten Live-Mitschnitte unabhängig vom Zeitpunkt der Aufnahme.

Unerlaubte Mitschnitte gibt es auch im Bereich der Aufzeichnung von Rundfunk- und Fernsehaufnahmen. Durch die Einführung von digitalem Rundfunk und Fernsehen wird die CD als Speichermedium in diesem Bereich an Attraktivität gewinnen.

Diese Erscheinungsformen sind jedoch keine mit der Digitalisierung im Zusammenhang stehenden neuen Möglichkeiten der Piraterie. Neu ist dabei nur die Herstellung technisch einwandfreier Reproduktionen des Originals.

5.2.2 Der Digitalisierungsprozeß

Eine Straftat könnte bereits der Digitalisierungsprozeß (z.B. durch Einscannen) darstellen, der immer ein weiteres Vervielfältigungsstück hervorbringt. Eine Strafbarkeit gemäß §§ 106 ff. UrhG kommt jedenfalls dann im Betracht, wenn überhaupt keine Zustimmung des Urhebers oder des Nutzungsberechtigten vorliegt. Selbst bei einer Zustimmung des Urhebers zur analogen Vervielfältigung könnte jedoch eine Straftat nach §§ 106 ff. UrhG vorliegen, wenn es sich bei der Digitalisierung um eine trennbare verkehrsfähige wirtschaftlich-technische Nutzungsart vorbestehender Werke handelt. Dies ist gegeben, wenn eine qualitative Verbesserung und eine quantitative Erweiterung der Nutzungsmöglichkeiten feststellbar ist.[124] Dies läßt sich nach dem oben Gesagten zur Unterscheidung von analogen und digitalen Verfahren bejahen.[125] Dabei handelt es sich also nicht lediglich um eine neue Vertriebsform. Denn erstmalig ist es technisch möglich geworden, verschiedene Arten von Werken auf einem einzelnen Datenträger zur kommerziellen Auswertung zusammenzuführen und urheberrechtlich geschützte Werke interaktiv zu verändern.[126]

Die Zustimmung des Berechtigten, ein Werk durch Fotokopieren, Fotografieren, Ton- und Filmaufnahmen zu vervielfältigen, umfaßt damit nicht auch die hiervon zu trennende Nutzung eines Vervielfältigens durch Digitalisieren.[127]

Bis zur Markteinführung 1983 war die CD darüberhinaus eine unbekannte Nutzungsart, hinsichtlich welcher gemäß § 31 IV UrhG die Nutzungsrechte

---

[124] *Koch*, in: GRUR 1995, 459 (468f).
[125] Vgl. Kapitel 4.5.
[126] *Kornmeier*, S. 895.
[127] *Koch*, in: GRUR 1995, 459 (469).

auch bei einer Pauschalabtretung von vornherein gar nicht abgetreten werden konnten. Die Digitalisierung von Bildmaterial war sogar bis 1987 eine noch unbekannte Nutzungsart.[128] Spätestens seit 1992 dürfte den Urhebern auch bekannt sein, daß es einen CD-ROM-Markt gibt.[129]

Die Einstufung der CD als neue Nutzungsart ist vor allem relevant hinsichtlich der Verbreitung auch einer Reihe von älteren Werken auf CD-ROM. Hier entstehen Konflikte zwischen Urhebern und Produzenten, die vor allem bezüglich des Zeitpunktes des Bekanntwerdens der Nutzungsart CD-ROM unterschiedliche Standpunkte vertreten.

In diesem Zusammenhang der Auseinandersetzung, die in den urheberstrafrechtlichen Bereich hineinreicht, spielt dann auch die Abhängigkeit der Auftragnehmer von ihrem Auftraggeber eine große Rolle.[130] So hat bspw. der „Spiegel" sinngemäß auf Anfragen betroffener Fotografen geantwortet: „Im Interesse einer weiteren guten Zusammenarbeit sollten Sie auf Forderungen verzichten."[131] Und auch der Justitiar des Handelsblattes hat (vor Bildarchivaren) unumwunden eingeräumt, daß hier jegliches Argumentieren „interessengeleitet" sei.[132]

5.2.3 Bearbeitungen, Sampling[133]

Mit Multimedia-Technik und der CD als deren zentralem Speichermedium ergeben sich neue Möglichkeiten für die unzulässige Bearbeitung. Die digitale Technologie ermöglicht die Umwandlung von geschützten Werken und Leistungen in ein und dasselbe Datenformat, unabhängig davon, zu welcher der bislang unterscheidbaren Werkarten sie gehören und unabhängig davon, in welchem der bislang deutlich voneinander abgrenzbaren Speichermedien sie verkörpert sind. Texte, Bilder, Bildfolgen und Klang können ebenso digitalisiert werden, wie ganz allgemein Daten und sonstige Informationen. Alle Arten von Werken können auf ein und demselben materiellen Datenträger gespeichert, verbreitet und von ein und demselben Gerät wieder in ihre ursprünglich wahrnehmbare Form umgewandelt werden. Damit lassen sich Werke in bisher ge-

---

[128] Fromm / Nordemann - *Hertin* -, § 31/32 Rz 18.

[129] *Kornmeier*, S. 895.

[130] Vgl. *o.V.*: Interview mit *Wolfgang Schimmel* (IG Medien), in: "M" Nr. 3/96 S. 12.

[131] *O.V.*: Interview mit *Rolf Nobel*, Sprecher der Foto-Journalisten-Vereinigung "FreeLens", in: Neues Deutschland vom 20.11.1996.

[132] *Jansen*, in: Die Zeit vom 6. Dezember 1996.

[133] Zum Sampling allgemein vgl. *Spieß*, in: ZUM 1991, 524.

trennten Medien frei miteinander kombinieren und schließlich vom Werknutzer in nahezu beliebiger Weise verändern.[134]

Die digitale Technik erlaubt die Möglichkeit der freien Bearbeitung mit Hilfe des Computers. Einmal eingelesenes Material kann durch den Einsatz verschiedener Algorithmen, mit deren Hilfe Filter und unterschiedliche Signalveränderungen erzeugt werden[135], zum Ausgangspunkt verschiedenartigster Bearbeitungen gemacht werden.

In der Musik ist dieses Phänomen als Sound-Sampling bekannt. Kriminorelevant ist dabei jedoch nicht der kreative Einsatz von Sampling-Methoden, sondern die Verwendung zu Zwecken des „Klang-Klaus".[136]

Im graphischen Bereich können beispielsweise Ausschnitte von Bildern gezielt ausgewählt werden oder Abbildungen vergrößert oder verkleinert werden.

Im Filmbereich zählt zu den bekanntesten Formen der Bearbeitung sicherlich die Nachkolorierung alter Filme, so z.B. des Filmes „Asphalt Jungle" von John Huston.[137] Diese Entnahme von Teilen einer Photographie oder anderen Bildinformationen wird als „pixel piracy" bezeichnet, da in der Computerindustrie üblicherweise der Begriff „picture elements" als „pixels" abgekürzt wird.[138] Welche Anzahl von Samples eines Werkes für die Bejahung einer Verletzung von § 85 UrhG entnommen werden müssen, ist nicht quantifizierbar.[139]

5.2.4 Compilations

Teilweise auch als Sampler (in der Musikbranche) oder als Raubkopplungen bezeichnet werden CD-Raubkopplungen. Der Kopierer verwendet hierbei nicht eine CD als Vorlage zur Anfertigung einer Kopie, sondern stellt von mehreren CDs Programme bzw. Musiktitel zusammen, wie sie beim Originalhersteller oder dem Lizenznehmer so nicht erhältlich ist. Dabei handelt es sich oft um „Best-of"-Zusammenstellungen. Diese Kopplungen erscheinen sowohl auf dem Software- als auch auf dem Audio-Markt. Insbesondere im Software-Bereich wirkt sich hier aus, daß mehrere hochwertige Produkte auf einer CD gespeichert werden können, während früher für die gleiche Anzahl von Programmen (bzw. Speicherplatz) eine Vielzahl von Disketten notwendig gewesen wäre.

---

[134] *Becker*, in: ZUM 1995, 231 (232).

[135] *Koegel Buford*, S. 86ff, zitiert in: *Koch*, in: GRUR 1995, 459 Fn 4 und 78.

[136] *Hoeren*, in: GRUR 1989, 11 (16).

[137] *Kreile, J. / Westphal*, in: GRUR 1996, 254 (254).

[138] *Davies*, in: GRUR int. 1996, 888 (894).

[139] Vgl. OLG Hamburg, ZUM 1991, 449 m.w.N.

Im Musikbereich treten diese Raubkopplungen auch als Raubmixe (oder Disco-Mixe) auf. Diese unterscheiden sich von den Raubkopplungen dadurch, daß hier die Titel nicht voneinander abgegrenzt werden, sondern es letztlich um ein durchgehendes Stück durch die Verbindung einzelner Titel durch einen durchlaufenden „beat" geht. Die Nutzung einzelner Bruchstücke von Musikstücken zur Kreation eines neuen Ganzen würde aber letztlich auch die Einordnung zum Bereich des Sampling[140] rechtfertigen.

Compilations fallen oftmals dadurch auf, daß sie keinen Hinweis auf die Lizenzgeber für die einzelnen Bestandteile enthalten.

5.2.5 Multimedia-Verbindungen

Darüber hinaus erlaubt die CD als multimediales Speichermedium die neuartige Verbindung verschiedener Medien, was an sich nicht strafbar ist. Die Strafbarkeit ergibt sich auch hier erst aus der mangelnden Berechtigung, wobei hier vor allem auch der Fall praktisch relevant ist, daß der Autor oder Künstler gerade dieser Verwertung nicht zugestimmt hat.

5.2.6 Der Parallelimport

Daneben tritt zunehmend der illegale Parallelimport[141] von Musik-CDs aus Nicht-EU-Ländern. Jedoch dürfen nur diejenigen Musik-CDs frei innerhalb der EU verbreitet werden, die in einem EU-Land von der berechtigten Plattenfirma in den Verkehr gebracht worden sind.[142] Die „Piraten" setzen sich über räumlich auf das Ausland beschränkte Vertriebslizenzen hinweg.[143] Es handelt sich also dabei nicht, wie üblich bei der Piraterie, um unerlaubte Vervielfältigung, sondern um unerlaubte Verbreitung. Dieser Bereich spielt insbesondere im Musik- und Video-CD-Bereich eine große Rolle.

5.2.7 Die CD im Internet

In Verbindung mit der zunehmenden Vernetzung und der damit verbundenen Möglichkeit der on-line-Bereitstellung digitaler Datenbanken besteht nun auch die Möglichkeit, CDs über das Internet der Öffentlichkeit zur Verfügung zu stellen.

Hier traten bisher vor allem noch technische Schwierigkeiten hinsichtlich des schnellen Zugriffs auf die CDs auf der Anbieterseite auf, die nicht unendlich

---

[140] Vgl. Kapitel 5.2.3.
[141] *Rochlitz* (1987), S. 12, zählt diese Form nicht zur Piraterie.
[142] IFPI Pressemeldung vom 23.10.1995, vgl. *Rochlitz* (1987), S. 8ff.
[143] *Bortloff*, S. 39.

viele CD-Laufwerke zur Einzelbestückung mit CDs anschließen kann. Juke-Boxen mit einem Wechselmechanismus - ähnlich den Spielboxen -, die aus einer Ablage CDs einem oder mehreren Laufwerken zuführen können, benötigten zu viel Zeit. Heute wird diese „Juke-Box" wird durch sog. Bulletin Board Systems (BBS) ersetzt.

Hinzu kommt, daß der auf einer CD enthaltene Datenstrom viel Zeit benötigt, bis er über das normale Telefonnetz transportiert worden ist. Dies wird sich mit der flächendeckenden Einführung des Breitband-Glasfaser- Netzes, das einen großen Datenstrom transportieren kann, ändern. Auch die ISDN-Technik, die eine Übertragung von bis zu 64.000 kb/s ermöglicht, ist ein Schritt in diese Richtung. Hinzutreten immer bessere Komprimierungstechniken, die insbesondere für den Tonträger- und Video-Bereich eine schnellere Übertragbarkeit gewährleisten, so daß eine Übertragung bereits heute nahezu in Echtzeit möglich ist. Das Komprimierungsformat MPEG Layer-3 ermöglicht nunmehr die Verkleinerung von Sound-Dateien um den Faktor zwölf.[144]

Die Strafbarkeit des öffentlichen Angebots von Musik- und Video-Dateien ohne Zustimmung des Schutzrechtsinhabers ergibt sich ebenso aus §§ 106 ff. UrhG.

5.2.8 Zurverfügungstellung des technischen Equipments

In Berlin-Kreuzberg wurde mittlerweile eine „Kopierbar" eröffnet, wo sich die Kunden mit Hilfe zur Verfügung gestellter moderner Digitaltechnik für 30 DM eine 60-Minuten-CD bespielen können.

Der Inhaber läßt dabei seine Gäste unterschreiben, daß sie mit ihrer Self-made-CD keinerlei Geschäfte machen. Auch in Videotheken werden zunehmend CDs zum Verleih angeboten und darüber hinaus auch die Möglichkeit der Überspielung mittels zur Verfügung gestellter CD-Brenner.

Die Problematik, daß das Brennen der CDs zum Selbstkostenpreis erfolgt und insofern eine Unentgeltlichkeit gemäß § 53 Abs. 1 S. 2 UrhG vorliegt, will *Schwenzer* dadurch umgehen, indem er in Analogie zu §§ 27 Abs. 2 S. 2 (Verleihrecht), 52 Abs. 1 S. 1 UrhG (öffentliche Wiedergabe) als Ausdruck des Rechtsgedankens des Verbots auch mittelbarer Erwerbszwecke auch die unentgeltliche Zurverfügungstellung der technischen Gelegenheiten für unzulässig erachtet.[145] Die Begründung einer Strafbarkeit des Verleihers ist jedoch wegen des sich aus Art. 103 Abs. 2 GG ergebenden Analogieverbots[146] abzulehnen.

---

[144] Nicht nur die Datenübertragung kann damit schneller erfolgen, sondern auf eine CD passen dann nicht mehr nur 74 Minuten Musik, sondern 12 Stunden.

[145] *Schwenzer*, in: ZUM 1997, 478 (481).

[146] Vgl. dazu auch *Tröndle* § 1 Rz. 10ff.

Im Software-Bereich hat sich mittlerweile eine Geschäftstätigkeit etabliert, die die nahezu einzige bei Computerprogrammen existierende Lücke ausnutzt. Insbesondere in Berlin werben Computergeschäfte Kunden mit dem Angebot der Erstellung von Sicherheitskopien mittels CD-Brenner. Beispiel einer Werbung: „Achtung! Erstelle Sicherheitskopien Ihrer Originalprogramme und -Spiele für nur 12,-. Tel: 0172/xxx."

5.2.9 Vermietung von CDs

Das Angebot des Zurverfügungstellens des technischen Equipments zum Brennen von CDs wird durch die Vermietung von CDs ergänzt. Hier hat der EuGH nunmehr entschieden, daß das Vermieten von CDs von Seiten der Schutzrechtsinhaber untersagt werden kann, so daß ein Verstoß auch strafbar ist.

5.2.10 Die CD mit strafbarem Inhalt

Die Bedeutung der CD als Datenträger für Industriespionage (§§ 17f. UWG) zur unerlaubten Überspielung von einem betrieblichen Datenträger Informationen auf eine CD ist in der Praxis nicht von Interesse, da sog. ZIP-Laufwerke eine wesentlich größere Menge an Informationen speichern können und diese sich auch viel schneller und einfacher beschreiben lassen als eine CD.

Von strafrechtlicher Relevanz ist jedoch die CD als Träger von Daten, die im Inland verboten sind, z.B.wegen Pornographie gemäß § 185 StGB oder wegen Volksverhetzung gemäß § 130 StGB. Jedoch ist diese Seite des strafbaren Inhalts für die vorliegende Arbeit nur insofern von Bedeutung, daß auch diese CDs urheberrechtlichen Schutz verdienen, da auch deren nicht-autorisierte Vervielfältigung verboten ist.[147]

---

[147] Vgl. dazu *von Gravenreuth* (1986), S. 5ff.

6 Entwicklung mutmaßlicher bzw. registrierter Kriminalität

Die Darstellung der Entwicklung von Kriminalität gehört zu einem der größten Probleme der Kriminologie, da es sich letztlich immer - auch in der Dunkelfeldforschung - nur um die mutmaßliche Kriminalität handelt. Diese registrierte bzw. mutmaßliche Kriminalität läßt sich im Rahmen der CD-Piraterie auf zwei Ebenen darstellen: aus der Perspektive und Einschätzung der Wirtschaft (der Inhaber der Leistungsschutzrechte) und aus Sicht der Strafverfolgungsbehörden.

Die Ergebnisse der diesbezüglichen Befragungen von Experten werden im Nachfolgenden dargestellt. Aus dem geringen Rücklauf der Befragung der Staatsanwaltschaften läßt sich jedoch kein Rückschluß auf die zahlenmäßige Entwicklung amtlich verfolgter CD-Piraterie ziehen, so daß die Ergebnisse im Kapitel 6.3.4 nur kurz skizziert werden.

6.1 Die Arbeitsweise der „CD-Piraten“

6.1.1 Produktionsstätten von CD-Raubkopien

CD-Raubkopien werden sowohl in großen Stückzahlen industriell als auch im Rahmen der sog. „Wohnzimmer-Piraterie” gefertigt. Dies ist abhängig von der Größe des Marktes für die Raubkopien. In Ländern wie z.B. Rußland oder China, wo der Markt nahezu hundertprozentig mit Raubkopien beliefert wird, ist die industrielle Produktion vorherrschend. Dies ist eine Folge dessen, daß die illegale Produktion an die Stelle der legalen Produktion getreten ist und sich dementsprechend auch als Unternehmen organisieren muß und organisiert.

6.1.2 Der Vertrieb der Piratenware

Die raubkopierten CDs werden auf folgenden Wegen vertrieben:

- auf Flohmärkten,
- auf sog. CD-(Tausch-) oder Computer-Börsen
- über Direct-Mailing,
- Inserate in Fachzeitschriften und
- Einschleusung in den legalen Fachhandel.

Dies gilt für alle Formen der CD-Piraterie in allen CD-Standards.

Verläßliche Zahlen über den Umsatz der Vertriebswege liegen jedoch nicht vor.

Im Bereich der CD-ROM und der Musik-CD-Bootlegs hat sich darüber hinaus ein Vertrieb innerhalb von „Freundeskreisen“ etabliert. Die Kopierer stellen so ihre Ware einem festen Abnehmer-Kreis zur Verfügung. Diese Abnehmer haben eine gewisse ideelle Verbindung untereinander.

Im Bereich der „bootlegs“ ist es oft ein Fan-Kreis, der mit großer Sammelleidenschaft alle erhältlichen Darbietungen einer Band oder eines Interpreten kauft. Ein entsprechender Fan-Kreis hat sich auch in Diskotheken herausgebildet: Hier werden von DJs eigene Disco-Mixe vertrieben.

Im Software-Bereich entwickeln die Nutzer oftmals selbst ein Image des Computer-Freaks von sich, das sie als besonders hart Gesottene nach außen hin abgrenzt, was zu einer besonderen Gruppenidentität und Verfestigung der Gruppe nach innen führt. Ein Beispiel für einen solchen „idealistischen“ Hintergrund eines Zusammenschlusses von Computerfreunden war der in München 1988 tätige „Sozialistische Computerclub“. In einem Flugblatt hieß es da bspw.: „Unser Vorbild ist die US-amerikanische Anti-Apartheid-Bewegung, die ihre Informationen, Termine und Adressen über die elektronischen Datennetze austauscht...“

Ende der 80er und Anfang der 90er Jahre wurde auch von Kopier-Partys in Holland berichtet, die immer am Wochenende stattfanden.

Daß gerade im Musik-Bereich für die Vertriebswege der Piraten viele Möglichkeiten bestehen, zeigt ein (auszugsweiser) Blick[148] auf die Vermarktung auf dem Tonträger-Markt im Vergleich von Budgetmarkt[149] und Gesamtmarkt. Dabei hat die Musik-CD mittlerweile am Budgetmarkt einen Marktanteil von 58,7 % (1995).[150]

Aus dieser Statistik ist ersichtlich, daß die Käufer, denen es auf einen niedrigen Preis der CD ankommt, verstärkt dem Fachhandel ausweichen und andere Möglichkeiten des Einkaufs nutzen. Im Nicht-Fachhandel ist die Wahrscheinlichkeit besonders groß, Piratenware in den Regalen zu finden. Denn diese Geschäfte sichern ihr Überleben bzw. definieren ihre Existenzberechtigung neben dem Fachhandel durch günstige Angebote, die oftmals nur mit Raubkopien zu erzielen sind. So waren auch in Karstadt-Filialen die sog. Schutzlückenbootlegs zu finden. Im Gegensatz zum Großhandel, der über Zentraleinkäufer günstige Einkaufskonditionen bei den Plattenfirmen aushandeln kann, gelingt dies den kleineren Händlern nur selten.

---

[148] Vgl. Abbildung 1.

[149] Als Budgetmarkt werden in der Musikbranche die Tonträger einer bestimmten Preisklasse umschrieben: bei CDs 10-15 DM, bei MCs 7-10 DM (*Diederichs*, S. 227).

[150] Vgl. *Diederichs*, S. 229.

Abbildung 1[151]

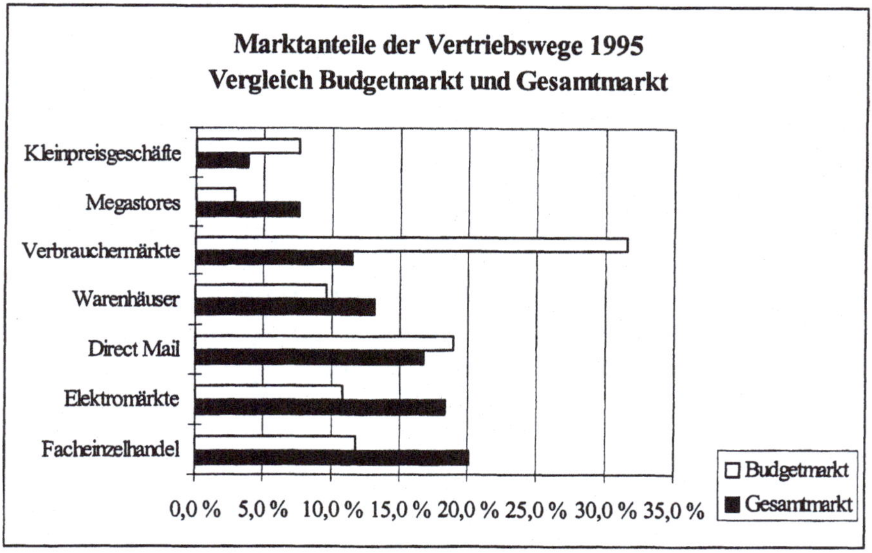

Andererseits ist auf dem Musik-Markt der Trend zu beobachten, daß immer mehr CD-Singles verkauft werden. Dies läuft entgegen den Bestrebungen der „Musik-Piraten“, durch Preisvorteile Kunden zu gewinnen, da eine lizenzierte CD-Single ohnehin nur etwa 12 DM kostet. Diesen Preis jedoch könnten sie kaum unterbieten. Andererseits eröffnet sich damit den „CD-Piraten“ auch ein großer Absatzmarkt: Waren bis 1994 noch hauptsächlich unautorisierte Live-Mitschnitte gefragt, hat sich das Schwergewicht inzwischen auf Disco-Mixe verschoben.[152] Dies ist eine Folge der stärker werdenden Hit-Orientierung, die im Pop-Musikbereich die lange Bindung von Fans an Bands ersetzt. Der Käufer kann mit einem solchen Disco-Mix oder einer Hit-Compilation doppelt Geld sparen: Er spart nicht nur Aufwendungen gegenüber dem Kauf einer lizenzierten CD, sondern er erspart sich gleichzeitig den Kauf von 10 (bei einer Hit-Compilation) bis 25 (bei einem Mix) Singles.

Günstig für die Vertreiber von CD-Raubkopien ist auch der Boom im Direct-Mailing-Vertrieb. So gibt es Angebotszeitungen von Versanden mit Angeboten von 10.000 Titeln und mehr. Dies ist ein Angebot, das kein Strafverfolger mehr

---

[151] Quelle: Gesellschaft für Konsumforschung (aus: *Diederichs*, S. 231).
[152] IFPI-Pressemitteilung vom 20.1.1995.

überblicken kann und bei dem auch der kritische Konsument nicht mehr erkennen kann, welche der angebotenen Ware Piratenware ist.

Auch in der Werbung stehen die „Piraten“ den berechtigten Verwertern in keiner Weise nach. Sie nutzen die Möglichkeit des sog. DRTV (direct response TV) - Spot. Hier kann der Fernsehzuschauer gleich im Anschluß an eine Werbung eine CD bestellen, die im Handel nicht erhältlich ist. Dabei fällt nicht nur ins Gewicht, daß auf diesem Wege der Kontakt zu den Käufern leichter herzustellen ist. Die Verkäufer kommen so auch in Kontakt mit (finanzkräftigen) Gruppen, die sich auf dem Musik-Markt eher scheu darstellen. So liegt z.B. das Durchschnittsalter der Käufer der (lizenzierten) Versand-Reihe „25 Jahre deutsche Hitparade" - eine der erfolgreichsten CD-Serien - bei etwa 40 Jahren.[153]

Ein ähnliches Bild des Vertriebs zeigt sich auch für die CD-ROM in Deutschland, das den Markt - jedenfalls scheinbar - anfällig für den Vertrieb von Raubkopien macht.[154]

Abbildung 2

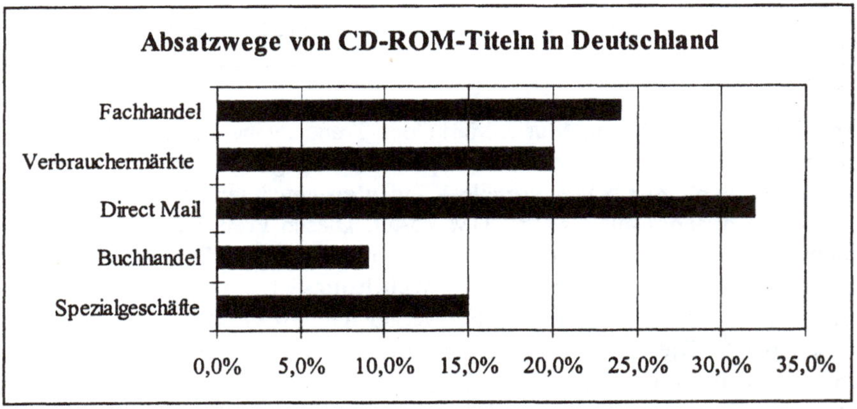

Die infolge dieser Problematik auch im Softwarebereich auftretenden Spannungen zwischen Händlern und Industrie versucht der VSI zu moderieren. Im VSI, anfangs nur eine Vereinigung der Industrie, sind mittlerweile auch Händler Mitglied, da erkannt wurde, daß das Problem fehlender Lizenzierung durch Software nur durch eine Zusammenarbeit auch mit den Händlern angegangen werden kann.

---

[153] *Diederichs*, S. 273.

[154] Quelle: High Text Consulting/Entertainment Markt (aus: *Bellinghausen*, in: Media Perspektiven 1995, 492).

Soweit die Ware aus dem Ausland nach Deutschland importiert wird, handelt es sich zu einem großen Teil im Musik- und Video-CD-Bereich um illegale Parallelimporte. Dies erschwert im Falle der beigemischten illegalen Vervielfältigungsstücke den Nachweis illegaler Vervielfältigung, da die Waren überall auf der Welt verschiedene Spezifika aufweisen.

6.1.3 „CD-Piraten" unter nationaler Flagge

CD-Piraterie wird allgemein auch als internationales Phänomen wahrgenommen. Deshalb möchte ich im folgenden einen Überblick über die internationale Verflechtung der CD-Piraterie geben.

Die CD-Piraterie sowohl im Audio- als auch im Software-Bereich hat insbesondere immer wieder zu Spannungen in den Handelsbeziehungen zwischen China und den USA geführt, da das massenhafte Raubkopieren primär amerikanische Firmen trifft[155]. Nach Angaben der IFPI kommen etwa 40 % der CD-Raubkopien aus China.

Schätzungsweise wurden bisher durch die 34 chinesischen CD-Preßwerke ca. 100 Mio. nicht-autorisierte CDs auf den asiatischen Markt gebracht. Neun von zehn in der Volksrepublik China hergestellten CDs sind nach Angaben der IFPI illegal gepreßt.[156] Im Softwarebereich berichtet die BSA von raubkopierten Programmen im Wert von zwischen 10.000 und 20.000 US$, die zum Einzelpreis für etwa 6 - 20 US$ verkauft werden.

Im Oktober 1994 vereinbarten deshalb China und die USA eine Zuteilung von SID-Codes an alle chinesischen Preßwerke zur Identifizierung der Herkunft von CDs. Das SID-Programm umfaßt zwei Identifikationsnummern: einen Laserstrahl-Registrierungs-Code für die Produktionsstätte, in der die Master-CD erstellt wurde, und einen Preßform-Code für die Firma, in der die Master-CD dupliziert wird. Dabei mußte sich die IFPI im Gegenzug verpflichten, nicht nur die dafür notwendige Logistik bereitzustellen, sondern auch die Finanzierung zu übernehmen.[157] Dieser Punkt läßt Mutmaßungen dahingehend zu, daß die Frage des Intellectual Property von der chinesischen Regierung als eine Frage des „Klassenkampfes" gesehen wird, wobei sich die - vor allem aus Amerika stammenden - Produzenten selbst um ihren Schutz zu kümmern hätten.

Am 26. Februar 1995 wurde zwischen China und den USA in Peking eine Vereinbarung zum Schutz geistigen Eigentums getroffen.

---

[155] *Lamparter*, in: Die Zeit vom 21. Juni 1996, S. 19; *Müller / Wabnitz*, in: APuZ 23/95, 28 (35).
[156] *O.V.*, in: Musikwoche Nr. 21/96, S.4.
[157] *O.V.*, in: MBI, October 1994, S.5.

Jedoch war es ein Jahr später um wichtige Punkte des Urheberrechts immer noch nicht besser bestellt:

- ausländischen Produzenten wurde immer noch kein Marktzugang - auch nicht in Form von joint ventures - ermöglicht,

- bis Dezember 1995 waren keine verstärkten Anstrengungen gegen die Piraterie unternommen worden; nur sechs Werke wurden zeitweilig geschlossen und unter Beobachtung gestellt,

- an keinem der in der ganzen Welt verbreiteten chinesischen Piraterie-CDs war ein SID-Code festgestellt worden.[158]

Im März 1996 setzte deshalb die in Washington ansässige International Intellectual Property Alliance (IIPA) China auf die sog. Liste 301 der Kandidaten für Handelssanktionen. Die USA stellten China ein Ultimatum bis zum 17. Juni 1996 für eine neue Vereinbarung zur Umsetzung der Vereinbarung vom Februar 1995 und drohten mit der Aberkennung des Meistbegünstigtenstatus und Zollaufschlägen in Höhe von insgesamt ursprünglich drei, später zwei Milliarden US$.[159] Erst in letzter Minute, acht Stunden nach Ablauf der Frist, konnte der drohende Handelskrieg abgewendet werden.[160]

Die Wirksamkeit des Maßnahmenkatalogs bleibt zweifelhaft: insbesondere die Zusage Chinas, Genehmigungen für ausländische Firmen zur Herstellung und Verbreitung ihrer eigenen Produkte künftig freizügiger zu handhaben, erscheint aufgrund der chinesischen Gesetze fragwürdig, die autonomes Agieren von ausländischen Unternehmen verbieten.[161]

Solange sich jedoch nicht ausländische CD-Produzenten in China hinreichend engagieren können, bleibt der Markt den „Piraten" überlassen. Entsprechend äußerte sich bereits *Churchill*: „If you destroy a free market you create a black market."[162]

Die Frage der Bekämpfung oder der Förderung von CD-Piraterie nimmt damit eine politische Dimension an. Zu dem Willen, dagegen anzugehen, muß auch die Bereitschaft kommen, etwas zu ändern.

Für mangelnden Willen der Bekämpfung spricht die Tatsache, daß selbst in den chinesischen Ministerien nur wenig lizenzierte Software zur Anwendung

---

158 *O.V.*, in: MBI, June 1996, S. 33.
159 *O.V.*, in: Musikwoche Nr. 20/96, S. 4.
160 *O.V.*, in: Berliner Zeitung vom 18.6.1996.
161 *O.V.*, in: Musikwoche Nr. 26/96, S.1
162 Ein Blühen des Handels mit gefälschten Produkten wurde z.B. auch in Serbien nach Verhängung des Embargos registriert.

kommt.[163] Dies könnte damit im Zusammenhang stehen, daß auch die urheberrechtsverletzende Industrie einen Beitrag zum Ertrag der Volkswirtschaft leistet. *Schmölders* spricht im Rahmen einer kriminellen Schattenwirtschaft von einem „heimlichen Beitrag zum Sozialprodukt".[164] Zwar wäre es theoretisch möglich, diesen Schattenbereich aus der Illegalität herauszuführen[165], jedoch basiert die sich volkswirtschaftlich günstig auswirkende CD-Piraterie gerade auf der Illegalität der Produktion, die nur auf diese Art und Weise ihre Existenzberechtigung neben den multinationalen Konzernen wie z.B. Microsoft, Ariola oder IBM erfährt und wettbewerbsfähig ist.

Nach Augenzeugenberichten sind die sog. „CD-men", die Straßenverkäufer, seit der Beilegung des Handelsstreits aus dem Straßenbild verschwunden.[166] Darüber hinaus hat die chinesische Regierung im Dezember 1996 eine Kampagne gegen Raubkopien gestartet und erstmals eine Belohnung für Informationen über Piraterie ausgesetzt. Im Januar 1997 haben die chinesischen Behörden in einer groß angelegten Aktion 25 Firmen geschlossen, in der Raubkopien von CDs und Laserdiscs hergestellt wurden. Insgesamt sind im Zeitraum von Mai 1996 bis September 1997 28 Produktionsstätten mit 48 Fertigungseinheiten ausgehoben sowie 90 Personen verhaftet worden.[167]

Nach anderen Angaben wurden 1996 mehr als 10 Millionen Raubkopien von CDs und Laserdiscs beschlagnahmt. Dabei seien 140 Menschen verhaftet und 6.900 Unternehmen bestraft worden.[168] Am 03.11.1998 schlossen die EU und Hong Kong ein Abkommen über die bessere Zusammenarbeit bei der Bekämpfung der Piraterie.

Anfragen des Verfassers zu Initiativen der chinesischen Regierung blieben unbeantwortet.

Nachdem die Behörden in China und Hong Kong verstärkt gegen illegale CD-Produktion vorgehen, wurden zahlreiche Fertigstellungen nach Singapur, Malaysia und insbesondere Macao verlagert. Nachdem auch dort die Regierungen Initiativen zur Bekämpfung ergriffen haben, erwartet die BSA, daß die illegalen Geschäftemacher jetzt nach Vietnam, Laos und Kambodscha ausweichen.[169]

---

[163] BSA - Software Review, Nr 1/96, S. 4.
[164] *Schmölders*, in: FAZ vom 8.3.1980.
[165] *Thelen*, S. 48.
[166] Das ergab eine Anfrage beim Büro der Friedrich-Ebert-Stiftung in Peking.
[167] BSA-Pressemitteilung vom 30.01.1998.
[168] *O.V., in:* AP-Agenturmeldung vom 26.12.1996 unter Berufung auf Angaben des stellvertretenden Kulturministers Chinas Liu Zhongde.
[169] BSA-Pressemitteilung vom 30.01.1998.

Bedeutendster Absatzmarkt für die Raubpressungen aus China ist schon seit längerer Zeit nach Angaben der IFPI Rußland, wo 1995 schätzungsweise rund 222 Mio. CDs und MCs mit einem Wert von über 363 Mio. US$ verkauft worden seien.[170] Nach Angaben der BSA werden dort auch raubkopierte CD-ROMs offen auf Flohmärkten verkauft. Brandaktuelle Musik-CDs - produziert in China, Südkorea, Bulgarien und Tschechien - kosten auf dem Moskauer Markt fünf Mark. Das Computerprogramm Corel Draw bspw. - regulärer Verkaufspreis 900 DM - kostet am CD-ROM-Stand acht Mark. Und auf zwei CD-ROM erhält man für jeweils 50 Mark nahezu alle Programme, die jemals für Macintosh-Computer geschrieben wurden. Schätzungsweise auf 95 % der fünf Millionen Computer in Rußland läuft Raubsoftware.[171] 1997 wurden Raubkopien von Tonträgern und Herstellungs-Ausrüstung im Wert von 4 Millionen US$ beschlagnahmt. Der Zoll beschlagnahmte bei der Einfuhr weitere 4 Millionen Piraterie-CDs.

Wenngleich sich bisher das Hauptaugenmerk der CD-Industrie vor allem auf China richtete, so tritt nun immer mehr Bulgarien als ein Land hervor, in dem nach Aussage der Industrieverbände das Geschäft mit den Raubkopien floriert. Bulgarien ist nach Angaben der IFPI zweitwichtigstes Ursprungsland der Musik-CDs. Schätzungsweise jede achte Raubkopie wird hier produziert. Die IFPI schätzt die Produktionskapazität auf 35 bis 45 Millionen CDs pro Jahr, die vor allem nach Rußland und Westdeutschland geliefert werden. Die IFPI hat in Bulgarien zwei Werke identifiziert, die auf Grund und Boden der bulgarischen Regierung stehen. Bulgarien ist darüber hinaus nach Angaben der IFPI mit 96 % Anteil der Musik-CD-Raubkopien am gesamten CD-Markt internationaler Spitzenreiter der Quote. An zweiter Stelle steht nach dieser Statistik Pakistan. Diese Ansicht relativiert sich jedoch, wenn man bedenkt, daß in Bulgarien 1995 absolut 1,11 Millionen raubkopierte CDs verkauft worden sind (in Pakistan 0,36 Millionen), während es in Deutschland 3,4 Millionen CDs waren und in den USA 0,93 Millionen.

Auffällig ist bei den im Blickfeld der Piraterie-Verfolger stehenden Ländern, daß hier der Lohnfonds sehr niedrig ist. In Rußland beträgt er 35 %. Solche minimale Entlohnung ruft den Willen der Bevölkerung zur Bereicherung mit ungesetzlichen Mitteln hervor.[172] Verschärfend kommt hinzu, daß diese Länder sich in einer „Aufholjagd“ zum westlichen Standard befinden. Darüber hinaus handelt es sich um Staaten, in denen sich die Wirtschaft - noch weitgehend

---

[170] *O.V.*, in: Musikwoche Nr. 21/96, S. 4.

[171] *Hassel*, in: Frankfurter Rundschau vom 24.8.1996. In Rußland wird der Umfang der Schattenwirtschaft insgesamt auf 5 bis 500 Milliarden Rubel geschätzt (*Ivanov*, S. 178).

[172] *Ivanov*, S. 180.

„planlos"[173] - im Aufbau befindet. Damit korrespondieren auch Meldungen aus Serbien, wonach das während des Krieges verhängte UN-Embargo dauerhafte Strukturen für eine Selbstversorgung der Bevölkerung auf dem Schwarzmarkt hervorgebracht hat. Bei den dort vertriebenen Gütern handelt es sich zum großen Teil um gefälschte Produkte, so auch CDs.

Man könnte daher mutmaßen, daß Piraterie hier zwei positive Funktionen erfüllt: zum einen die Beschaffung von Steuergeldern (aus der Produktion) und die Mehrung des Netto-Real-Einkommens der Bevölkerung.

Die Produktion in Deutschland würde wohl ebenfalls zu hohe Fertigungskosten verursachen, so daß die Produktion in China oder Bulgarien auch als Ergebnis einer Entscheidung gegen den „Standort" Bundesrepublik gewertet werden könnte. Die Täter suchen ihr Betätigungsfeld nach streng betriebswirtschaftlichen Gesichtspunkten aus, angereichert um den Aspekt der Vermeidung von Strafverfolgung.[174]

Auch die westlichen Industrieländer wirken bei der Bekämpfung der Piraterie im Ausland angesichts wirtschaftlicher Interessen oftmals lediglich harbherzig und tragen einen Teil der Mitverantwortung.

Zwar hatte im Fall des Handelsstreits der USA mit China scheinbar China mehr zu verlieren: Der zwischenstaatliche Handel macht 8,3 % des chinesischen, aber nur 0,8 % des amerikanischen Bruttosozialproduktes aus. Die Industrie (und auch die Politik) schreckt jedoch die Aussicht auf einen sich öffnenden chinesischen Markt mit 1,2 Milliarden Konsumenten ab, es sich auf dem Gebiet der Handelsbeziehungen mit der Großmacht China zu verderben.[175]

So konnten in 24 Fällen der illegalen CD-Produktion in China die Lieferanten von Maschinen und Material nach Europa zurückverfolgt werden; davon verließen sich 13 illegale Hersteller auf „made in Germany". Auch Hersteller in den Niederlanden und Schweden verdienen indirekt am Geschäft mit den illegalen CDs.[176] Die Internationalität der Organisation der CD-Piraterie zeigt ein Blick auf die Meldungen des polizeilichen Meldedienstes, die im Zusammenhang mit einer tschechischen Firma „X" stehen.

- 1997 wurden in Holland CDs von Marco Bosato, der belgischen Gruppe „Closseau" sowie die Sampler „Mega Top 50" (Teile 2 und 3) in Umlauf gebracht. Diese Aufnahmen waren durch die tschechische Firma „X" hergestellt und exportiert.

---

[173] Vgl. zum Zusammenhang mit Organisierter Kriminalität *Falk*, S.144.
[174] Vgl. *Sieber* (1997b).
[175] *Brauchli*, in: The Wall Street Journal vom 17.05.1996.
[176] BSA-Pressemitteilung vom 30.01.1998.

- Im Zeitraum 1996 / März 1997 wurden in Luxemburg 53.000 bootleg-CDs sowie weitere 50.000 CD-Raubkopien sichergestellt. Diese sind ebenfalls durch die Firma „X“ importiert worden.
- 1997 wurden in Bulgarien Raubkopien von Eric Clapton, Deep Purple und den Beatles sichergestellt. Diese CDs wurden durch dieselbe Firma nach Bulgarien importiert.

Die Flexibilität der Tatbeteiligten hinsichtlich der Organisation ihrer Struktur zeigt, daß es sich dabei nicht um „national“ geprägte Kriminalität handelt. Die Globalisierung bringt nicht nur wirtschaftliche Erfolge hervor: Die Mobilität von Straftätergruppen führt dazu, daß sich die von ihnen ausgehenden Gefahren heute nicht mehr auf einen Staat begrenzen (und so in einem eingeschränkten örtlichen Bereich kontrollieren) lassen. Dies hat *Sieber* als eine Entwicklung insbesondere im Bereich Organisierter Kriminalität ausgemacht.[177] So wie ein Investor im legalen Wirtschaftsleben sich die idealen Wettbewerbsbedingungen aussucht, genauso sucht auch die Kriminalität sich ihren bestgeschützten Platz des Wirkens. Dabei darf „bestgeschützt“ nicht mit Schutz durch den Staat gleichgesetzt werden, sondern bedeutet Minimierung des Strafverfolgungsrisikos. Dieses Strafverfolgungsrisiko ist in Entwicklungsländern besonders gering, da für diese scheinbar verteilungs- und entwicklungspolitische Gründe gegen einen wirksamen Technologie- und Rechtsschutz sprechen: Von der Verletzung der Eigentumsrechte hängen eine große Zahl von Arbeitsplätzen ab; eine funktionierende Wirtschaft läßt sich nur Hand in Hand mit der Verbreitung und Nutzung modernster westlicher Technologien aufbauen; die für die Verfolgung von Urheberrechtsverletzungen eingesetzten Ressourcen ließen sich nicht mehr in alternative Verwendungen investieren. Zudem dienen aus Sicht der „Entwicklungsländer” Leistungsschutzrechte vor allem dazu, die Märkte gegen lokale Konkurrenz abzusichern.[178]

Dementsprechend war - nach mehrtägiger Suche der zuständigen Behörde - die Antwort eines zuständigen Mitarbeiters im KGB in Minsk (Weißrußland) bei der Nachfrage nach dem Problem von Raubkopien, daß er keine Antwort erteilen werde, da der Verfasser „deutsche Interessen” vertrete. Immerhin war dies jedoch die erste Antwort, die ein Problembewußtsein widerspiegelte. Im Büro des Präsidenten Lukaschenko wußten die dortigen Mitarbeiter - aus Sicht des Verfassers gutgläubig - gar nicht, daß es sich bei den auf den Märkten vertriebenen CDs, MCs und Videokassetten überwiegend um nicht-lizenzierte Ware handelte.

---

[177] *Sieber* (1997a), S. 274

[178] Vgl. zu diesem Problembereich: *Hilpert*, in: GRUR int. 1998, 91.

6.2 CD-Piraterie aus Sicht der Produzenten

Soweit im Folgenden die von den Produzenten bzw. deren Verbänden veröffentlichten Zahlen dargestellt werden, sind diese auch unter dem Aspekt zu betrachten, daß zum einen die Berechnungsgrundlage entweder überhaupt nicht oder nur teilweise offengelegt wird und zum anderen mit der Veröffentlichung neben der bloßen Information auch weitere Ziele verfolgt werden, wie z.B. die Ausübung von Druck auf die Legislative.

6.2.1 Musik-Piraterie

Zahlen zur Darstellung der Musik-CD-Piraterie stellt die IFPI zusammen bzw. diese stellt hier eigene Schätzungen an. Danach ergibt sich für den Bereich der Musik-CD-Piraterie folgendes Bild:

Tabelle 1

Jahr	Anzahl in Millionen			
	CD-Raubkopien	MC-Raubkopien	Lizenzierte CDs	Lizenzierte MCs
1990	9,07	398,58	784,81	1278,22
1991	22,97	470,11	1052,65	1422,13
1992	36,15	692,14	1165,86	1471,63
1993	79,03	722,26	1395,03	1461,70
1994	89,82	968,52	1755,88	1471,90
1995	84,57	866,36	1955,66	1364,02

Aus diesen Angaben ergibt sich, daß die MC insgesamt seit 1992 auf dem Rückzug ist. Gleichzeitig stieg seit 1990 die Anzahl der weltweit verkauften lizenzierten CDs kontinuierlich an, während die der CD-Raubkopien nur langsam anstieg und von 1994 zu 1995 insgesamt wie auch prozentual zurückgeht. Der weltweite Anteil der CD-Raubkopien am Gesamt-CD-Volumen liegt 1995 bei 4 %, während er 1994 5 % ausmachte. Dabei steht die IFPI als Interessenvertreterin sicherlich nicht in dem Verdacht, hier nach unten geschönte Zahlen zu veröffentlichen. Bei den MCs lag diese Quote mit 39 % (1995; 1994: 40 %) erheblich höher. Dies könnte seinen Grund darin haben, daß Raubkopien vor allem von „Nicht-Besserverdienenden“ gekauft werden, welche bisher nicht die finanziellen Mittel für den Erwerb eines CD-Players aufbringen konnten.

Hinsichtlich der von der IFPI veröffentlichten Zahlen für 1996 sind diese nur bedingt mit den vorherigen Jahren vergleichbar, da die IFPI ihre Berechnungsmethode verändert hat. Die IFPI geht nunmehr von der Kapazität der Preßwerke und der registrierten Auftragsvergabe aus. Für 1996 hat die IFPI geschätzt, daß etwa 350 Millionen CD-Raubkopien produziert worden seien. Dies wäre eine Steigerung gegenüber 1995 von ca. 300 %. Nach Angaben der IFPI wäre - bei Zugrundelegung der gleichen Berechnungsmethode wie 1995 - ein Zuwachs von 25 % erfolgt. Die IFPI führt diese Steigerung der Raubkopien auf ein enormes Anwachsen der Zahl der weltweiten Preßwerke um 40 % seit Beginn des Jahres 1996 zurück.[179] Die „Diskrepanz" zwischen prozentualem Anteil der Musik-CD-Raubkopien und der MC-Raubkopien läßt sich möglicherweise damit erklären, daß die CD den Nachfolger der Schallplatte darstellt und nicht der MC. Auch bei der Schallplatte lag der Anteil der Raubkopien bei etwa 5 %. Diese Sichtweise würde jedoch verkennen, daß die Musik-CD wegen der leichten Handhabbarkeit und hoher Qualität auch die MC vom Markt verdrängt.

Angaben der IFPI zufolge wurden in Deutschland in den vergangenen Jahren folgende Stückzahlen an Musik-CDs beschlagnahmt.

- 1995 wurden in Deutschland 140.000 CDs beschlagnahmt. Weitere 500.000 für Deutschland bestimmte CDs wurden noch in den Press-Werken in Polen und Tschechien angehalten.
- 1996 wurden 160.000 CDs in Deutschland beschlagnahmt.
- 1997 wurden 600.000 CDs im Gegenwert von 18 Millionen Mark beschlagnahmt.

Es zeigen sich bereits bei der Gegenüberstellung dieser drei Jahre, für die mir Zahlen vorgelegen haben, starke Schwankungen. Daraus lassen sich hinsichtlich der Entwicklung der Piraterie keine generalisierenden Schlüsse ziehen. So hängt die Zahl der beschlagnahmten CDs nicht von der Anzahl der Fälle ab, sondern davon, daß es der Polizei in diesen Fällen auch gelungen ist, die Lager ausfindig zu machen.

6.2.2 Software-Piraterie

Im Bereich der Software-Industrie gibt es zwei große Verbände, die sich mit der Verfolgung und auch Registrierung von CD-ROM-Piraterie auseinandersetzen: die SPA und die BSA. Erstmalig haben diese Verbände die Schätzung und Darstellung der Piraterie 1996 koordiniert, indem sie gemeinsam eine Studie zu

[179] IFPI press information vom 18.09.1997.

diesem Thema in Auftrag gaben und das dazu notwendige Zahlenmaterial zur Verfügung stellten.

Genaue Angaben zu Stückzahlen konnten die Verbände nicht machen, ebenso wie bisher auch keine Aufsplittung nach Softwareträgern erfolgt. Schätzungen gibt es jedoch hinsichtlich des Anteils der Raubkopien am Gesamtmarkt. Dieser Anteil entwickelte sich weltweit in den verschiedenen Regionen wie folgt:

Tabelle 2

Jahr	West-europa	Ost-europa	Nord-ameri-ka	Latein-ameri-ka	Asi-en/Pazi fik	Mittle-rer Osten	Afrika	Gesamt
1994	52 %	85 %	32 %	78 %	68 %	84 %	77 %	49 %
1995	49 %	83 %	27 %	76 %	64 %	83 %	74 %	46 %
1996	43 %	80 %	28 %	68 %	55 %	79 %	70 %	43 %
1997	39 %	77 %	28 %	62 %	52 %	72 %	60 %	40 %

Gleichzeitig ist der Gesamtmarkt der Standardsoftware in den letzten Jahren angewachsen, so daß die rückläufige Raubkopierate nicht zwangsläufig auch zu einem sinkenden Umsatzverlust durch Raubkopien führt.

Tabelle 3

Jahr	Verluste in Millionen US$							
	West-europa	Ost-europa	Nord-ameri-ka	Latein-ameri-ka	Asien / Pazifik	Mittle-rer Osten	Afrika	Gesamt
1994	2782	1100	k. A.	k. A.	3144	206	199	12346
1995	3642	748	3278	1141	3991	264	256	13332
1996	2574	782	2718	910	3739	285	510	11236
1997	2418	561	3074	919	3916	206	391	11381

Die Software-Industrie konnte keine Angaben dazu machen, wieviel Prozent der raubkopierten Software sich auf CD-ROM befindet. Es wird vermutet, daß der Anteil der auf CD-ROM gespeicherten Raubkopien auf mittlerweile etwa 75 % gestiegen ist.

Bei den Videogrammen spielt die CD bisher nur eine untergeordnete Rolle, so daß hier von Seiten der MPA und der GVU keine Angaben zur CD-V- oder Laserdisc-Piraterie gemacht werden konnten.

6.3 CD-Piraterie aus Sicht der Strafverfolgungsbehörden[180]

6.3.1 Die Polizeiliche Kriminalstatistik

Zur Betrachtung registrierter Kriminalität wird vor allem die Polizeiliche Kriminalstatistik (PolSt) herangezogen. Die als Anhaltspunkt für Kriminalitätsentwicklung insgesamt kritisch zu wertende[181], die Tätigkeit der Polizei darstellende Statistik ist jedoch zur Betrachtung der Entwicklung ganz spezieller Begehungsformen wie der CD-Piraterie nicht ergiebig, da es nur einen Titel „Urheberrechtsverletzungen" gibt. Das BKA verwies darüber hinaus darauf, daß die originäre Zuständigkeit für die Produktpiraterie beim Zoll liege. Dennoch möchte ich einen kurzen Überblick über die Urheberrechtsverletzungen geben, da dieser jedenfalls einen Anhaltspunkt geben kann.[182]

Bemerkenswert scheint an dieser Statistik, daß die von der Polizei registrierten Urheberrechtsverletzungen rückläufig sind, obwohl der wirtschaftliche Wert und der Anteil der Leistungen der Urheber am Bruttosozialprodukt zunimmt. Die Rückläufigkeit der Zahlen insbesondere von 1989 zu 1990 hat ihren Grund sicherlich vor allem darin, daß in dieser Zeit die Video-Piraterie einen großen Boom erlebte und daraufhin auch durch Anstrengungen der GVU einer besonderen Verfolgung unterlag. Im Jahr 1990 war insgesamt ein starker Rückgang des Video-Konsums (zugunsten des Fernsehens mit einem immer höher werdenden Anteil an Spielfilmen und Serien) zu verzeichnen, so daß auch der Absatzmarkt für raubkopierte Video-Kassetten schrumpfte.[183]

---

[180] Zur Darstellung der Entwicklung mutmaßlicher bzw. registrierter Kriminalität aus Sicht der Strafverfolgungsbehörden habe ich folgende Quellen erforscht:
- Interview der Sachbearbeiter der Landeskriminalämter,
- Sichtung des polizeilichen Meldedienstes,
- Interview des zuständigen Bearbeiters bei der OFD München.
Aufgrund der offenen Darstellung der Thematik durch die Sachbearbeiter muß ich jedoch auf die Darstellung von Zitaten verzichten.

[181] Vgl. *Eisenberg* (1995) § 17 Rz. 60-62, PolSt 1996, S. 7f.

[182] Vgl. Abbildung 3.

[183] Vgl. *Wild*, in: Media Perspektiven 1991, S. 819ff.

Abbildung 3

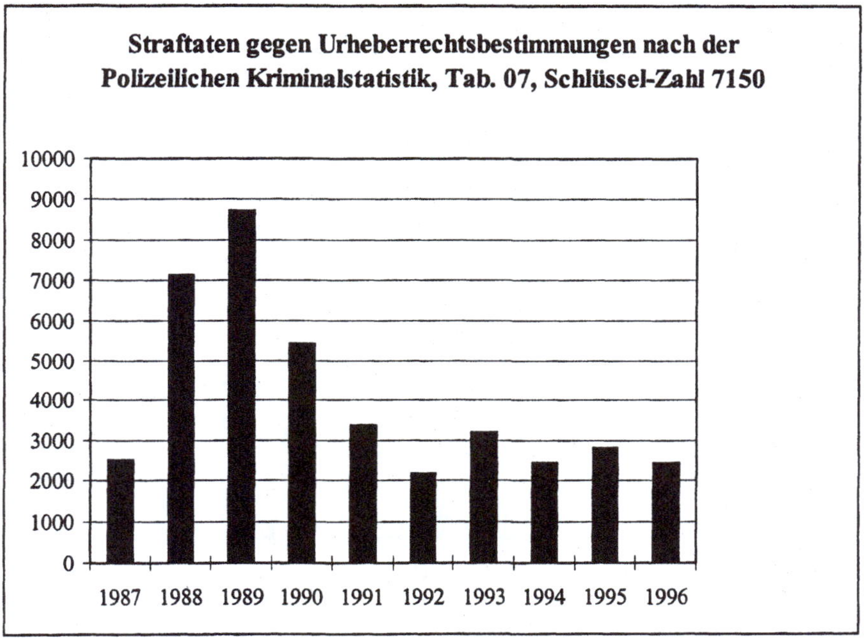

Wie die nachfolgende gegenüberstellende Grafik[184] zeigt, geht die geringere Anzahl von Delikten im Urheberrechtsbereich nicht mit einer generellen Stagnation bzw. einem Rückgang in der Kriminalität bzw. der Kriminalität auf dem Gebiet strafrechtlicher Nebengesetze einher. Vielmehr zeigt sich in der PolSt ein stetiger Anstieg dieser Delikte. Einen besonders starken Abfall erleben alle Größen von 1989 zu 1990.

Den Zahlen kommt nur bedingte Aussagekraft zu. Zur Aussagekraft heißt es in der PolSt: „Bei Wirtschaftskriminalität ist von einem großen Dunkelfeld auszugehen. In diesen Zahlen fehlen zudem die Wirtschaftsstraftaten, die von Schwerpunktstaatsanwaltschaften oder von den Finanzbehörden unmittelbar ohne Beteiligung der Polizei verfolgt wurden. Außerdem ist die Erfassung in der PolSt über eine Sonderkennung fehleranfällig."[185] Darüber hinaus umfaßt

---

[184] Vgl. Abbildung 4.
[185] PolSt 1996, S. 247.

der Zeitraum bis 1992 nur das alte Bundesgebiet. Dabei ist auch zu beachten, daß die Vereinigung Deutschlands die Polizei mit einer Fülle neuer Probleme konfrontierte.

Abbildung 4

Ein Rückgang der Registrierung von Urheberrechtsverstößen läßt sich mit Blick auf die insgesamt gestiegene Wirtschaftskriminalität damit erklären, daß es aus Sicht der Polizei nach der Vereinigung Deutschlands, der Öffnung der Grenzen und einer zunehmenden Deregulierung des Marktes oftmals vordringlichere Fälle gab. Der Anstieg der Bearbeitung von Wirtschaftskriminalität kann so zu einer Vergrößerung des Dunkelfeldes bei der CD-Piraterie beigetragen haben. Eine solche Interpretation liegt vor allem deshalb auf der Hand, weil die Bearbeitung der CD-Piraterie in allen Landeskriminalämtern[186] im Bereich „Wirtschaftskriminalität" angesiedelt ist.

Die dem Delikt der unerlaubten Vervielfältigung von CDs am nächsten kommende Darstellung der PolSt ist die Softwarepiraterie. Hier läßt sich jedoch nur

---

[186] Ausnahme Berlin: hier wird die Musik-CD-Piraterie von der - bundesweit einmaligen - Gewerbepolizei verfolgt, während die CD-ROM-Piraterie durch ein gesondertes Dezernat "Computerkriminalität" verfolgt wird.

ein Rückschluß auf die registrierte CD-ROM-Kriminalität ziehen. Mit zunehmender Verbreitung der CD-ROM-Laufwerke und der CD-Brenner ist von einem Anteil von etwa 30-50 % der CD-ROM-Piraterie an dieser Deliktsform auszugehen.

Bei der Altersverteilung der Tatverdächtigen ergibt sich bei der Software-Piraterie als dem hinsichtlich der CD-Piraterie speziellsten Delikt eine Verschiebung der Täter von Kindern und Jugendlichen hin zu Erwachsenen. Nach Aussage des BKA dürfe dies jedoch nicht als Indiz für die tatsächliche Entwicklung betrachtet werden, sondern sei auf verändertes Verhalten der Polizei bei der Aufnahme von Ermittlungen im Bereich der Softwarepiraterie zurückzuführen. Bereits diese Aussage macht deutlich, daß die von der Polizei veröffentlichten Zahlen bestenfalls Anhaltspunkte zur Beurteilung der Entwicklung der Kriminalität bieten.

6.3.2 Der Meldedienst

Soweit die Urheberrechtsverletzungen in der Polizeilichen Kriminalstatistik keinen näheren Anhaltspunkt zum Vorkommen der CD-Piraterie liefern, so ergibt sich nach Auswertung der polizeilichen Meldedienste folgendes Bild „amtlich" registrierter CD-Piraterie in der Bundesrepublik. Neben den allgemeinen Problemen der Verwertbarkeit der PolSt besteht hier des weiteren das Problem, daß nach Aussagen der Polizeibehörden nur ein geringer Teil der polizeilich bearbeiteten Fälle über den Meldedienst gemeldet wird. Dies hängt insbesondere davon ab, ob die Arbeitsbelastung des jeweiligen Polizeibeamten es zuläßt, darüber hinaus auch noch den Meldedienst zu bedienen.

Im Meldedienst werden alle Verstöße nach §§ 106, 108 UrhG vermerkt. Bei der Software-Piraterie wird jedoch nur die gewerbliche erfaßt. Eine Aussage über die private Software-Piraterie läßt sich aus dem Meldedienst also nicht entnehmen.

Der Rückgriff auf den polizeilichen Meldedienst war deshalb notwendig geworden, da in vielen Bundesländern die LKAs nur selten von den Kreispolizeibehörden oder -direktionen Fälle der CD-Piraterie übernommen hatten bzw. von diesen nur unzureichend informiert waren. Da sich aufgrund der lückenhaften Darstellung im Meldedienst eine statistische Auswertung verbietet, möchte ich im folgenden die Fälle kurz skizzieren. Die Auswertung des Meldedienstes erfolgte zu Beginn des Jahres 1998.

1994

- September 1994:

Drei Tatverdächtige kopierten seit Juli 1994 in Dresden in großem Umfang Software: 100.000 mal MS-DOS 6.2 (Fa. Microsoft) sowie 45.000 Programme der Firma Novell. Geschätzter Schaden (= Verkaufspreis) 6,5 bis 12 Millionen Mark. Einer der drei Tatverdächtigen wurde im Zeitraum Juni/Juli 1994 von einem Hintermann - Inhaber dreier Firmen - darauf angesprochen, ob er nicht diesen Auftrag erledigen wollte. Nach Übereinkunft der beiden wurden die Kopiervorrichtungen von dem Hintermann nach Sachsen gebracht. Der zweite Tatverdächtige hatte in diesem Zeitraum bereits Kontakt nach Tschechien aufgenommen, wo er in Liberec 100.000 Handbücher drucken ließ und in Usti nad Labem 50.000 Echtheitszertifikate. Der Geschäftsführer einer der Firmen des „Hintermanns" beschaffte gefälschte Hologramme aus Süd-Ost-Asien.

Während der Ermittlungen ergab sich, daß auch ein offizieller Hersteller von Microsoft-Produkten in die Piraterie eingebunden werden sollte.

1995

- 2.200 CD-Raubkopien von „Best of Kenny G" wurden beschlagnahmt. Diese hatte der Händler für 10.000 DM in Prag gekauft.
- Drei arbeitslose Beschuldigte verkauften seit Mitte 1994 raubkopierte Anwendersoftware und Spiele auf Disketten und CD-ROM. Die CD-ROM stellten sie zum Teil auf eigenen CD-Brennern her oder ließen sie in Preßwerken unter dem Deckmantel von Shareware industriell erstellen. Insgesamt wurden 5.000 illegal hergestellte CD-ROM sichergestellt.
- Nach Anzeigeerstattung durch einen RA der Fa. Microsoft konnte ein Beschuldigter bei der Entgegennahme von 1.000 bestellten CD-ROM „Microsoft Office 7.0" festgenommen werden. Der CD-Herstellerfirma, die ihren Verdacht, daß hier Raubkopien hergestellt worden sollten, der Fa. Microsoft mitgeteilt hatte, waren falsche Genehmigungslizenzen zur Vervielfältigung der Software vorgelegt worden.
- Auf eine Suchanzeige in einer Zeitung hin meldete sich ein Beschuldigter und bot diverse Software auf CD-ROM an. Bei der Wohnungsdurchsuchung wurden 70 CD-ROMs mit raubkopierter Software sichergestellt. Der Beschuldigte gab an, er habe aus Gründen der Sicherheit nicht selbst inseriert, sondern regelmäßig Zeitungen nach potentiellen Kunden abgesucht.

- Mai 1995:

Die Kripo Antwerpen beschlagnahmte 2.000 CD-ROMs mit einer Textdatei „software on dat/cd??“. Darauf wird angeboten, Software auf CDs oder DAT-Bändern in verschiedenen mail-boxen bereitzustellen. Die Lieferung dieser Software ist im Abonnement möglich - 14tägig oder monatlich zu einem Preis zwischen 340 und 550 US$. Die Textdatei ist mit folgendem Hinweis versehen: „Ideal if you run a pirate BBS and want to offer people all software.“ Dazu ist eine Telefonnummer angegeben. Dort kann man sein Interesse bekunden und auf einem AB seine Telefonnummer zurücklassen. Die Telefonnummer wurde einer in Deutschland ansässigen Firma zugeordnet.

- Juli 1995:

In Niedersachsen wurden anläßlich eines Scheingeschäfts 20.000 kopierte CD-ROMs mit Spielen beschlagnahmt. Dabei handelte es sich um folgende Spiele:

„magic carpet“ - fa. electronic arts

„myst“ - fa. electronic arts

„sin city“ - fa. bomico

„rebel assault“ - fa. rushwork

Die Herkunft der CD-ROMs ließ sich nicht ermitteln.

- August 1995:

Der Anzeigende bestellte auf ein Inserat in einer Anzeigenzeitschrift („Inserat“) hin das Programm Winfax auf CD-ROM. Daraufhin zahlte er auch den Preis. Der Kopierer mahnte ihn jedoch nochmals zur Zahlung des Betrags und setzte ihn unter Druck. Er würde im Namen des Bestellers

- Bestellungen bei Versandhäusern aufgeben,

- Selbstanzeige beim Finanzamt wegen Steuerhinterziehung erstatten

- Feuerwehr, Polizei, Krankenwagen und Taxis rufen.

- Oktober 1995:

Eine Tonträger-Vertriebsfirma bestellte 10.000 mal den Sampler „Bravo-Hits Nr.11“. Laden-Verkaufspreis: ca. 45,00 DM. Ende Oktober 1995 werden die ersten 2.000 Stück nach Osnabrück geliefert in eine konspirative Wohnung, wo die aus einem Bausatz bestehenden Teile - CD bzw. Doppel-CD, Inlay / Cover, CD-Leerhüllen - verbunden werden sollen.

Bei den Fälschungen handelte es sich um Ident-Fälschungen. Sie erschienen zum gleichen Tag wie die Originalversion (release-Datum, welches von Produzenten festgelegt wird).

- November 1995:

Eine ukrainische Firma bestellt bei einem CD-Preßwerk in Niedersachsen 1.000 CD-ROMs. Dies erfuhr die Polizei durch die geschädigte Firma. Bei den CD-ROMs handelte es sich um „Sampler", auf denen Windows 95, Access Windows 95 u.a. gespeichert war. Jede CD hatte nach ihrem Inhalt einen Verkaufswert von 42.000 DM. Auf die CD-ROMs wurde mittels Siebdruck-Technik der Schriftzug Microsoft Windows 95 und das Microsoft-Firmenlogo gedruckt. Dies ist unüblich für die lizenzierten CD-ROMs. Deshalb schöpften die Mitarbeiter des Werkes Verdacht, prüften den Inhalt der CD-ROMs und informierten die Polizei.

1996

- Jeweils 60.000 Stück „Mega Typ 50" und „Hollandse hits" wurden in Holland sichergestellt. Diese CDs wurden in der tschechischen Republik hergestellt.
- Ca. 1000 Raubkopien (Videos und CDs) wurden bei einer Wohnungsdurchsuchung beschlagnahmt.
- Mai 1996

Einem Mitarbeiter der Kriminalpolizei Erfurt wurde privat über das Internet ein MS-Office-Komplett-Paket auf CD-ROM zum Preis von 199,00 DM angeboten. Verkaufspreis der Originalware ist ca. 1.000 DM.

- August 1996

In der in Berlin erscheinenden Anzeigenzeitung „Zweite Hand" wurde drei Mal wöchentlich Windows 95 zum Kauf als Original angeboten. Bei Kontaktherstellung erklärte der Inserent, daß das Original nunmehr leider schon verkauft sei und bot von sich aus an, von selbst mitzubringenden CD-Rohlingen Kopien für 30,00 DM herzustellen.

- August 1996

In der „Zweiten Hand" inserierte ein Raubkopierer hochwertige Grafik- und Animationsprogramme zum Verkauf. Der Täter, bei dem kein CD-Brenner aufzufinden war, gab als Erwerbsort einen Flohmarkt an.

- August 1996

Nach Einsatz eines Scheinaufkäufers wurden in München 1.208 CD-ROM sichergestellt. Dabei handelte es sich um Identkopien von 200 OEM-Vollversionen und 1008 update des MS-Programms MS Office Professional 4.3. Die Lieferung wurde durch bulgarische Zollpapiere belegt. Eine weitere

Firma wurde in diesem Zusammenhang als Vertreiber bekannt. Dort wurden weitere 200 Vollversionen des o.g. Programms sowie Versandnachweise an Computerhändler im Bundesgebiet beschlagnahmt. 1.000 Vollversionen erhielt lt. Rechnung eine weitere, jedoch nicht existente Firma. Die Raubkopien waren auf der Rechnung mit der Bezeichnung „aus Konkursmasse und Restbestände" deklariert. Bei weiteren Firmen wurden CD-ROMs sichergestellt.

- in Eching: 85 von 120 Stück (Rechnungseinzelpreis: 279,00 DM); die restlichen waren bereits weiterverkauft; auch nach einem Schreiben an die Abnehmer wurden nur wenige zurückgeschickt (Weiterlieferung zu 525, 499, 375 und 369 DM)

- in Freising: 50 Stück

- September 1996

Die Täter meldeten sich bei Personen, die in der Kleinanzeigenzeitung „Zweite Hand" Software suchten. Damit wollten sie das Risiko umgehen, durch eigene Anzeigen aufzufallen. Bei einem Scheinankauf eines Polizeibeamten versuchte der Täter, eine CD-ROM mit dem Programm Windows 95 zu verkaufen. Der Täter - gegen den bereits mehrfach wegen Verstoßes gegen das UrhG ermittelt wurde - erkannte den Beamten und flüchtete. Als der Täter in seiner Wohnung aufgesucht wurde, versuchte er wiederum zu flüchten, konnte dabei jedoch gefaßt werden. Es wurden umfangreiche Angebotslisten beschlagnahmt.

- Oktober/November 1996

Der Täter inserierte in der Zweiten Hand raubkopierte Software (Windows 95, Photoshop, Office 95) zum Verkauf auf CD-ROM. Bei Kaufinteresse erfolgte die Auslieferung mittels Stadtboten. Der Bote kassierte pro CD einen Festpreis von 200 DM. Für seine Kunden bot der Täter einen Hotline-Service an. Den Versand der Raubkopien und die Bestellannahme organisierte er bei einer Firma, bei der er als Autoverkäufer tätig war. Der Raum mit CD-Brenner war organisatorisch und räumlich getrennt von seiner Wohnung.

1997

- Im Januar 1997 sind in Berliner CD-Shops 80.000 lizenzlose „bootleg"-CDs sichergestellt worden.
- Im Januar 1997 sind bei drei Firmen Raubkopien auf CD-ROM (Microsoft Office 4.3) beschlagnahmt worden. Die CD-ROMs waren in Deutschland, der Schweiz und Tschechien hergestellt worden. Eine der Firmen firmierte bis 1993 als Vermögensverwaltungsgesellschaft. Eine weitere Firma fertigte

5.000 Handbücher für „Word“. Microsoft schätzte den Schaden auf 500.000 DM.

- Bei zwei Durchsuchungen - im Januar 1997 in 13 Objekten in SH, HH, Ns, MV und B und im Oktober 1997 in 26 Objekten in SH und HH - wurden mehr als 265.000 CDs beschlagnahmt. Davon waren über 31.000 CDs mit rechtsextremem, volksverhetzendem Inhalt. Zusätzlich fand die Polizei Konfektionsmaterial für 175.000 CDs. Nach Aussagen von Kriminaldirektor Buttgereit liegen Erkenntnisse vor, daß Beteiligte den Erlös der Straftaten zur Finanzierung politischer Aktivitäten genutzt haben. Teilweise wurden die CDs in Osteuropa hergestellt. Die Geschäfte wurden über Kiel mittels einer Briefkastenfirma in einem Vorort Kopenhagens unter Beteiligung eines dort aufhältlichen deutschen Neonazis abgewickelt.

Bei dieser Auflistung handelt es sich um eine mehr oder weniger beispielhafte Aufzählung von CD-Piraterie. Insbesondere ist bei der Auswertung des Meldedienstes zu beachten, daß eine Eingabe in den Meldedienst zu einem großen Teil auch von Arbeitsbelastung und Motivation des zuständigen Beamten abhängt. Der Meldedienst sowie dessen Verwertbarkeit unterliegt deshalb starken Schwankungen.

Eine generalisierende Aussage über einen Anstieg oder ein Absinken der Kriminalität ist aus den Meldungen nicht zu schlußfolgern. Es läßt sich jedoch diesen Meldungen entnehmen, daß sich die „CD-Piraten“ zunehmend international organisieren und dabei Produktion und Vertrieb unternehmensartig ausrichten. Aus diesen Angaben geht darüber hinaus hervor, daß die Polizei oft nur die in großem Umfang operierenden Kopierer bzw. Händler verfolgt.

6.3.3 Die Zoll-Statistik

Einen Anhaltspunkt für den Import raubkopierter CDs bieten die Zahlen der OFD München, die seit 1995 bundesweit zuständig für die Verfolgung der Verletzung gewerblicher Schutzrechte ist. Nach OFD-Angaben wurden in den letzten Jahren durch den Zoll folgende Stückzahlen an CDs (Musik-CDs und CD-ROMs) beschlagnahmt[187]:

---

[187] Alle Angaben von der OFD München habe ich von Herrn Zollamtmann Hoffmeister erhalten.

Tabelle 4

Jahr	Stückzahlen
1995	1.727
1996	14.601
1997	145.962

Darüber hinaus konnte mir die Oberfinanzdirektion auch Auskunft über die Herkunft und den Wert der beschlagnahmten CDs geben:

Tabelle 5

Jahr	Herkunftsland	Wert (in DM)
1995	Polen	41.929,00
1996	Polen	38.761,92
1996	Rußland	400,00
1996	VAE	140.000,00

Nach Angaben der OFD werden etwa 6 – 7 % der Einfuhren überprüft. Davon entfallen etwa 40 - 50 % auf Textilfälschungen. Zwar geht die Zollfahndung jeder Meldung nach, wonach sich „CD-Piraten"-Ware bei der Einzollung befinden soll, jedoch ist eine Überprüfung des sog. „Ameisen-Verkehrs" auf diesem Wege nicht möglich.

Insgesamt entfielen 1996 von den Beschlagnahmen 9% auf CDs. Dies entspricht dem vom AKPM insgesamt angenommenen Anteil von CDs an Piratenware weltweit in Höhe von 9 %.[188]

Die Angabe der Herkunftsländer bezieht sich nicht auf den Ort der Herstellung, sondern auf das Ursprungsland der beschlagnahmten Lieferung. Daß also Polen hier besonders stark in Erscheinung tritt, hat seinen Grund in der EU-Außengrenzlage zu Deutschland und läßt keinen Rückschluß auf hohe Raubkopie-Raten in Polen zu. Vielmehr neigen die Täter auch dazu, die Ware über Umwege nach Deutschland gelangen zu lassen.

Der Wert der Ware wird auf Basis des mutmaßlich zu erzielenden Verkaufspreises errechnet.

---

[188] *O.V.*, in: Tagesspiegel vom 01.10.1998.

Nach Angaben der GVU spielt das Kopieren von Laserdiscs keine Rolle. Die Piraterie ist im Video-Bereich auf die herkömmlich analogen Videocassetten beschränkt.

6.3.4 Angaben der Staatsanwaltschaften

Bei den Staatsanwaltschaften lagen Erkenntnisse über CD-Piraterie nur lückenhaft vor. Darin spiegelt sich zum einen wider, daß CD-Piraterie in den Augen der Strafverfolgungsbehörden keine große Rolle spielt. Zum anderen zeigt sich darin das für die vorliegende Arbeit generell bestehende Zugangs-Problem aus der Situation heraus, daß eine gesonderte Erfassung der Urheberrechtsdelikte nach dem verwendeten Speichermedium nicht erfolgt. Aus letztgenanntem Grund teilten sechs Staatsanwaltschaften[189] und vier Landesjustizministerien[190] mit, wegen des mit der Sichtung der Akten verbundenen Arbeitsaufwandes keine Angaben über CD-Piraterie machen zu können.[191] Von weiteren zwei[192] der insgesamt 24 Staatsanwaltschaften, an die die Bitte um Information weitergeleitet wurde, gab es - trotz mehrfacher Kontaktaufnahme - überhaupt keine Rückmeldung.

Nach Auswertung der wohl subjektiven und damit auch unvollständigen Angaben zur CD-Piraterie ergab sich hinsichtlich der Entwicklung folgendes Bild: Bei neun Staatsanwaltschaften waren keine Verfahren zur CD-Piraterie anhängig.[193] In weiteren vier Staatsanwaltschaften[194] waren im Zeitraum 1991-1997 insgesamt lediglich ein oder zwei Verfahren anhängig. Die Staatsanwaltschaft Frankfurt/Main gab an, im Jahr 1997 14 Fälle und 1995 einen Fall bearbeitet zu haben.

Nennenswert waren lediglich die Angaben der Staatsanwaltschaften Dresden und Stuttgart. Bei der Staatsanwaltschaft Dresden wurden im Zeitraum 1991 bis 1997 etwa 30 - 50 Fälle von CD-Piraterie bearbeitet. Die Staatsanwaltschaft Stuttgart gaben an, jährlich 30 - 50 Fälle von CD-Piraterie zu bearbeiten. Überwiegend handelt es sich dabei um Verfahren, die Musik-CD-Piraterie zum Gegenstand haben.[195] Das Überwiegen der Musik-Verfahren erstaunt angesichts

---

[189] Staatsanwaltschaften Berlin, Darmstadt, Hamburg, Kiel, Lübeck, Mannheim.

[190] Bayern, Brandenburg, Nordrhein-Westfalen, Rheinland-Pfalz.

[191] Damit gab es jedenfalls aus jedem Bundesland ein „Feed-Back".

[192] Staatsanwaltschaften Braunschweig, Hannover.

[193] Staatsanwaltschaften Bremen, Halle, Kassel, Leipzig, Magedeburg, Mühlhausen, Oldenburg, Rosotock, Saarbrücken.

[194] Staatsanwaltschaften Chemnitz, Dessau, Schwerin, Stade.

[195] So die Aussagen der Staatsanwaltschaften Kiel und Stuttgart.

der Tatsache, daß diese Piraterie - selbst nach Schätzungen der Audio-Industrie - das viel weniger verbreitete Delikt ist.

Eine Tendenz des Anstiegs oder Rückgangs der CD-Piraterie kann aus Sicht der Staatsanwaltschaften nicht verzeichnet werden. Insbesondere kann ein Rückschluß auf einen Anstieg auch nicht darauf zurückzuführen seien, daß bei den Staatsanwaltschaften, die mit lediglich einem oder zwei Fällen befaßt waren, diese Fälle zwischen 1995 und 1997 lagen. Denn insoweit muß berücksichtigt werden, daß die jeweiligen Dezernenten wohl aus ihrem Gedächtnis heraus Angaben machen. Die Darstellung ist insofern von Gedächtnislücken als auch von der Fluktuation in den Staatsanwaltschaften geprägt.

6.4 Unterschiede zu anderen Formen der Produktpiraterie

6.4.1 Unterschiede zur Markenpiraterie

Die CD-Piraterie stellt sich als Unterfall der Produktpiraterie dar. Mit der Produktpiraterie wird oftmals die Markenpiraterie terminologisch gleichgesetzt, ist sie doch deren häufigste Erscheinungsform. Wenngleich sowohl bei der CD-Piraterie als auch bei der Markenpiraterie die Ausbeutung fremder Leistungen im Vordergrund steht, so gibt es doch einen gravierenden Unterschied: Im Gegensatz zu den vor allem das Warenzeichenrecht verletzenden Produkten, bei denen der Prestigezuwachs im Vordergrund steht, steht bei den Erwerbern von CD-Piraterie-Produkten der Freizeitwert im Vordergrund.[196] Dies bedeutet, daß kaufentscheidend nicht die mit Markenprodukten verbundene besondere Werthaltigkeit ist, sondern die beabsichtigte Nutzung des Produktes.[197] Deshalb tritt auch bei der CD-Piraterie nicht der als Sonderform der Markenpiraterie bekannte Imagetransfer[198] auf, bei dem Firmennamen zur Ausnutzung ihres guten Images (für nicht auf der Produktpalette der Warenzeicheninhaber stehende Produkte) benutzt werden.

---

[196] *Lührs*, in: GRUR 1994, 264 (264).
[197] *Müller*, S. 123.
[198] Vgl. *Cremer*, S. 58.

6.4.2 Unterschiede zur Video-/MC-/LP- und Softwaredisketten-Piraterie

Der Hauptunterschied der CD-Piraterie zu ihren Vorgänger-Formen läßt sich daraus erklären, daß auf einer Fertigungsstraße sowohl Software-, Video- als auch Musik-CDs schnell produziert werden können.[199] Produktion und Vertrieb der verschiedenen Medien liegen daher nun in einer Hand. Die Trennung der Medien und auch der Piraterie-Märkte wird nicht mehr so streng vorgenommen, so daß nur noch von CD-Piraterie die Rede sein wird. Dies stellt einen Konzentrationsprozeß von Kriminalität dar.

Für alle Arten von CDs setzt sich im Bereich der gewerblichen Piraterie immer mehr die industrielle Massenproduktion durch. Die „Heimpiraterie" kann den großen Markt nicht mehr befriedigen und auch wirtschaftlich nicht mehr mithalten.

Raubkopien von Tonträgern wurden schon bisher überwiegend industriell hergestellt. Dies hat seinen Grund vermutlich darin, daß im Unterschied zu Video-Produkten Audio-Produkte in ihrer Mehrzahl nicht sprachraumgebunden sind, sondern international verbreitet werden: Pop-Musik aus dem anglo-amerikanischen Sprachraum wird (nicht-synchronisiert) in der ganzen Welt gehört. Daher gibt es für Tonträger insgesamt einen viel größeren Markt als für Video.

Hinzu kommt, daß zur Befriedigung des Bedarfs ein größerer Bestand an Musik-CDs notwendig ist, da das Konsumverhalten auf ein mehrmaliges Hören und auch ein mehrmaliges Wechseln der ausgewählten Musik-CD ausgerichtet ist.

Aufgrund auch eines anderen Konsumverhaltens als beim Video stellt Musik eine Massenware dar. Musik ist überall und ständiger Lebensbegleiter. Mit der Einführung der Musik-CD hat sich der Markt nicht verändert. Es ist jedoch leichter geworden, qualitativ hochwertige Raubkopien in großer Stückzahl zu fertigen. Die zunehmende internationale Vernetzung der Kriminalität auch in diesem Bereich läßt sich jedoch nicht auf die neuartige Technologie zurückführen, sondern auf eine allgemein zunehmende globale Vernetzung.

Im Video-Bereich hat sich die CD bisher nicht durchsetzen können. Dies ist u.a. darin begründet, daß sich hier bisher kein einheitlicher Standard etabliert hat. Im Bereich der Video-Kassetten gab es neben dem Bereich der industriellen Raubkopie auch einen Sektor der sog. „Wohnzimmer-Piraterie". Vermutlich wird mit der Einführung von DVDs dieser Bereich zurückgehen, da dann die

---

[199] BSA-Pressemitteilung vom 30.01.1998.

gewünschte Sprache über ein Menü auswählbar ist und ein Produkt dann in der ganzen Welt Verbreitung finden wird.

Ein wiederum anderes Konsum-Verhalten ist im Software-Bereich zu beachten: Hier reicht eine mit Software bespielte CD-ROM für den Konsum über mehrere Tage, Wochen oder auch Monate. Eine Neu-Version von Betriebsprogrammen kommt nur etwa alle ein bis zwei Jahre auf den Markt. Und auch eine mit Spielen bepackte CD-ROM beinhaltet so viel Stoff, daß er für längere Zeit ausreicht. Hinzu kommt, daß Computernutzer eher eine Gemeinschaft darstellen, deren Mitglieder sich untereinander austauschen, was im Audio-Bereich nur im Disco-Mix- und im Fan-Bereich der Fall ist. Aber auch hier scheint Bewegung in den Markt gekommen zu sein: Mittlerweile sind Spiele-CD-ROMs auch Ersatz für Musik-CDs. Nicht nur, daß sich damit ein Freizeitwert-Ersatz verbindet, sondern diese Multimedia-CDs können gleichzeitig verschiedene Bedürfnisse befriedigen.

Der ständige Innovationsdruck läßt erwarten, daß die Piraterie auch weiter auf hoher Stückzahl-Ebene floriert. Um – relativ – wirtschaftlich arbeiten zu können bedarf es heute in nahezu jedem Büro eines ständigen Aufholens im Bereich der Software.

Während der Video-Enthusiast seine Videothek notfalls durch Aufzeichnungen aus dem mittlerweile umfangreichen Spielfilmangebot auffüllen kann, fehlt für Software eine vergleichbare Ersatzmöglichkeit zum Kauf des Originals.[200]

Im Softwarebereich ist durch die CD-ROM und die wachsende Speicherkapazität ein weiterer Anstieg des Volumens der Raubkopien zu erwarten. Software bedarf nun nicht mehr der Speicherung auf einer großen Zahl von Disketten, sondern es lassen sich sogar mehrere Programme auf einer CD-ROM speichern. Durch die große Speicherkapazität einer CD-ROM werden nunmehr nicht nur ein raubkopiertes Programm verkauft, sondern immer mehr Compilations.

Auch wenn mit einem Achtfachbrenner für die herkömmliche CD nur noch 9,5 Minuten benötigt werden, gilt es zu beachten, daß auch die auf einer CD gespeicherte Datenmenge steigt, so daß dadurch der Überspielvorgang einer CD länger dauern wird. Insofern ist das Kopieren von CDs mit CD-Writern sehr zeitaufwendig und damit für eine Großproduktion nicht effizient, jedoch ausreichend für die aus dem Bereich der Video-Piraterie bekannte „Wohnzimmerpiraterie“.

---

[200] *Heghmann*, in: NStZ 1991, 112 (113).

6.5 Verhältnis der CD-Piraterie zu anderen Kriminalitätsformen

6.5.1 Einordnung in den Bereich der Wirtschaftskriminalität?

Der Begriff der Wirtschaftskriminalität hat in der Kriminologie bisher noch keine einheitliche Definition gefunden.

6.5.1.1 Legalistische Definition in § 74c GVG

Richtet man sich nach der legalistischen Definition in § 74c GVG, so gehört die CD-Piraterie als Straftat nach dem Urheberrechtsgesetz (§§ 106 ff. UrhG) zur Wirtschaftskriminalität (§ 74c Abs. 1 Nr.1 GVG).

Jedoch erscheint eine solche nach Straftatbeständen gegliederte Zuordnung nicht sachgerecht. Denn hier steht das Ergebnis der Zuordnung von Kriminalität vor dem Weg der Analyse.

6.5.1.2 Kriminologische Herangehensweisen

Von der Kriminologie wurden eine Vielzahl von Kriterien zur Beschreibung von Wirtschaftskriminalität herausgearbeitet. Im folgenden soll untersucht werden, wie diese auf das vorliegende Phänomen angewendet werden können.

a) „White-collar-crime" (Sutherland)

Nach der klassischen Definition *Sutherlands*, der 1939 auf einer Tagung der American Sociological Society den Begriff „white-collar-crime" prägte[201], ist der Wirtschaftsstraftäter eine „person of respectability on high social status in the course of his occupation"[202].

Bei der weiten Verbreitung der CD-Piraterie insbesondere im Computer-Bereich ist nicht davon auszugehen, daß es sich bei den Tätern nur um besonders angesehene Täter mit „weißem Kragen" handelt, so daß jedenfalls die Softwarepiraterie insgesamt nicht als Wirtschaftskriminalität nach der *Sutherland*schen Definition anzusehen wäre.

Jedoch könnte ein white-collar-crime unter dem Aspekt anzunehmen sein, daß es es sich bei den „Piraten" oftmals nicht um Angehörige der Unterschicht handelt, da bereits die Verfügung über die notwendige Technik finanzielle Mittel erfordert. Insofern stellt dies eher einen Fall des „special-opportunity crime" dar.

---

[201] *Geiss / Goff*, in: *Sutherland*, S. ix.
[202] *Sutherland*, S. 7.

Hinsichtlich derjenigen, die im Rahmen von Multimedia selbst neue Werke erstellen und damit eigene schöpferische Leistung erbringen, könnte man jedoch annehmen, daß dies Personen sind, die aufgrund ihrer künstlerischen Fähigkeiten hohes soziales Ansehen genießen.

Aber auch jene, denen es gelingt, z.B. mit Hilfe guter Kenntnisse im Umgang mit DV-Anlagen bspw. Kopiersperren zu umgehen, stellen eine Art Ideal dar, wie es oftmals typisch für den Wirtschaftsstraftäter des *Sutherland*schen Typus ist. So setzten zahlreiche Filme den Hacker-Typ heroisch in Szene, was nicht zuletzt auch den Hackern zu einer Wir-Identität verhalf.[203] Grund dafür ist, daß eine große Zahl von Menschen mit der neuen Technik nichts anfangen kann (außer den CD-Player zu bedienen) und deshalb diejenigen, die diese Fähigkeiten besitzen, bewundern. Hier trifft dann auch die Vorstellung zu, daß Wirtschaftsstraftäter eine hohe Anpassungsfähigkeit besitzen[204], die vor allem darin zum Ausdruck kommt, daß die „Piraten" mit der Einführung und Nutzung neuer Techniken Schritt halten und entsprechend der Nachfrage auch ihre Produktpalette verändern. Die Anpassung der Täter ist darüber hinaus im Bereich der Schutzlücken-Piraterie gefragt, da sich hier die Tätigkeit nach der jeweils aktuellen Gesetzeslage ausrichtet. „Produktpiraten" wissen heute allgemein sehr genau, wie weit sie bei der gegebenen Rechtsprechung gehen können. Die ehrenrührige Bezeichnung „Produktpirat" können sie sich dann verbitten.[205]

Das gezielte Suchen nach Schutzlücken im Bereich des Leistungsschutzes ausübender Künstler begann gegen Ende der 80er Jahre.[206]

Hinzu kommt möglicherweise ein hohes soziales Ansehen in Form der Bewunderung und Sympathie für diese Form des Geldverdienens in Form eines "Schnippchen-Schlagens", da CDs aller Bereiche als überteuert angesehen werden. So war auch die bootlegging-Bewegung Ausdruck eines Protestes der alternativen Szene der späten 60er und frühen 70er Jahre gegen die Geschäftspraktiken der etablierten Tonträger-Produzenten. Dieser „idealistische" Hintergrund verblaßte angesichts einer zunehmenden Kommerzialisierung dieses Sektors jedoch schnell.[207]

Noch heute wird denjenigen, die sich der Bekämpfung der Video-Piraterie widmen, vorgeworfen, „Büttel eines prosperierenden und auch noch amerikanisch dominierten Wirtschaftszweiges" zu sein.[208]

---

[203] Damit ging der Aufbau eines Hacker-Mythos einher.
[204] *Eisenberg* (1995) § 58 Rz. 61.
[205] *Müller, D.*, S.11.
[206] *Braun*, S. 13.
[207] *Braun*, S. 17.
[208] *Tielke*, S. 39.

Jedoch ist der Begriff des „Weiße-Kragen-Täters“ als Ansatzpunkt zur Umschreibung von Wirtschaftskriminalität mittlerweile wohl überholt. Die vielfach anzutreffenden Charakteristika des Wirtschaftsstraftäters[209] scheinen eher der Pflege eines Klischees zu dienen, als daß sie eine der Vielfältigkeit von Wirtschaftskriminalität entsprechende Differenzierung vornehmen.

b) Ausgangspunkt: Das geschützte Rechtsgut

Ansatzpunkt der Definition von Wirtschaftskriminalität kann nicht der Täter, sondern muß die Tat - die Kriminalität als solche - sein. Demgemäß ist der Begriff des „white-collar-crime“ heute teilweise verdrängt durch den Begriff des „occupational crime“.[210] Durch eine solche Gleichsetzung von Wirtschaftskriminalität mit Berufsstraftaten wird jedoch das Blickfeld verengt.[211]

Auszugehen ist vielmehr vom geschützten Rechtsgut.[212]

Strafrechtsdogmatisch steht bei den „klassischen” Wirtschaftsstraftaten als geschütztes Rechtsgut die Wirtschaftsordnung bzw. das Wirtschaftsleben im Vordergrund.[213]

Demgemäß ist Wirtschaftskriminalität ein die Wirtschaftsordnung insgesamt oder einzelne Institute beeinträchtigendes Verhalten.[214] Da die CD-Piraterie als Straftat geeignet ist, über die Ausschaltung des Urheberrechts ein immer wichtiger werdendes Standbein der Wirtschaft auszuhöhlen, kann man von einem Fall der Wirtschaftskriminalität sprechen.

Dementsprechend hieß es auch in der Begründung zum Produktpirateriegesetz: „Die vorsätzliche Verletzung von Schutzrechten des geistigen Eigentums ist regelmäßig als ernst zu nehmende Wirtschaftskriminalität einzustufen.“[215] Ausgehend von diesem geschützten Rechtsgut hat die Kriminologie folgende Merkmale der Wirtschaftskriminalität herausgearbeitet:

- Anonymisierung zwischen Täter und Opfer, die auch eine Folge der Entwicklung der Industriegesellschaft ist;[216]
- Affektlosigkeit bei der Tatbegehung;[217]

---

[209] Überblicksartig bei *Thelen*, S.74f.
[210] Für eine Gleichsetzung von Wirtschafts- und Berufskriminalität spricht sich *Nauth*, S. 178, aus.
[211] Dazu siehe Kapitel 6.5.2.
[212] Dazu vgl. *Reischel*, S. 30ff.
[213] *Eisenberg* (1995) § 47 Rz. 2.
[214] *Heinz*, in: ZStW 96 (1984), 421, *Tiedemann*, in: JuS 1989, 689 (690f.).
[215] *Schulze, M.*, S. 402.
[216] *Eisenberg* (1995), § 47 Rz. 11.

- von Anfang bis Ende durchorganisierte Taten;
- scheinbar legale Handlungsweise als Teilelement eines der jeweiligen Rechts- und Wirtschaftslage angepaßten Handlungszusammenhangs.[218]

Auch bei der CD-Piraterie wird niemand physisch geschädigt, wenn man die Betrachtung allein auf den Vorgang der Piraterie beschränkt und nicht das z.T. mit Drogenhandel beschäftigte Umfeld. Die Schädigungen durch CD-Piraterie sind abstrakter Natur, die die Natur des Menschen nicht aufwühlen.[219] Dieser fehlende Opferbezug führt zu einer Herabsetzung der Schwelle zur Straftatbegehung.[220]

Anonymität und Affektlosigkeit sind aber auch eine Folge dessen, daß es sich bei zwei Dritteln der Fälle der Wirtschaftskriminalität um Verbandskriminalität handelt, die unter dem Mantel einer Einzelfirma oder einer handelsrechtlichen Gesellschaft begangen wird.[221] Auch bei der gewerbsmäßigen CD-Piraterie stehen oftmals sowohl auf der Täter- als auch auf der Opferseite juristische und keine natürliche Personen. Einen persönlichen Bezug - jedenfalls auf Opferseite - gibt es bei dem im Kapitel 5.2.2 geschilderten Konflikt zwischen Arbeitgeber und Arbeitnehmer.

Werden Raubkopien industriell gefertigt, so handelt es sich auch um eine von Anfang bis Ende durchorganisierte Tat: Herstellung und Vertrieb der Raubkopien werden genauestens geplant, da sowohl im Software- und insbesondere im Musik-Bereich die wirtschaftliche Verwertung des Gutes abhängig ist von der Aktualität des Angebots. Nur dieses garantiert den massenhaften Absatz.

In dieser Struktur zeigt sich auch die Angepaßtheit an den Wirtschaftsprozeß und an legale Wirtschaftsvorgänge: „Lediglich" die Lizenz fehlt, so daß die Kriminalität dem Delikt nicht „auf der Stirn geschrieben" steht, was ein hohes Dunkelfeld begünstigt.

Die „prima facie"[222] legale Handlungsweise als Teilelement eines der jeweiligen Rechts- und Wirtschaftslage angepaßten Handlungszusammenhangs[223] spiegelt sich im Bereich der Audio- und Video-CD-Piraterie darin wider, daß die einzelne private Vervielfältigung nicht strafbar ist, sondern sich die Strafbarkeit erst aus der Gewerbsmäßigkeit oder einer größeren Stückzahl ergibt. Dieser schein-

---

[217] *Eisenberg* (1995), § 47 Rz 7.
[218] *Eisenberg* (1995), § 47 Rz. 6.
[219] Vgl. *Schäfer*, S. 63.
[220] Vgl. *Thelen*, S. 51.
[221] *Heinz* (1993), S. 591.
[222] *Thelen*, S. 55.
[223] *Eisenberg* (1995), § 47 Rz. 6.

baren „Legalität“ entspricht auf der anderen Seite, daß bei den Herstellern von Raubkopien kaum Unrechtsbewußtsein herrscht.[224]

Die aus der Scheinlegalität resultierende geringe Sichtbarkeit läßt sich auch aus der Statistik ablesen, wonach der Versuchsanteil bei den (registrierten) Fällen der Urheberrechtsverletzungen bei etwa 2,3 % liegt.[225] Daraus läßt sich ableiten, daß das deliktische Handeln keiner offensiven Kontrolle unterliegt, die bisweilen zu einem Aufgeben des Tatplanes führen könnte.

Gegen das von der Literatur für die Annahme von Wirtschaftskriminalität teilweise angenommene Kriterium des Vertrauensmißbrauchs[226] spricht, daß eine solche Definition, die sich auf die Verletzung eines überindividuellen Rechtsgutes stützt, wirtschaftliche Verstöße zu Lasten einzelner Betriebe nicht erfaßt.[227] Darüber hinaus ist ein solches überindividuelles Kriterium nicht trennscharf[228], was kriminalpolitisch bedenklich ist, weil es möglicherweise die Scheu des Gesetzgebers vor einer Ausuferung abstrakter Gefährdungsdelikte beseitigt.[229]

Zum anderen verschließt die Annahme des Vertrauensmißbrauchs die Augen vor der Realität, die vor allem im Wirtschaftsbereich durch Mißtrauen gekennzeichnet ist.[230] So wird im Rahmen der Wirtschaftskriminalität eher Mißtrauen bestätigt, als daß bestehendes Vertrauen mißbraucht wird.[231]

So auch im Bereich der CD-Piraterie: Vor dem Hintergrund des Wissens um das massenhafte Raubkopieren kann von keinem bestehenden Vertrauen in der Wirtschaft gesprochen werden, was dann später gebrochen werden könnte. Ein Vertrauensbruch könnte allenfalls im Bereich der Überstück-Produktion oder der über die Lizenzierung hinausgehenden Nutzung vorliegen: Hier vertraut der Lizenzgeber darauf, daß der Lizenznehmer nur die vertraglich vereinbarte Stückzahl herstellt bzw. die Software nur im Umfang der Lizenzen nutzt.[232]

---

[224] *Eisenberg* (1995), § 58 Rz. 67.

[225] Der Versuchsanteil aller in der PolSt registrierten Delikte lag 1996 bei 7,2 %, wobei berücksichtigt werden muß, daß bei der Gesamt-Zahl auch die Fahrlässigkeitsdelikte berücksichtigt werden, bei denen tatbestandsmäßig ein Versuch ausgeschlossen ist.

[226] *Otto*, in: ZStW 87 (1975), 554, ders. (1992), S. 186ff.

[227] *Lampe*, S. 311.

[228] *Heinz* (1993), S. 589.

[229] *Lampe*, S. 311.

[230] *Eisenberg* (1994), S. 95.

[231] *Volk*, in: MschrKrim 1977, 265 (273).

[232] Vgl. *Cremer*, S. 71.

Zusammenfassend läßt sich festhalten, daß CD-Piraterie nur im Rahmen gewerblicher Produktion sich unter den Begriff der Wirtschaftskriminalität subsumieren läßt. Insbesondere der Aspekt des Angriffs auf die Wirtschaftsordnung läßt sich bei der bereits seit Jahrzehnten üblichen privaten Software-Piraterie nicht bejahen.

6.5.2 Einordnung in den Bereich der Berufskriminalität?

Hinsichtlich der verbreiteten Piraterie auch durch Verkaufspersonal oder Händler selbst, kann man die CD-Piraterie auch teilweise in den Bereich der Berufskriminalität einordnen. Diese wird zum großen Teil - ausgehend von der Definition *Sutherland*s - als Voraussetzung der Wirtschaftskriminalität angesehen.[233]

Berichtet wurde vor allem davon, daß kleinere Händler auf diese Art und Weise versuchen, dem Preisdruck der Großhändler durch ein Mehr an Software-Draufgabe zu widerstehen[234]. Hier erscheint die Kriminalität als Rettung vor dem Bankrott. Auch die Produktion von Überstücken findet hier ihren Platz.

Neben dieser Form der Einbettung von CD-Piraterie in eine legale Berufstätigkeit existiert CD-Piraterie jedoch auch als alleinige Form der Erwerbstätigkeit (Berufsstraftäter). Auch diese Form der Kriminalität gehört zur Berufskriminalität.[235]

Dies ist zum großen Teil im Rahmen der industriellen Fertigung der Fall.

CD-Piraterie wird aber auch dort zum Beruf, wo das Equipment zum Brennen eigener CDs - möglicherweise verbunden mit dem Angebot der Ausleihe von CDs - gegen Entgelt zur Verfügung gestellt wird. Dies ist zunehmend der Fall in Videotheken, die sich so einen verstärkten Zulauf erhoffen und auch in dem Konzept der CD-„Kopier-Bar" enthalten.[236]

---

[233] So z.B. *Schneider* (1987), S. 42ff.
[234] *Kaiser* (1996) § 74 Rz. 53.
[235] *Schneider* (1987), S. 43.
[236] Vgl. Kapitel 5.2.8.

6.5.3 Einordnung in den Bereich der Informationskriminalität?

Wichtigstes Tatwerkzeug im Rahmen von Handlungen, deren Angriffe sich auf als digitale Signale gespeicherte Informationen richteten, war bisher der Computer. Daher wird der Computerkriminalität - überwiegend als Unterfall der Wirtschaftskriminalität[237] - im kriminologischen Schrifttum seit geraumer Zeit ein eigener Stellenwert eingeräumt.

Computerkriminalität wird überwiegend als Form des deliktischen Handelns bezeichnet, bei dem der Computer Werkzeug oder Ziel der Tat ist.[238]

CD-Piraterie ist nur zu einem geringen Teil im Sinne dieser Definition Computerkriminalität, da der Computer nur selten das Tatwerkzeug (z.B. zur Umgehung von Kopiersperren) und nur im Falle der Softwarepiraterie das Ziel ist[239]. Eine Überschneidung der CD-Piraterie allgemein mit der Computerkriminalität ergibt sich daraus, daß auch bei der Herstellung von CDs digitale Daten transferiert werden, beide Deliktsarten sich also der gleichen Datenverarbeitungs-Sprache bedienen. Ohne diese wäre CD-Piraterie überhaupt nicht denkbar. Einen Ansatzpunkt dieser Verknüpfung stellt die Definition von *Göppinger* dar, wonach Ausgangspunkt zur Bestimmung von Computerkriminalität sei, daß der Täter die besonderen technischen Möglichkeiten der Datenverarbeitung in einer Weise ausnutzt, daß ohne sie die Tat in vergleichbarer Form nicht oder nur mit erheblichen Schwierigkeiten begangen worden wäre.[240]

Die bisherige Einordnung der Computerkriminalität als Teilbereich der Wirtschaftskriminalität erscheint angesichts der weiten Verbreitung von Computern und den damit verbundenen gestiegenen Möglichkeiten zur Begehung von Kriminalität mittels des Computers als nicht mehr sachgerecht. Denn eine solche Einordnung verläßt den Ausgangspunkt des geschützten Rechtsguts.[241]

Man sollte deshalb überlegen, in der kriminologischen Diskussion der allgemeinen Informationskriminalität einen Sonderstatus neben der Wirtschaftskriminalität einzuräumen, um damit auch der Neuartigkeit von Kriminalität auf dem Wege technologischer und gesellschaftlicher Entwicklung hin zum „Informationszeitalter" oder der „Informationsgesellschaft"[242] einen Platz einzuräu-

---

[237] So *Eisenberg* (1995), § 47 Rz.65, *Kaiser* (1996), § 74 Rz. 46ff.

[238] *Eisenberg* (1995), § 47 Rz. 65.

[239] Ebenso *Müller / Wabnitz*, in: APuZ 23/95, 28 (35).

[240] *Göppinger*, S. 546.

[241] Bereits *Kaiser* (1996), § 74 Rz. 47, stellt dar, daß die Computerkriminalität verschiedene Rechtsgüter betrifft, und unterscheidet deshalb zwischen Computerkriminalität im weiteren und engeren Sinne.

[242] *Fiedler / Ullrich*, S. V.

men.[243] Nicht nur die Software als Informationstechnologie[244] ließe sich unter diesen Begriff einordnen, sondern auch die „persönlichen geistigen Schöpfungen". Denn im Schöpfungsvorgang teilt der Mensch seine geistigen Inhalte anderen mit und macht sie durch Ausdrucksmittel zum Objekt der Wahrnehmung.[245]

Dem könnte entgegengehalten werden, daß nunmehr auch die Information zu einem Wirtschaftsgut geworden ist: Der bloße Angriff eines Kaufhausdiebes auf das Eigentum rechtfertigt auch nicht die Einordnung in den Bereich der Wirtschaftskriminalität.

6.5.4 Einordnung in den Bereich der Organisierten Kriminalität?

Die Einordnung von Straftaten in den Bereich der „Organisierten Kriminalität" (OK, oder auch: Organisiertes Verbrechen[246]) wird angesichts der zunehmenden Verwässerung und auch Politisierung der Diskussion immer schwieriger. Teilweise wird die Konstruktion der Figur der Organisierten Kriminalität (auch deshalb) abgelehnt.[247] Jedenfalls fehlt es nach wie vor an einer konsensfähigen, klaren und wissenschaftlichen Definition des Organisierten Verbrechens.[248]

Schwierigkeiten bereitet vor allem der Begriff der „Organisation". Diese Begrifflichkeit setzt vom allgemeinen Sprachgebrauch her nur ein Planungsmoment voraus. Danach könnten sämtliche vorsätzlich begangene Delikte zum Bereich des „Organisierten Verbrechens" gezählt werden. *Reckless* geht bei der Interpretation des Wortlauts davon aus, daß Verbrechen dann organisiert ist, „when there is an association for the purpose of conducting an illicit trade"[249].

---

[243] Auch hier kann eine strikte Abgrenzung jedoch nicht gelingen, da es zu Überschneidungen mit Wirtschaftskriminalität kommen muß.

[244] *Wiebe*, S. 128, bezeichnet diese als „Herzstück" der Informatik.

[245] *Wiebe*, S. 111.

[246] Diese Begrifflichkeit verwischt das - ohnehin schwierig zu definierende - Phänomen noch mehr, da ein Verbrechen gemäß § 12 StGB eine Straftat ist, die mit mindestens einem Jahr Freiheitsstrafe bedroht ist; dieser Verbrechensbegriff wird aber der OK nicht zugrundegelegt. Andererseits täuscht das Kürzel OK einen anerkannten Gegenstandsbegriff vor (vgl. *Eisenberg*, in : NJW 1993, 1033 Fn. 10 m.w.N.).

[247] *Hess*, in: KritJ 1992, 324.

[248] *Eisenberg*, in: NJW 1993, 1033 (1033).

[249] *Reckless*, S. 122.

Üblicherweise wird mit dem Begriff des „Organisierten Verbrechens" heute eine strukturierte Form geschäftsmäßiger, bürokratischer Deliktsbegehung bezeichnet[250], die einem Unternehmen gleicht.[251]

Wahl spricht angesichts der sich vertiefenden Organisation im Bereich der Urheberrechtsverletzungen von „schweren Jungs"[252], was aber keinesfalls einen Rückschluß auf den Bereich der Organisierten Kriminalität zuläßt, sondern allenfalls einen hohen Organisationsgrad mit großem Planungsaufwand umschreibt.

Bereits 1979 stellte *Nick* für den Bereich des Musikdiebstahls fest, daß sich „Plattenpiraten" und „MC-Fälscher" immer besser organisieren.[253] In den USA und Italien wurden in dieser Zeit Verbindungen zum Organisierten Verbrechen nachgewiesen.[254] Nach einer Übersicht des BKA aus dem Jahre 1987 gehörte Produktpiraterie zu den „Organisationsverdächtigen Kriminalitätsbereichen".[255]

Die Entwicklung im Bereich der CD-Piraterie geht jedoch immer mehr zu stärkerer Organisation und engerer Verbindung mit den Bereichen Organisierter Kriminalität, in denen diese „erfahrungsgemäß"[256] tätig ist, bspw. dem Drogenhandel.[257] Diese Entwicklung ist z.Zt. vor allem im illegalen Disco-Mix-Bereich feststellbar. So wurden nach Angaben der IFPI im Frühjahr 1996 an 12 Orten im Ruhrgebiet ca. 35.000 illegale Disco-Mix-CDs im Wert von insgesamt 1,3 Millionen DM beschlagnahmt, wobei gleichzeitig 230 g Rauschgift gefunden wurden. Geheime Lager sowie diverse Wohnungen waren auf alle erdenkliche Art gegen den Zugriff von außen gesichert, zum Teil mit mehrfachen Stahlbändern.[258] Nach Angaben des BKA spielt Produktpiraterie generell eine große Rolle im Rahmen der Organisierten Kriminalität.[259] Eine solche straftatbestandsbezogene Zuordnung von OK begegnet jedoch Bedenken, da sie aufgrund der Verschleierung des Ausmaßes und der Struktur der OK spekulativ

---

[250] *Eisenberg* (1995) § 57 Rz. 67; a.A.: *Nauth*, S. 177ff., der allein ein Organisations-Moment verlangt; zur Definition innerhalb der deutschen Kriminologie vgl. *Bögel*, S. 41-43.
[251] *Reckless*, S. 122.
[252] *Wahl*, S. 279.
[253] *Nick*, S. 39.
[254] *Nick*, S.40.
[255] In: *Boeden*, S. 29.
[256] Vgl. dazu *Eisenberg / Ohder*, in: JZ 1990, 574 (576).
[257] *O.V.*, in: Musikwoche, Nr. 14 / 96, S.6; *o.V.*: Piracy Update, in: IFPI Network No. 5/1997, S.3.
[258] IFPI Phono Press News vom 12. März 1996.
[259] *Zachert*, in: APuZ 23/95, 11 (14).

bleibt.[260] Zudem ordnen sich die Delikte in erster Linie materiellen Zielen unter, sind also nur austauschbare Mittel zum Zweck.

Hinsichtlich der stärkeren Organisation der CD-Piraterie ist bei allen CD-Standards eine Strukturierung auf drei Ebenen festzustellen: eine zentrale Koordinationsstelle, eine mittlere Ebene auf nationaler oder regionaler Basis und die sog. „Ameisen“ (so werden die „Einzelhändler“ bezeichnet). Von einer solchen Organisationsstruktur berichteten sowohl die Vertreter der Software- und Audio- als auch der Video-Industrie.

Nur mit einer solchen verstärkten Organisation ist es den „CD-Piraten“ möglich, zum einen den Vertrieb zu organisieren und zum anderen den Markt von Konkurrenten freizuhalten.

Von einer ähnlichen Organisationsstruktur für den Bereich der Erstellung von Software-Kopien wurde schon Ende der 80er Jahre berichtet. Unter dem Pseudonym „Headbanger" operierte ein gewerblicher Softwarepirat, der Jugendliche als „Kopiersklaven" einsetzte. Zum damaligen Zeitpunkt war jedoch der Markt noch national organisiert und in Deutschland beherrscht vor allem von der sog. „Quartex"-Gruppe, die monatlich mehrere 10.000 DM Umsatz machte.

Vertriebsformen sind die Einschleusung der Piratenware als legale Ware in den Handel, der Straßenverkauf, Annoncen oder mail-order, CD-Verkaufs- und -Tausch-Börsen und das Schneeballsystem.

Ein in Kopiererkreisen bekanntes Phänomen ist die rätselhafte Herkunft von Software-Programmen oder Tonträgern, die auf dem Schwarzmarkt vor dem Verkauf des Originals erhältlich ist, und - bei der Software - vor allem vor der Anbringung eines Kopierschutzes.[261] Die IFPI berichtet davon, daß die Kopierer auch über gute Beziehungen renommierten Musikfirmen verfügen, so daß es in Bulgarien bspw. die neuesten Alben von „Faith", „INXS" und „U2" sogar zwei Wochen vor der Weltpremiere gab.

Als ein Merkmal des Organisierten Verbrechens wird auch die Befriedigung von Bedürfnissen der Bevölkerung nach illegalen Gütern genannt.[262] Dies ist sicherlich im Bereich unerlaubter Konzertmitschnitte der Fall, wo sich der Wert einer CD für Fans gerade auch aus der limitierten Auflage und der Illegalität ergibt. Im Bereich der counterfeits sind die Kunden zur Befriedigung ihres Kaufwunsches nicht auf die Raubkopien angewiesen, sondern könnten - zwar zu einem höheren Preis - auch eine lizenzierte CD erwerben. Hier steht der Wunsch im Vordergrund, Produkte möglichst preisgünstig zu erwerben. Geht

---

[260] Vgl. dazu *Eisenberg / Ohder*, in: JZ 1990, 574 (576).
[261] *Tai*, S. 18.
[262] *Bögel*, S. 43.

man jedoch davon aus, daß dieser Wunsch nur durch Raubkopien erfüllt werden kann, weil die lizenzierten CDs wegen der Herstellungskosten nicht billiger - jedenfalls zu einem den Raubkopien entsprechenden Preis - verkauft werden könnten, dann ist das Verlangen nach billigen CDs zwangsläufig auf Raubpressungen gerichtet. Bei der DVD bedienen die Täter einen von der Wirtschaft erschaffenen Markt, der von der legalen Wirtschaft derzeitig noch gar nicht beliefert wird: So gab es zwar in Deutschland schon viel Aufsehen um die DVD und es gibt auch bereits Player zu kaufen, jedoch fehlte es lange Zeit noch an den dazu nötigen Spielfilmen im Handel.[263] Diese können damit einzig und allein von Raubkopierern erlangt werden.

Die „CD-Piraten" arbeiten also vornehmlich absatz- und kundenorientiert. Dieses Prinzip der Tatbegehung je nach Bedarf und Nachfrage ist ein das Organisierte Verbrechen kennzeichnendes Merkmal.[264] *Ivanov* spricht auch vom „Verbrechen aus Gewinnsucht".[265] Wenngleich der Grad der Organisation gewerbsmäßiger CD-Piraterie scheinbar auf Organisierte Kriminalität hindeutet (deren Vertiefung bei nüchterner Betrachtung aber auch einfach die Reaktion auf eine gesamtgesellschaftliche Ausdifferenzierung sein könnte), darf dabei nicht außer acht gelassen werden, daß ein Definitionsmerkmal der Organisierten Kriminalität auch das langfristige Ziel der Unterwanderung der staatlichen Organe und Strukturen[266] ist. Daß Verbrechen gewerbsmäßig, durch Banden, international operierend, unter Benutzung moderner Kommunikationstechnologie begangen werden, ist nicht qualitativ neu, sondern nur eine quantitative Verbrechenssteigerung. Qualitativ neu ist der Zugriff auf diejenigen Institutionen, welche - im weitesten Sinne - mit der Kriminalitätsbekämpfung beauftragt sind. Organisierte Kriminalität entwickelt eine Logistik zur Vermeidung des Strafverfolgungsrisikos, die in eine Lähmung des Armes mündet, der sie zu bekämpfen hat.[267] Dies außer acht zu lassen und - wie *Falk*[268] - zu diskutieren, ob Organisierte Kriminalität nicht stärker als ungesetzliche Ausformung der Wirtschaft (Stichwort: Schattenwirtschaft) verstanden werden muß, würde bedeuten, Wirtschaftskriminalität und Organisierte Kriminalität gleichzusetzen. Ebenso kurz gegriffen ist die Definition der Organisierten Kriminalität durch straffe Strukturierung, Know-How und Wissen um die Methode der Strafverfol-

---

[263] *Charlier*, in: Wirtschaftswoche vom 27.02.1997.
[264] *Eisenberg* (1995), § 57 Rz. 74.
[265] *Ivanov*, S. 177.
[266] *Lange*, S.8.
[267] *Hassemer* (1997), S. 215.
[268] *Falk*, S. 136ff.

gung.[269] Das Gefährliche der Organisierten Kriminalität - nämlich Demokratiefeindlichkeit - würde damit außerhalb des Blickfeldes geraten.

Richtigerweise wird der Begriff des „Organisierten Verbrechens“ deshalb heute überwiegend für eine Gegengesellschaft[270] benutzt, die sich außerhalb der Kontrolle des Volkes und seiner Regierung zu betätigen versucht.[271] Aufgrund der oftmals vorzufindenden Verflechtung mit dem Staat stellt sich jedoch die Frage, ob nicht das Organisierte Verbrechen eher einen Bestandteil der Gesellschaft darstellt[272] - wenn auch möglicherweise einen solchen, der die Gesellschaft von innen auszuhöhlen sucht. Erst dieser Faktor läßt Organisierte Kriminalität als eine neue und besonders gefährliche Struktur erkennen. Die in der Öffentlichkeit mit einer „Inflationierung des Begriffs“[273] einhergehende Meinungsbildung erleichtert den Vorwurf, die „Organisierte Kriminalität" sei ein Phantom, die Sicherheitsbehörden entwickelten Horrorszenarien.[274]

Eine solche Intention ist den Piraten nur teilweise nachweisbar. Eine angestrebte Unterwanderung des Staates läßt sich in den Bereichen belegen, wo die Erlöse zur Finanzierung terroristischer Organisationen verwendet werden.

Die IFPI geht davon aus, daß der Erlös in steigendem Maß zur Finanzierung von Waffengeschäften und Drogen-Deals verwendet wird. Beispielhaft wird dafür angeführt, daß paramilitärische Gruppen Nordirlands die Erlöse aus CD-Piraterie zur Finanzierung terroristischer Aktionen nutzen. Verbindungen zu Waffen- und Drogengeschäften hat auch die MPA für den Bereich der Video-Piraterie ausgemacht.

In einem der größten - noch laufenden - Verfahren der CD-Piraterie in der Bundesrepublik wurden u.a. 31.000 CDs mit rechtsextremem und volksverhetzendem Inhalt beschlagnahmt. Nach Auskunft des polizeilichen Staatsschutzes des Landes Schleswig/Holstein ist ein solches Angebot mittlerweile bei Händlern mit CD-Raubkopien weit verbreitet, da in diesem Bereich große Gewinne zu machen seien. Von diesen Händlern handeln etwa 10 % ausschließlich mit diesem Repertoire. Sie sind oft Anhänger rechtsextremistischer Ideologie. Ein Teil der Gewinne fließt nach Angaben des LKA Schleswig/Holstein auch in die Finanzierung rechtsextremistischer Aktivitäten.

---

[269] So *Peters, B.*, S. 135.
[270] Benutzt wird auch die Begrifflichkeit "Parallelgesellschaft" (vgl. *Dörmann u.a.*, S.4).
[271] *Kaiser* (1996), § 42 Rz. 60.
[272] Dies wird jedenfalls teilweise für Japan bejaht [vgl. *Sieber* (FS-Miyazawa) S. 272, *Kühne*, 119-123].
[273] *Falk*, S. 128ff.
[274] Vgl. z.B. *Claude u.a.* in StV 1994, 693 (693).

Im Gegensatz zu derart staats-unterwandernden Aktivitäten werden die CD-Raubkopien in Bulgarien entweder in regierungseigenen Preßwerken hergestellt bzw. ist das Vorgehen von IFPI oder BSA gegen diese Preßwerke nicht erfolgversprechend, da die Betroffenen gute Beziehungen zu den Strafverfolgungsbehörden haben.

Eine Zuordnung der CD-Piraterie zur Organisierten Kriminalität läßt sich vom heutigen Standpunkt für Teilbereiche daher jedenfalls nicht ausschließen.

7 Die Strafverfolgung

7.1 Methodisches Vorgehen

Die Betrachtung der Strafverfolgung war bereits Gegenstand der Untersuchungen, die im vorhergehenden Kapitel beschrieben wurden. Ergänzend zu den (qualitativen) Befragungen wurden zur Betrachtung der Strafverfolgung auch die Staatsanwaltschaften über die Landesjustizministerien angeschrieben, die sich mit dem Thema CD-Piraterie beschäftigen könnten und in den meisten Bundesländern als Schwerpunktstaatsanwaltschaften „Wirtschaftskriminalität" organisiert sind. Daneben stützt sich die Betrachtung der Strafverfolgung auf Literaturrecherchen.

7.2 Schwierigkeiten der Strafverfolgung

7.2.1 Die Kenntniserlangung

Schwierig ist vor allem die Erlangung der Kenntnis von der Straftat im Bereich der CD-Piraterie.

7.2.1.1 Reaktive Tätigkeit der Behörden

Die Strafverfolgungsbehörden sind auch im Bereich der CD-Piraterie auf die Anzeigeerstattung Dritter angewiesen.

Der überwiegende Teil der zur Kenntnis der Strafverfolgungsbehörden gekommenen Vorfälle wurde durch die Schutzrechtsinhaber gemeldet.

Waren es früher noch vereinzelt die Käufer, die Piratenware der Unterhaltungselektronik zur Polizei brachten, so bleibt diese Unterstützung heute aus.[275] Der Grund dafür liegt darin, daß es sich bei den zur Polizei gebrachten MCs oder Videocassetten um technisch minderwertige Ware handelte, mit denen die Käufer unzufrieden waren. Da die CDs ohne technische Verluste kopiert werden können und die Kopie identisch mit dem Original ist, ist dieser qualitative, den Käufer frustrierende Unterschied weggefallen. In einigen Fällen hat jedoch dennoch der Käufer Anzeige erstattet, weil ihm die CD „verdächtig" vorkam.

Auch der optisch wahrnehmbare qualitative Unterschied zwischen einer handelsüblichen gepreßten CD und einer mit einem CD-Writer gebrannten CD bedeutet letztlich noch keinen wahrnehmbaren Qualitätsverlust:

---

[275] Die Reklamation erfolgte jedenfalls beim Händler, *Rochlitz* (1987), S. 58.

Die im Laden erhältliche CD besteht aus einem Polycarbonat-Träger, auf den die Information aufgepreßt wird. Diese besteht aus „lands“ (Grundebene) und „pits“ (Vertiefungen), die die einzelnen bits darstellen. Nach dem Preßvorgang wird die Seite mit Aluminium als Reflektor beschichtet, eine abschließende Schutzlackschicht verhindert die Korrosion des Aluminiums. Diese CDs werden als Silber-CDs bezeichnet zur Abgrenzung der von CD-Writern beschriebenen Gold-CDs.

Nur unter einem Mikroskop erkennt man, daß die Pits bei einer gebrannten CD nicht so sauber ausgeformt sind wie beim Pressen. Auch diese CD zeichnet sich jedoch durch eine das menschliche Leben weit übersteigende Lebensdauer von 140 Jahren aus.[276] Dieser optisch wahrnehmbare Unterschied bringt also keinen qualitativen Minderwert mit sich.

Hinzu kommt, daß der Konsument als - zwar nicht strafrechtlicher - Beteiligter[277] und Nutznießer sowieso nur eine geringe Anzeigebereitschaft besitzt.

Auch bei der Sony Play Station ist der Unterschied optisch wahrnehmbar, da die Unterseite des Originals schwarz ist.

Nach Angabe der BSA berichten im Firmenbereich entlassene oder frustrierte Mitarbeiter von Software-Raubkopien. Dies läßt sich darauf zurückführen, daß die Mitarbeiter sich nicht als Anwender und Nutznießer der Software sehen. Dieser Personenkreis wenden sich jedoch eher an die Software-Industrie selbst als an die Polizei. Zum großen Teil handelt es sich in diesen Fällen aber nicht um die Nutzung von Raubkopien, sondern um eine über eine Lizenzvereinbarung hinausgehende Nutzung.

Die geringe Anzeigebereitschaft führte die BSA auf ein geringes Unrechtsbewußtsein zurück.

Die Öffentlichkeitsarbeit der BSA habe jedoch dazu geführt, daß Softwarepiraterie sich im öffentlichen Bewußtsein stärker verankert habe. In den ersten elf Monaten 1997, als die BSA eine Kampagne zur Lizenzierung von Software durchführte und in diesem Zusammenhang 10.000 kleine und mittelständische Unternehmen anschrieb, gab es 3.936 Anrufe, darunter 482 Hinweise auf illegalen Softwareeinsatz.[278] 1998 gab es bereits im ersten Halbjahr 308 Hinweise auf illegalen Softwareeinsatz bei der Anti-Piracy-Hotline der BSA. Davon bezogen sich 143 auf Anwenderfirmen und 165 auf Händlergeschäfte.[279] Die Zahl der Hinweise auf illegale Software in Unternehmen stieg damit gegenüber

---

[276] *O.V.*, in: PC Professional Nr. 3/96, S. 96.
[277] Vgl. Kapitel 5.1.2.
[278] BSA-Pressemitteilung vom 19.12.1997.
[279] BSA-Pressemitteilung vom 11.08.1998.

dem Vorjahreszeitraum um 17 %. Die BSA hat von den gemeldeten Fällen 34 zur polizeilichen Anzeige gebracht. Als besonders „erfolgreich" vermeldete die BSA die Aufklärungs-Kampagne im April 1998, in deren Verlauf 15.000 Firmen der Agentur- und Verlagsbranche angeschrieben wurden. Daraufhin erfolgten 13 Hinweise auf illegale Software, und eine große Zahl von Firmen fühlte sich verpflichtet, gegenüber der BSA ihren Softwarebestand und die Lizenzbedingungen darzulegen.[280]

Zu einer geringen Anzeigebereitschaft gegenüber der Polizei hat sicherlich auch die Praxis der Aufnahme und Bearbeitung von (privaten) Anzeigen geführt, denn die Polizei schreitet - nach eigenen Angaben - bei nicht eindeutigen Fällen nur dann ein, wenn der Anzeigeerstatter selbst schon die Beweise für das Vorliegen einer Straftat mitbringt. Mit einer solchen Praxis geht eine hohe Aufklärungsquote von 95,0 % im Bereich der Urheberrechtsdelikte allgemein[281] einher, die erheblich über dem Durchschnitt von 49,0 %[282] liegt.

Diese Praxis ist jedenfalls hinsichtlich des für die Strafverfolgungsorgane geltenden und des das Gewaltmonopol des Staates begründenden Legalitätsprinzips kritisch zu betrachten. Damit könnte der Entstehung „justizfreier Inseln" Vorschub geleistet werden, die von privaten Sicherungsdiensten, in denen sich ein den Rechtsstaaat aushöhlendes Herrschafts- und Machtsystem entwickelt.[283] Gleichzeitig muß jedoch festgestellt werden, daß die Polizei sicherlich überfordert wäre, in diesem Bereich umfassende Beweisermittlungen vorzunehmen. Insofern hat diese Polizeipraxis sicherlich auch Rechtsfrieden stiftenden Charakter, da sie einen funktionierenden Polizeiapparat gewährleistet.

Im Bereich der privaten CD-ROM-Piraterie geben die Schutzberechtigten diese Information auch nur zu einem ganz geringen Teil an die Polizei weiter. Sie beschreiten - und auch das nur im Ausnahmefall - den zivilrechtlichen Weg.

Im Bereich der Musik-CDs hat es sich herausgebildet, daß die Phono-Industrie einen eigenen detektivischen Dienst unter dem Dach der IFPI unterhält, der Hand in Hand mit der Polizei arbeitet. Nur auf diesem Wege der Zusammenarbeit scheint die Lücke zwischen dem Verfolgungsauftrag der Polizei und der

---

280 BSA-Pressemitteilung vom 19.05.1998.

281 Im Bereich der gewerblichen Softwarepiraterie liegt diese bei 96,3 %, bei der privaten Software-Piraterie bei 96,4 %.

282 PolSt 1996.

283 *Müller / Wabnitz*, in: ZRP 1990, 429 (439).

Rechtswirklichkeit[284] zu schließen zu sein. Hier beschränkt sich die Verfolgung der Piraterie auf den gewerblichen Bereich, da die Kopie zur privaten Nutzung gesetzlich erlaubt ist.

7.2.1.2 Proaktive Tätigkeit der Behörden

Soweit die Polizei selbst in das Dunkelfeld „hineinleuchtet", zeigt sich an den im August 1996 aufgetretenen Fällen in Berlin, daß der Zugriff auf in geringem Umfang mit CD-Kopien Handelnde eher zufällig ist. Der plötzliche Zugriff auf Inserenten der Kleinanzeigenzeitung „Zweite Hand" in diesem Zeitraum läßt sich nicht mit einem plötzlichen Aufflammen der Delikte erklären, sondern nur mit einer stärkeren Kontrolle dieser Zeitschrift durch die Polizei. Für diese „Zufälligkeit" der Kenntnisnahme von Taten durch die Polizei spricht auch eine Aufklärungsquote bei der Polizei von etwa 95 %.[285]

Die private Software-Kopie wird nach Aussagen der polizeilichen Praxis gelegentlich „mitgenommen". Es handelt sich insoweit um Zufallsfunde anläßlich anderer Ermittlungen. Ob die Polizei schließlich auch die entdeckte Verwirklichung eines Urheberrechtsdelikts verfolgt, hängt nach Aussagen aus der polizeilichen Praxis auch vom Verhalten des Tatverdächtigen ab. Das Urheber-Strafrecht übernimmt damit eine in der Hand der Polizei liegende Strafschärfungsfunktion.

Ähnlich wie Verstöße gegen die AO im Bereich der Wirtschaftskriminalität wird der Verstoß gegen das Urhebergesetz aber auch zum „Auffangtatbestand" für die Fällen, in den ursprünglich wegen nicht-urheberrechtlicher Straftatbestände ermittelt wird, diese Taten jedoch nicht nachgewiesen werden können.

Das Steuergeheimnis (§ 30 AO) und die restriktive Auslegung der Beschlagnahmevorschriften verhindern, daß bei über 50 % der Waren, denen eine Schutzrechtsverletzung anhaftet, der Zoll die entscheidenden Kenntnisse nicht an die Strafverfolgungsbehörden weiterleitet.[286] Es ist daher Aufgabe der Staatsanwaltschaft, den Finanzbehörden zu verdeutlichen, daß die Verfolgung derartiger Delikte - aufgrund der enormen Schadenssummen - gemäß § 30 IV Nr. 5b AO im zwingenden öffentlichen Interesse liegt und die Schutzinteressen der Allgemeinheit und des Einzelnen wahrzunehmen sind.[287]

---

[284] *Müller / Wabnitz*, in: ZRP 1990, 429 (429).
[285] Dies gilt gleichermaßen für das Urheberstrafrecht und die Softwarepiraterie.
[286] *Müller / Wabnitz* (1993), S. 213, *Müller / Wabnitz / Janovsky*, Kap. 8 Rz. 28.
[287] *Müller / Wabnitz*, in: ZRP 1990, 429 (433), *Müller / Wabnitz / Janovsky*, Kap. 8 Rz. 29.

7.2.2 Strafanzeige und Strafantrag

Die Grunddelikte im Urheberrecht sind Antragsdelikte, soweit die Strafverfolgungsbehörden nicht aufgrund besonderen öffentlichen Interesses von Amts wegen einschreiten (§ 109 UrhG).

Da es sich dabei um Privatklagedelikte gemäß § 374 Abs. 1 Nr. 8 StPO handelt, erhebt die Staatsanwaltschaft gemäß § 376 StPO nur dann öffentliche Klage, wenn dies im öffentlichen Interesse liegt. Da die Staatsanwaltschaft aus Effizienzgründen nur dann ermittelt, wenn sie die Tat später auch zur Anklage bringen kann, wird sie daher auch im Falle eines Strafantrages das öffentliche Interesse bereits eingangs prüfen.

Das öffentliche Interesse ist nach Nr. 261 der für die Staatsanwaltschaft geltenden Richtlinien für das Strafverfahren und das Bußgeldverfahren (RiStBV) dann anzunehmen, „wenn der Täter mehrere Leistungen nachahmt, mehrere Muster oder Modelle nachbildet oder verbreitet, fremde Namen oder Titel benutzt, das ganze Werk oder die ganze Leistung vervielfältigt oder in der Absicht handelt, sich zu bereichern. Das öffentliche Interesse wird regelmäßig auch vorliegen, wenn mehrere rechtswidrig hergestellte oder eingeführte Vervielfältigungsstücke vorsätzlich verbreitet werden."

Bis Mitte 1976 scheiterte eine strafrechtliche Verfolgung von „Musik-Piraten"an der Ablehnung des öffentlichen Interesses. Erst im Laufe des Jahres 1976 gelang es den Tonträgerherstellern in drei Fällen, Staatsanwaltschaften und Kriminalpolizei zu überzeugen, daß ein öffentliches Interesse an der Strafverfolgung vorliegt.[288]

Der durch das Produktpirateriegesetz 1990[289] eingeführte Qualifikationstatbestand der gewerbsmäßigen Schutzrechtsverletzung (§ 108a UrhG) ist als Offizialdelikt ausgestaltet. Der gesetzgeberische Anlaß zur Ausgestaltung als Offizialdelikt ist vor allem darin zu sehen, daß Verletzte bei der Stellung von Strafanträgen oftmals zurückhaltend reagieren. So verfügen Originalhersteller vielfach über Kunden, die neben dem Erwerb von Schutzrechtsinhabern auch Piraterieprodukte vertreiben. Aufgrund der Befürchtung, diese Kunden im Falle eines Strafantrages zu verlieren, sehen die Geschädigten dann oftmals von einem Antrag ab.[290]

---

[288] *Nick* (1979), S. 63.
[289] BGBl. 1990 I, 422.
[290] *Lührs*, in; GRUR 1994, 264 (265).

7.2.3 Strafprozessuale Probleme der CD-Piraterie

7.2.3.1 Die Einführung der CD in den Prozeß

Nach § 249 Abs. 1 StPO setzt der Urkundenbeweis voraus, daß es sich bei dem Gegenstand um ein Schriftstück handelt. Die CD als opto-elektronisches Speichermedium ist jedoch kein „Schriftstück", das verlesen werden kann. Problematisch ist, ob ein Ausdruck der auf der CD gespeicherten Informationen dem Urkundsbegriff des § 249 StPO entspricht. Gegenstand des Urkundenbeweises kann nur ein Schriftstück sein, das einen in einer natürlichen Sprache ausgedrückten, aus sich selbst heraus verständlichen Gedankeninhalt hat.[291] Dies ist bei einem Ausdruck der auf einer CD gespeicherten Arbeitsanweisungen an den Computer oder CD-Player jedoch nicht der Fall. Folglich kann der Ausdruck nur noch als Gegenstand des Augenscheinsbeweises in die Verhandlung eingebracht werden.[292]

Dies gebietet nicht zuletzt auch § 184 GVG, wonach die Gerichtssprache Deutsch ist, da die ratio dieser Regelung auch eine Konkretisierung des Gebots des fairen Verfahrens ist und darin besteht, daß die Verhandlung und das Verfahren von allen Beteiligten mitverfolgt werden können, so daß jeder die Möglichkeit hat einzugreifen und von seinem Recht auf rechtliches Gehör Gebrauch zu machen.

Da die Gerichte nur in einfach gelagerten Fällen der bloßen Kopie von digitalen Signalen in der Lage sein dürften, diese als unzulässige Vervielfältigung zu bewerten, ist oftmals mit der Einschaltung von Sachverständigen zu rechnen, die immer dann geboten ist, wenn die eigene Sachkunde des Richters nicht ausreicht, um einen Lebensvorgang sicher zu beurteilen.[293] Nur Sachverständige können damit darüber entscheiden, ob es sich beispielsweise um ein Sampling-Produkt handelt, auch wenn de lege lata das Gericht gegen seine Aufklärungspflicht verstößt, wenn es ein Gutachten ohne weiteres als richtig hinnimmt.[294] Die Beweiserhebung liegt damit fast vollständig in der Hand von Sachverständigen[295], die über Tatsachen zu urteilen haben, die sich für den Durchschnittsbürger jeder sinnlichen Wahrnehmung und meist auch jeder Vorstellbarkeit verschließen. Denn die Digitalisierung ist eine technische Form

---

[291] KK - *Mayr* - § 249 Rz 8.
[292] *Meier / Böhm*, in: wistra 1992, 166 (171).
[293] Löwe/Rosenberg - *Gollwitzer* - § 244 Rz 71.
[294] Löwe/Rosenberg - *Gollwitzer* - § 244 Rz 72.
[295] Zur Problematik der Einbeziehung von Sachverständigen vgl. *Eisenberg* (1995), § 30 Rz 49ff.

der Datenspeicherung und -übermittlung, die vom Menschen nicht wahrgenommen werden kann und erst der Umsetzung in analoge Signale durch den Computer bedarf.[296]

Dies spricht dafür, vor allem auch computerspezialisierte Schöffen in die Wirtschaftsstrafkammern einzubeziehen, da es ausreicht, wenn die Sachkunde durch einen Richter vermittelt wird.[297] Einer solchen Vorgehensweise widerspricht *Peters*, der befürchtet, daß die Überzeugungsbildung erst im Beratungszimmer erfolgt und dadurch das Mündlichkeitsprinzip verletzt wird.[298]

Für die Einschaltung eines Sachverständigen auch dann, wenn das Gericht die notwendige Sachkunde besitzt, spricht die Notwendigkeit einer fachspezifischen Anleitung für Anklage und Verteidigung. Denn nicht notwendigerweise verlangt z.B. die Bedienung eines Sampling-Computers im Zusammenhang mit einem CD-Recorder auch eine terminologische Fachkenntnis. Vielfach sind Programme heute so konzipiert, daß sie bereits durch den Laien - auch mit Erfolg - anwendbar sind.

Mit der Einschaltung eines Sachverständigen verbunden ist immer das Problem der Auswahl. Wenn aufgrund verfahrensökonomischer Gesichtspunkte auf den schon durch die Staatsanwaltschaft eingeschalteten Sachverständigen zurückgegriffen wird[299], ist dieser möglicherweise voreingenommen.[300] Gemäß Art. 70 Abs.1 RiStBV ist daher dem Verteidiger vor der Bestellung des Sachverständigen Gelegenheit zur Äußerung zu geben.

7.2.3.2 § 110 StPO und die Durchsicht der Compact Disc

Ein weiteres Problem der Strafverfolgung bei CDs als Datenträgern besteht darin, daß diese vom BGH als „technische Papiere" bezeichnet unter den Begriff der „Papiere" i.S.v. § 110 StPO fallen und damit allein der Durchsicht der Staatsanwaltschaft unterliegen.[301] Die CD sei nur ein anderes Material, welches - wie Papier - der Aufzeichnung oder Speicherung menschlicher Äußerungen dient.[302] Es ist daher unzulässig, diese Aufgaben insgesamt auf andere polizeiliche oder staatsanwaltschaftliche Hilfspersonen zu übertragen.

Dies hat zu erheblichen Problemen geführt, da die Staatsanwaltschaften oft gar nicht über die erforderliche technische Ausstattung und das Fachwissen verfü-

---

296 *Rehbinder*, in: ZUM 1995, 684.
297 SK - *Schlüchter* - § 244 Rz 42.
298 *Peters, K.*, § 38 IV 1 i).
299 Dazu *Eisenberg* (1996), Rz. 1526.
300 *Meier / Böhm*, in: wistra 1992, 166 (172).
301 BGH, CR 1988, 142f.
302 KK - *Nack* - § 110 Rz 2.

gen, um die gespeicherten Daten selbst sichtbar zu machen. Als Umweg bot es sich daher nur entsprechend dem Wortlaut des § 110 StPO an, wenn kein Einverständnis des Betroffenen zur Durchsicht auch durch Polizeibeamte vorlag, spezielle polizeiliche oder sonstige Sachverständige außerhalb des Ermittlungsbereichs mit einer Sichtbarmachung der Daten zu beauftragen, was jedoch aufgrund der fehlenden Kapazitäten zu erheblichen Verzögerungen des Verfahrens führte. Deshalb ist es zu begrüßen, wenn der BGH nunmehr auch die Möglichkeit sieht, den Anwendungsbereich des § 110 StPO darauf zu beschränken, daß die Informationsträger in vergleichbarer Weise wie schriftliche Unterlagen ohne besondere Schwierigkeiten und ohne großen Zeitaufwand lesbar sind.[303]

7.2.3.3 Die Problematik der Schutzwürdigkeit von Multimedia-CDs

Problematisch ist die Schutzwürdigkeit des auf einer CD gespeicherten Multimedia-Werkes. Nicht erkennbar ist, daß es sich hier um eine neue Werkart handeln sollte. Denn die elektronische Speicherung eines Werkes verändert nicht seinen urheberrechtlichen Charakter, sondern stellt lediglich die Vervielfältigung eines Werkes gemäß § 16 UrhG dar.

In Betracht kommt eine Einordnung des auf einer CD gespeicherten Multimedia-Werkes, das ja Anweisungen an den Computer enthält, als Computerprogramm iSd § 2 Abs. 1 Nr. 2 UrhG oder als Laufbild gemäß § 95 UrhG.

Möglicherweise könnte man je nach Schwerpunkt des Werkes festlegen, welcher Schutzart das jeweilige Schutzobjekt zuzuordnen ist.[304] Eine solche jeweils wertende Betrachtungsweise würde jedoch zu einer erheblichen Rechtsunsicherheit führen, da an die Einordnung gerade hinsichtlich der Strafbarkeit der Vervielfältigung konträre Regelungen anknüpfen[305].

Dafür, daß es sich bei Multimedia-Werken um Computerprogramme handelt, spricht, daß Multimedia-Anwendungen erst durch softwaregesteuerte Digitalisierung und Weiterbearbeitung möglich werden.[306] Als urheberrechtlich schützenswerte schöpferische Leistung kann das Verknüpfen der verschiedenen Medien angesehen werden. Die Einstufung von Multimedia-Werken als Filmwerk oder filmähnliches Werk im Sinne von § 2 Abs. 1 Nr.6 UrhG würden von diesem Standpunkt aus nur die Anwenderoberfläche schützen, nicht aber die

---

[303] BGH, CR 1996, 35 (36) mit Anm. *Bär*, in: CR 1996, 37f.
[304] So der Vorschlag von *Leutheusser-Schnarrenberger*, in: ZUM 1996, 631 (633).
[305] So ist bei Computerprogrammen bereits die Anfertigung einer privaten Kopie strafbar (in den §§ 69a ff. UrhG gibt es keine dem § 53 UrhG entsprechende Bestimmung).
[306] *Koch*, in: GRUR 1995, 459 (459).

darunterliegende, durchgängige einheitlich definierte - jede multimediaspezifische Interaktivität erst ermöglichende - Struktur aus generierendem Programm und integrierten Medien und führe so zu einem Schutzdefizit bezüglich der zentralen, integrierenden, in der Software realisierten Steuerungskomponente.[307]

Einer solchen Betrachtungsweise des Multimedia-Produktes als Computerprogramm steht jedoch entgegen, daß dieses sich als komplexes Ganzes entweder als Filmwerk oder filmähnliches Werk (§ 2 Abs. 1 Nr.6 UrhG) darstellt.[308] Denn durch die Aneinanderreihung digital gespeicherter Bild- und Tonfolgen wird der Eindruck eines Bewegungsablaufs vermittelt. Unschädlich dabei ist die Möglichkeit des Nutzers des interaktiven Eingriffs in diesen Ablauf, der diesen auch verändern oder abbrechen kann.[309] So entschied auch das OLG Hamm für den Bereich der Computerspiele, daß diese den Eindruck eines bewegten Bildes vermitteln und deshalb Laufbildschutz nach § 95 UrhG genießen.[310]

7.2.3.4 Die Problematik der Schutzwürdigkeit von Computerprogrammen

Eine weitere Schwierigkeit der Strafverfolgung bestand bisher darin, daß für den urheberrechtlichen Schutz von Computerprogrammen nach den vom BGH in der „Inkasso-Programm"-Entscheidung aufgestellten Anforderungen entscheidend war, „ob der konkreten Formgestaltung gegenüber den vorbekannten Gestaltungen individuelle Eigenheiten zukommen".[311]

Experten gingen davon aus, daß nur etwa 5 Prozent der auf dem Markt befindlichen Programme die (hohen) Maßstäbe des BGH erfüllen.[312]

Damit mußten zur Klärung der Strafwürdigkeit des Kopierens von Computerprogrammen nicht nur das Programm selbst, sondern auch alle ähnlichen auf dem Markt befindlichen Programme untersucht werden, was der Staatsanwaltschaft eine „informelle Vermeidungsstrategie" nahelegte, um den Antragsteller damit auf den Privatklageweg zu verweisen. Außerdem bestand die Gefahr, daß die erforderlichen strafrechtlichen Ermittlungen lediglich zur Vorbereitung eines zivilrechtlichen Verfahrens mißbraucht werden.[313]

---

[307] *Koch*, in: GRUR 1995, 459 (463).
[308] *Kreile, J. / Westphal*, in: GRUR 1996, 254 (255).
[309] *Hoeren*, in: CR 1994 (392).
[310] OLG Hamm, in: ZUM 1992, 99.
[311] BGHZ 94, 276 (286), ebenso: BGHZ 112, 264 ("Betriebssystem").
[312] *Meier / Böhm*, in: wistra 1992, 166 (167).
[313] *Meier / Böhm*, in: wistra 1992, 166 (167).

Die Computernovelle 1993 hat jedoch durch § 69a Abs. 3 UrhG klargestellt, daß auch bei Computerprogrammen die sog. kleine Münze geschützt werden soll. Danach sollen auch einfache Computerprogramme urheberrechtlichen Schutz finden, die ohne qualitativen oder ästhetischen Wert sind.[314]

Nach der amtlichen Begründung ist Urheberrechtsschutz für Computerprogramme jetzt die Regel, ihre fehlende Schöpfungshöhe die Ausnahme.[315] Die Darlegungslast beschränkt sich damit nur noch auf die pauschale Behauptung, daß das Werk eine eigene geistige Schöpfung sei, die nicht das Werk eines anderen nachahme.[316] Damit sind die Bestrebungen gescheitert, angesichts der Vielzahl von möglichen Fällen die Strafverfolgung auf den Kern der „persönlichen geistigen Schöpfungen" zu konzentrieren.[317]

7.2.3.5 Das Verhältnismäßigkeitsprinzip

Probleme für die Strafverfolgung bereitet das vor allem auch im Zusammenhang mit strafprozessualen Zwangsmaßnahmen stehende, aus dem Rechtstaatsprinzip folgende Verhältnismäßigkeitsprinzip insbesondere bei der Software-Piraterie. Angesichts des Bagatellcharakters der großen Menge dieser Fälle haben manche Gerichte in der Vergangenheit den Erlaß von Durchsuchungsanordnungen abgelehnt.[318] Demgegenüber besteht die Gefahr der Entstehung eines rechtsfreien Raumes, da gegenüber nichtgeständigen Tätern die Durchsuchung und die Beschlagnahme oftmals die einzige Möglichkeit zur Führung des Beweises bietet.[319] Den Landeskriminalämtern war jedoch keine in dieser Hinsicht zurückhaltende Gerichtspraxis bekannt.

7.2.3.6 Die Programme der Staatsanwaltschaft und das Akteneinsichtsrecht des Beschuldigten

Ein weiteres Problem besteht darin, daß die Staatsanwaltschaft zur Auswertung ihrer Ermittlungen vielfach selbst andere Programme und neue Dateien erstellt. Fraglich wird damit, ob auch diese Dateien dem Verteidiger zur Verfügung gestellt werden müssen.

Geht man davon aus, daß das gemäß § 147 StPO gegebene Akteneinsichtsrecht des Verteidigers eine Konkretisierung des fairen Strafverfahrens darstellt, um dem Beschuldigten die Ermittlungen - die nicht die strafrechtliche Verurteilung

---

[314] *Hubmann / Rehbinder*, § 13 III.
[315] BT-Drs. 12/4022, Anlage 1, abgedruckt UFITA Nr. 123 (1993), 189.
[316] *Hubmann / Rehbinder*, § 13 III., S. 94.
[317] Vgl. *Glauben*, in: DRiZ 1991, 73.
[318] Nachweise bei *Meier / Böhm*, in: wistra 1992, Fn. 24.
[319] *Meier / Böhm*, in: wistra 1992, 166 (168f).

des Beschuldigten, sondern den Erhalt der Rechtsordnung zum Ziel haben - zu eröffnen, spricht dies für ein unbeschränktes Einsichtsrecht auch in die Programme und Dateien der Staatsanwaltschaft.[320]

7.2.4 Der Nachweis der Straftat

7.2.4.1 Der Nachweis der Piraterie

Der zentrale Punkt eines Verfahrens im Rahmen der Urheberrechtsverletzung ist der Nachweis der unerlaubten Verwendung einer Vorlage.

Problematisch für die CD als digitales Speichermedium ist vor allem der Nachweis der unerlaubten Bearbeitung oder Vervielfältigung, da die digitalen Zahlensignale nicht notwendigerweise Abbildungen eines realen Vorgangs sind.

Zum Unterschied:

Die Schallplatte bspw. ist Träger von Schallaufzeichnungen, die zum Abspielen auf einem Plattenspieler bestimmt ist. Zur Herstellung muß die Darbietung zunächst auf ein Magnettonband aufgenommen werden und wird dann mit einem Plattenschneider auf eine Lackfolie übertragen.

Bei der Compact Disc entsteht der Klang aus einer dichten Folge unterhalb einer transparenten Schutzschicht liegender mikroskopisch kleiner Vertiefungen (pits) von 1 μm Länge und 0,5 μm Breite. Die Pits werden mit einem Lichtstrahl eines Halbleiterlasers berührungslos gelesen und über einen Digital-Analog-Wandler in analoge Tonsignale gewandelt. Die CD braucht also gerade keine „Vorlage", sondern kann ähnlich wie ein Buch geschrieben werden. Dementsprechend werden ja auch Computerprogramme gemäß § 2 Abs. 1 Nr.1 UrhG zu den Sprachwerken gezählt.

So ist die Ableitung von einem anderen, urheberrechtlich geschützten Werk praktisch kaum nachzuvollziehen, wenn das abgeleitete Werk nur ausreichend modifiziert wird.[321]

---

[320] A.A.: *Meier / Böhm*, in: wistra 1992, 166 (170), unter Hinweis auf eine Verschleierung der Ermittlungen durch undurchsichtige Programme und durch eine Vielzahl von Statistiken und Materialsammlungen, die Programme und Dateien deshalb eher zu den Handakten und den technischen Hilfsmitteln rechnen wollen.

[321] *Davies*, in: GRUR int. 1996, 888 (888).

Im Bereich des Sound-Sampling ist ein Nachweis der Übernahme von Tonpassagen durch die Frequenzanalyse - die das BKA bspw. für die Überführung von Anrufern verwendet - nur dann (begrenzt) möglich, wenn der übernommene Musikteil in der neuen Produktion isoliert auftaucht und nicht von weiteren musikalischen Zutaten überlagert wird.[322]

Jedoch ist anhand technischer Spezifizierungen ein Nachweis möglich, insbesondere bei nicht-kopierten nicht-sichtbaren Elementen auf einer CD, die zur Nutzung der CD als Trägermedium nicht notwendig sind. Eine Identifizierung kann aber auch über die SID-Codes erfolgen, die sog. „Fingerabdrücke“ der Preßwerke, anhand derer sich überprüfen läßt, in welchem Werk eine CD gepreßt worden ist. Voraussetzung dessen ist, daß alle CD-Preßwerke zu einem solchen SID-Code verpflichtet werden. E contrario ließe sich bereits aus einem fehlenden SID-Code auf eine Raubkopie schließen.

7.2.4.2 Der Nachweis des öffentlichen Anbietens

Hinsichtlich des Anbietens ist strittig, ob dies als Vorbereitungshandlung des „In-den-Verkehr-Bringens“ anzusehen ist. Dies wird vom KG bejaht, welches deshalb verlangt, daß das öffentliche Angebot sich auf bestimmte oder zumindest bestimmbare Werkstücke bezieht.[323] Unabhängig von diesem Meinungsstreit wird jedoch generell vorausgesetzt, daß der angebotene Gegenstand tatsächlich vorhanden ist.[324]

Dies ist mit Beweisschwierigkeiten verbunden.

OStA *Lührs* aus Magdeburg berichtet von Verfahrenseinstellungen in Fällen, in denen die Schutzrechtsinhaber auf Zeitungsinserate reagierten und sich als Kunden ausgaben, woraufhin ihnen Angebotsliste mit Filmen und Computerprogrammen vorgelegt wurden. Jedoch war später das Vorhandensein dieser rechtswidrig hergestellten Produkte nicht nachzuweisen.[325] Der mit einer gewissen Erfahrung unterfütterte Verdacht alleine begründet auch im Zivilrecht noch keinen Anscheinsbeweis.[326]

---

322 *Münker*, S. 27.

323 KG, GRUR 1983, 174 = NStZ 1983, 561f mit kritischer Anmerkung *Flechsig*, 562f.

324 *Ganter*, in: NJW 1986, 1479 (1480), a.A.: *Etter*, in: CR 1989, 115.

325 *Lührs*, in: GRUR 1994, 264 (266), vgl. *von Gravenreuth* (1986), S. 15ff.

326 HansOLG, Az. 3 U 194/84: "Gelingt es, einem Drucker nachzuweisen, wie viele Schallplattenhüllen für "counterfeits" er an einen Hersteller geliefert hat, so ist damit noch nicht bewiesen, daß die Etiketten oder Hüllen sämtlich für die Verbreitung illegal hergestellter Schallplatten verwendet worden sind."

7.2.4.3 *Der Nachweis der Verbreitung*

Der Nachweis der Verbreitung trifft vor allem auf die Schwierigkeit, daß nur ein geringer Teil der Exemplare tatsächlich nachgewiesen werden kann.

7.2.4.4 *Der Nachweis der Urheberrechte*

Ein weiteres Problem der Strafverfolgung ist die Ermittlung der Inhaber der Urheberrechte. Nach Angaben der StA Stuttgart können die Schutzrechtsinhaber in etwa 70 – 80 % der Fälle ermittelt werden.

Nach Angaben aus der Musik-Branche werden durch die Gerichte die Beweisanforderungen immer höher gestellt: So muß bei einem Musik-Sampler mit durchschnittlich 20 Titeln für jeden einzelnen dieser Titel der Berechtigten-Nachweis erbracht werden. Das kann dazu führen, daß Vertragsketten transkontinental über 40 Jahre zurückverfolgt werden müssen. Dies läßt sich schon deshalb nicht realisieren, weil oftmals zwischengeschaltete ausländische Lizenzgeber keinen Einblick in die in ihren Panzerschränken lagernden Verträge geben wollen.

Deshalb beschränken sich die Anklagen im Audio-Bereich oft auf einzelne Titel, was sich dann letztlich in einem geringen, nicht-schuldangemessenen Strafmaß niederschlägt.

Deshalb ist aus Sicht der Strafverfolgung der „erfolgreichste" Fall der, bei dem ein Täter nur einen Titel in großer Stückzahl raubkopiert, für den dann auch der Nachweis der Urheberrechte gelingen kann und gelingt. Der Nachweis ist jedoch wegen des Umfangs der Ermittlungen praktisch unmöglich, wenn es sich um 300 Titel handelt, die jeweils in geringerer Auflage kopiert worden sind, wobei in letzterem Fall vermutlich der Täter mehr Planung und Aufwand hinsichtlich seiner Tat betreibt, was das Maß der vorwerfbaren Schuld ggf. erhöht.

Damit wird Kriminalität durch eine Streuung des Risikos möglich.

Hinzu kommt mit der Multimedia-Technologie die Frage des Urhebers. Ist dies der Software-Produzent oder ist dies der Anwender, der ja durch die Steuerung des Programms erst das fertige individuelle Multimedia-Werk schafft?[327]

Bei den „geschlossenen" Systemen, bei denen der Anwender aus einer endlichen Anzahl fest vorgeschriebener Bildmöglichkeiten schöpft, ist die scheinbar mitgestaltende Tätigkeit lediglich ein Abruf eingespeicherter Szenarien. Dies entspricht einem Computerspiel, dessen Ablauf durch das Urheberrecht nicht

---

[327] Zum Meinungsstand am Beginn des „Computerzeitalters": kritisch gegenüber dem urheberrechtlichen Schutz von mittels Computerprogrammen erstellten Werken *Möhring*, in: UFITA 50 (1967), 835ff; a.A.: *Fabiani*, in: GRUR int. 1965, 422.

geschützt ist, da es sich dabei nicht um eine persönliche geistige Schöpfung gemäß § 2 Abs. 2 UrhG handelt. Das Urheberrecht steht hier allein dem Urheber zu, der das fertige Endprodukt schon „im voraus“ geschaffen hat.

Anders zu bewerten sind aber die „offenen Systeme“, weil die Beiträge - je nach Phantasie des Anwenders - unterschiedlich ausfallen können. Da hier das Programm lediglich Werkzeug des Anwenders ist, ist hier von einer Alleinurheberschaft des Anwenders auszugehen.[328]

7.2.4.5 Der Nachweis des Vorsatzes

Ein weiteres Problem der Strafverfolgung ist der Nachweis des Vorsatzes (§ 15 StGB). Fahrlässigkeitsdelikte gibt es im Bereich der Urheberrechtsdelikte nicht.

Der Vorsatz wird aber über den Kauf von Lizenzen von sog. zuverlässigen Händlern „abgegeben“. Die Produzenten können oftmals auf Auftraggeber verweisen, die sich dann zumeist im Ausland befinden. Dies ist insbesondere im Bereich der Musik-Piraterie ein gravierendes Problem der Strafverfolgung. Gleiches gilt dann, wenn auch bootleg-Produzenten sich erfolgreich darauf berufen, nicht an der rechtswidrigen Aufnahme einer Darbietung beteiligt gewesen zu sein.[329]

Bei den Ident-Fälschungen (counterfeits) von CDs ist der Nachweis des Vorsatzes für den mit der Verteilung und Verbreitung befaßten Personenkreis sehr schwer zu führen, da die Fälschungen als solche nicht erkennbar sind.[330]

Viele Unternehmer sind darüber hinaus auch nicht darüber informiert, daß sie für jeden Arbeitsplatz, auf dem ein Programm läuft, eine Lizenz benötigen. Sie gehen davon aus, daß dies mit dem Abschluß eines Lizenzvertrages vertraglich geregelt sei.

7.2.4.6 Der Nachweis der Schuld, insbesondere: § 17 StGB

Schwer zu führen ist bisweilen auch der Nachweis der Schuld im Hinblick auf fehlendes Unrechtsbewußtsein, das gemäß § 17 Satz 1 StGB bei Unvermeidbarkeit zum Schuldausschluß führt. Dabei rächt sich vor allem die fehlende Stringenz im Urheberrecht. So ist zum einen dem 16jährigen Verkäufer auf dem Flohmarkt nicht erklärlich, wieso er zwar Kopien von seinen CDs für den privaten Gebrauch machen kann, diese aber später nicht verkaufen darf. Etwas anderes wäre es wiederum, wenn er ein von vornherein lizenziertes Produkt

---

[328] *Schmid*, S. 123; *Schricker / Loewenheim* § 2 Rz. 5.

[329] *Braun*, S. 33f; vgl. OLG Hamburg ZUM 1991, 545 (546).

[330] Vgl. *Flechsig*, in: FuR 1980, 345 (348); der Nachweis des Vorsatzes war im Bereich der Piraterie schon immer ein großes Problem, vgl. bereits *Roeber*, in: FuR 1980, 390 (391).

später auf dem Markt weiter verkaufen würde. Ebenso schwierig einsehbar ist es auch, wenn die Vervielfältigung einer bootleg-CD, die ursprünglich unter Ausnutzung von Schutzlücken im Urheberrecht legal vervielfältigt worden ist, nun durch das TRIPS-Abkommen kriminalisiert worden ist.

7.2.4.7 Praxisproblem: Die Motivation der Beamten

Ein Praxisproblem scheint im Bereich der CD-Piraterie die Motivation der zuständigen Beamten zu sein. Dies resultiert vor allem daraus, daß sich die Strafverfolgungsbehörden oft zur Durchsetzung zivilrechtlicher Interessen mißbraucht fühlen. Darüber hinaus ist diese Problematik sicherlich auch auf ein besonders großes Dunkelfeld im Bereich der privaten Softwarepiraterie zurückzuführen, die zu einem persönlichen Kontakt jedes Beamten in seiner privaten Sphäre mit diesen Delikten führt, was dazu beiträgt, dieses Verhalten nicht als Kriminalität zu betrachten, die mit dem Arbeitseinsatz der Polizei verfolgt werden sollte. Aus Sicht der Schaffenden wurde mir in einem Gespräch bestätigt, daß eine Zusammenarbeit mit den Strafverfolgungsbehörden besonders gut klappe, wenn es gleichzeitig um strafbare Inhalte auf den Speichermedien geht, z.B. Volksverhetzung oder Pornographie.

7.3 Strafrechtliche Folgen der Piraterie für die Täter

7.3.1 Einstellungen

Etwa 50 % der Verfahren im Bereich der CD-Piraterie wurden nach Angaben der Staatsanwaltschaft Stuttgart, die mit jährlich 30 bis 50 Fällen das größte berichtete Aufkommen hat, eingestellt. Davon entfielen ca. je 40 % auf Einstellungen nach §§ 153ff. und 154ff. StPO und 20 % auf § 170 Abs. 2 StPO.

Die Staatsanwaltschaft bei dem Landgericht Kiel, bei der seit 1991 ca. 30 bis 50 Fälle anhängig waren, berichtet von einer überwiegenden Einstellung der Verfahren nach §§ 153, 153a StPO.

Nach Angaben der GEMA werden etwa 10 % der Verfahren wegen geringer Schuld gemäß § 153 StPO eingestellt, 60 % nach § 153a StPO gegen eine Geldbuße von 500 - 2000 DM und weitere 10 % gemäß § 154 StPO. Eine Einstellung gemäß § 154 StPO erfolgte nach Angaben der GEMA insbesondere bei gleichzeitigem Vorliegen von Betäubungsmittel-Delikten.

Die Schätzung der GEMA entspricht der These von *von Gravenreuth*, daß für den Dieb zweier Originalcomputerspiele im Laden eine über 90%ige Wahrscheinlichkeit besteht, daß gegen ihn ein Strafbefehl beantragt oder erhoben wird, und daß jedoch, wenn dieselbe Person 200 Computerspiele unerlaubt kopierte, eine ebenso hohe Wahrscheinlichkeit bestehe, daß dieses Verfahren wegen Geringfügigkeit gemäß § 153 StPO eingestellt werde.[331] Diese pauschale Gegenüberstellung scheint vor dem Hintergrund der ständigen Überlastung der Staatsanwaltschaften, die bei solchen Bagatelldelikten den Weg der Einstellung vorziehen, eher interessen- als wirklichkeitsgeleitet.

7.3.2 Strafen und Maßregeln

Wegen der obengenannten Probleme gibt es eine hohe Quote der Bestrafung nur auf der untersten sog. Ameisen-Ebene, den Verteilern. Wegen der weltweiten Vernetzung der Tätigkeit und des Abgebens von Verantwortung an die Lizenzgeber[332] gibt es auf der oberen Ebene kaum Verurteilungen.

Dies ist auch darin begründet, daß im Bereich der „Organisierten Kriminalität"[333] auf der Operationsebene die Täter sich gegenseitig kaum kennen, oftmals telefonische Verbindungen über eine Kontaktperson bestehen. Das Folge-Entdeckungsrisiko bleibt damit gering.[334]

7.3.2.1 Freiheitsstrafe

Freiheitsstrafen spielen im Bereich der CD-Piraterie eine untergeordnete Rolle und kommen nur bei Wiederholungen in Betracht.[335] Nach Schätzungen der GEMA wird Freiheitsstrafe in etwa 1 % der Verfahren verhängt. Diese Praxis unterscheidet sich jedoch nicht von der üblichen Strafrechtspraxis. In den meisten Fällen werden Freiheitsstrafen von einem Jahr verhängt, die zur Bewährung ausgesetzt werden. Die GEMA berichtete von einem Fall einer Verurteilung zu einer vierjährigen Freiheitsstrafe im Bereich der Musik-CD-Piraterie. In einem anderen Fall ist ein Produzent von 650 bootleg-CDs zu einer Freiheitsstrafe von 18 Monaten ohne Bewährung durch das OLG Düsseldorf verurteilt worden. Dieses Urteil wurde selbst von der GEMA als überzogen betrachtet. Demgegenüber steht eine Verurteilung der „Hartl-Brüder" zu einem Jahr Freiheitsstrafe mit Bewährung, die allein 1996 18.000 CDs illegal kopiert hatten und an die GEMA einen Schadensersatz von 1,5 Millionen DM zu zahlen hatten. Die Softwarebranche konnte von keinem einzigen, ihr bekanntgewordenen Fall einer Freiheitsstrafe berichten.

---

[331] *Von Gravenreuth*, in: CR 1991, 36 (36f.).

[332] Vgl. Kapitel 7.2.4.5.

[333] Vgl. Kapitel 6.5.4.

[334] *Göppinger*, S. 554.

[335] So bereits *Weber* (1976) allgemein für das Urheberrecht, S. 362.

Die Staatsanwaltschaften berichteten von Freiheitsstrafen von bis zum einem Jahr, die zur Bewährung ausgesetzt wurden. Darüber hinaus gehende Strafen waren den Staatsanwälten nicht bekannt.

7.3.2.2 Geldstrafe

Das Schwergewicht der Verurteilungen lag bei Geldstrafen mit einer Anzahl von 90 bis 365 Tagessätzen. *Opp* führt dies darauf zurück, daß bei der Sanktionierung der Wirtschaftskriminalität durch Gerichte das Vergeltungs- und Sühnebedürfnis weniger verbreitet sei als bei der Sanktionierung der „normalen" Kriminalität.[336] Auch der Gesetzgeber ziehe es bei Wirtschaftsdelikten vor, Geldstrafen oder Geldbußen anstatt Freiheitsstrafen zu verhängen.[337] Eine solche Behauptung scheint jedoch eher pauschal, denn auch im Bereich der „Alltagskriminalität" weist die Freiheitsstrafe statistisch gesehen den geringsten Anteil auf.

Darüber hinaus hat die Geldstrafe auch Bedeutung für die mit Strafbefehl abgeurteilten Täter. Mit einem Strafbefehl enden nach Schätzungen der GEMA 10 % der Verfahren, wobei Geldstrafen von bis zu etwa 12.000 DM verhängt werden. Sofern im Anschluß daran Einspruch eingelegt wurde, wurde er oft im Laufe der Verhandlung wieder zurückgenommen, was häufig auf die Unsicherheit auch des Verteidigers zurückzuführen sei, da dieser oftmals ohne vertiefte Kenntnisse des Urheberrechts sei. Nach Angaben der GEMA enden ca. 9 % der Hauptverfahren mit einer Verurteilung zu Geldstrafe.

7.3.2.3 Maßregeln der Besserung und Sicherung

Nicht bekannt geworden sind Fälle, in denen „CD-Piraten" zu einer Maßregel der Besserung und Sicherung verurteilt worden sind. Neben der insgesamt gegebenen untergeordneten Bedeutung in der Praxis[338] könnte auch dies auf das teilweise angenommene abweichende Vergeltungs- und Sühneziel bei der Wirtschaftskriminalität zurückzuführen sein.[339] Eine weitere Erklärungsmöglichkeit könnte darin bestehen, daß - ausgehend vom Ansatzpunkt des „White-collar-crime"[340] - selbst noch Wiederholungstäter als sozial konform angesehen werden könnten, wohingegen der „blue-collar"-Straftäter eher als pathologisch sozial abweichend angesehen werden könnte.

---

[336] *Opp*, S. 153f.

[337] *Opp*, S. 147.

[338] Vgl. dazu allgemein die Strafstatistiken, die jedoch hinsichtlich der Wirtschaftskriminalität nur eingeschränkt verwertbar sind.

[339] Vgl. *Opp*, S. 153f.

[340] Vgl. Kapitel 6.6.1.2 a).

7.3.2.4 Vermögensstrafe

Die Verhängung der Vermögensstrafe kommt bei Schutzrechtsverletzungen nicht in Betracht. Denn diese Sanktion verlangt einen besonderen Hinweis auf § 43a StGB, der die Vermögensstrafe regelt. Derartige Hinweise beinhalten die Schutzgesetze nicht.[341]

7.3.2.5 Die Beseitigung des rechtswidrigen Zustands

Neben der Bestrafung des Täters geht es den Urheberrechtsinhabern und Nutzungsberechtigten[342] um die Beseitigung des rechtswidrigen Zustands. Hier gibt es nicht nur zivilrechtliche Unterlassungsansprüche[343], sondern auch strafrechtliche Maßnahmen.

a) Verfall

Der durch eine Straftat erlangte rechtswidrige Vermögensvorteil unterliegt dem Verfall (§§ 73 - 73e StGB). Nach den mir vorliegenden Informationen wurde davon im Bereich der CD-Piraterie noch nicht Gebrauch gemacht.

b) Einziehung

Von noch größerer Bedeutung für die Verletzten ist die gemäß §§ 110 UrhG, 74 StGB bestehende Möglichkeit der strafrechtlichen Einziehung derjenigen Gegenstände, die durch die Tat hervorgebracht wurden oder zu ihrer Begehung oder Vorbereitung gebraucht wurden. Dazu gehören bspw. die CD-Recorder. Dem Täter wird so die technische Grundlage seines Tuns entzogen. Die für die Produktion großer Stückzahlen geeigneten Geräte haben einen hohen finanziellen Wert und sind somit nicht so leicht wiederzubeschaffen.

Als problematisch erweist sich in der Praxis oftmals die Einziehung von CD-Brennern oder anderen Werkzeugen zur Herstellung der CDs. Dies gelingt dann nicht, wenn dem Täter zwar eine Verbreitung, jedoch keine Vervielfältigung nachgewiesen werden kann.

Der Einziehung unterliegen grundsätzlich nicht die sogenannten Beziehungsgegenstände, die nicht Werkzeuge der Tat, sondern vielmehr deren notwendiger Gegenstand selbst sind.[344] Daher wurde die Einziehungsmöglichkeit durch

---

[341] *Lührs*, in: GRUR 1994, 263 (268)

[342] Das Strafinteresse hat wohl vor allem der Staat; den Urheberrechtsinhabern geht es um die Wiedergutmachung und Verhinderung zukünftiger Schutzrechtsverletzungen, weshalb oftmals der zivilrechtliche Weg der Unterlassungserklärung der Strafanzeige vorgezogen wird.

[343] Dazu siehe Kapitel 9.2.4.

[344] *Tröndle*, § 74 Rz 10.

§ 110 UrhG auf die Piraterie-Produkte ausgedehnt, ohne die die Straftatbestände der §§ 106 ff. UrhG gar nicht verwirklicht werden könnten.

Daneben besteht die Möglichkeit, das Einziehungsverfahren im sog. objektiven Verfahren durchzuführen (§§ 440 - 442 StPO), das nicht gegen einen Tatbeteiligten gerichtet ist.

In der Regel verzichten die Täter auf die Herausgabe der sichergestellten CDs. Nach Angaben der Staatsanwaltschaft Kiel erfolgt der Verzicht meistens bereits vor dem Hauptverfahren, da davon oftmals die spätere Einstellung des Verfahrens abhängig ist.[345]

---

[345] Ebenso der Bericht der Bundesregierung, BR-Drs. 143/93, S. 51.

8 Die Endverbraucher

Ziel gewerblicher CD-Piraterie ist - zumindest unter anderem - die Erwirtschaftung von Gewinn. Auch bei der privaten „non-profit"-Piraterie ist dieser u.a. im Sinne von Einsparungen motivierend. Dieses Ziel ist nur durch Verbreitung der Kopien zu realisieren. Es ist daher von besonderem Interesse, wie die Einstellung der (potentiellen) Abnehmer - der Bevölkerung - zu diesem Thema ist.

Zur Erforschung dieser Thematik stellte der Verfasser eine Umfrage unter 183 Personen an.[346]

8.1 Auswertung der Untersuchung

Die Darstellung der Auswertung der Untersuchung wird mit der Interpretation der Ergebnisse verbunden, da bereits die statistische Auswertung als Umformung der Daten einen Interpretationsprozeß darstellt.[347] Eine Trennung von Auswertung und Interpretation würde dem Leser eine Schein-Objektivität vermitteln. Soweit im folgenden Besitzer und Nicht-Besitzer von Raubkopien gegenübergestellt werden, werden diese Gruppen mit K+ und K- bezeichnet. Soweit es sich dabei nur um die Darstellung der Besitzer bestimmter Medien handelt, wird dies durch eine entsprechende Klammersetzung als Bezug klargestellt.

8.1.1 Demographische Daten der Befragten

Zur Darstellung der Breite der Befragung möchte ich die demographischen Daten der Teilnehmer voranstellen; die Vergleichszahlen für das Gebiet BRD stammen aus dem „Statistischen Jahrbuch 1997 für die Bundesrepublik Deutschland", die zum Stichtag 31.12.1995 erhoben wurden[348]. Da es sich lediglich um Erwachsene handelte, wird für die bessere Vergleichbarkeit bei der Altersverteilung auch die Gruppe der über 18jährigen dargestellt.

---

[346] Zu Zielen und Aufbau der Untersuchung vgl. Kapitel 3.

[347] Vgl. *Lamnek* (Bd. I), S.12f, im Ergebnis ebenso: *Atteslander*, S. 359f.

[348] Informationen auch nachzulesen unter www.statistik-bund.de.

Tabelle 6:
Altersgruppen der Befragten

	Befragte	BRD (insgesamt)	BRD 18 Jahre und älter
bis 30 Jahre	18,7 %	34,5 %	20,6 %
31-40 Jahre	31,2 %	16,6 %	21,4 %
41 - 50 Jahre	24,6 %	14,8 %	19,1 %
51 - 60 Jahre	19,5 %	13,3 %	17,2 %
mehr als 60 Jahre	5,9 %	20,8 %	21,7 %

Tabelle 7:
Geschlechterverteilung der Befragten

	Befragte	BRD
männlich	48,6 %	48,7 %
weiblich	51,4 %	51,3 %

Bei den Altersgruppen überwiegt die Zahl der 30 - 50jährigen, wobei die Zahl der über 60jährigen unterrepräsentiert ist. Soweit diese Altersgruppe überhaupt mit einbezogen wurde, könnte dies den Nachteil haben, daß diese Befragten sich mit dem Thema Compact Disc nicht auskennen. Dieses Risiko wurde minimiert, indem die Kenntnis des Mediums durch eine vorherige mündliche Befragung erörtert wurde. Darüber hinaus wurde den Befragten kein Detailwissen abverlangt, welches eine spezielle technische Qualifikation erfordert hätte.

Bei der Geschlechterverteilung entspricht die Verteilung in der Befragung nahezu jener der Bundesrepublik.

Aus der Darstellung der Verteilung der Herkunft der Teilnehmer/-innen nach Bundesländern[349] ist ersichtlich, daß diese aus nahezu allen Teilen der Bundesrepublik kamen. Die bevölkerungsreichsten Bundesländer sind auch relativ am stärksten vertreten. Jedoch entspricht die Verteilung im übrigen nur in wenigen Fällen der prozentualen Verteilung der Bevölkerung in der Bundesrepublik. Unzureichend einbezogen sind die neuen Bundesländer, bei denen aufgrund der anderen Sozialisation auch ein von den alten Bundesländern abweichendes Ergebnis zu erwarten wäre.

---

[349] Vgl. Tabelle 8.

Tabelle 8:
Verteilung der Befragten nach Bundesländern

	Befragte	BRD
Baden-Württemberg	5,5 %	12,6 %
Bayern	15,1 %	14,7 %
Berlin	8,7 %	4,3 %
Brandenburg	0 %	3,1 %
Bremen	3,2 %	0,9 %
Hamburg	2,4 %	2,1%
Hessen	23,8 %	7,3 %
Mecklenburg/Vorp.	0,0 %	2,2 %
Niedersachsen	14,3 %	9,5 %
Nordrhein-Westfalen	16,7 %	21,9 %
Rheinland-Pfalz	2,4 %	4,9 %
Saarland	1,6 %	1,3 %
Sachsen	1,6 %	5,6 %
Sachsen-Anhalt	2,4 %	3,3 %
Schleswig-Holstein	0,8 %	3,3 %
Thüringen	1,6 %	3,1 %

8.1.2 Verbreitung der Piraterieprodukte

Die erfragte Verbreitung von Piraterieprodukten trifft vor allem auf zwei Schwierigkeiten: Zum einen ist es problematisch, tatsächliche Kriminalität zu erfragen[350]; zum anderen ist die Verwertung im Fall der CD-Piraterie besonders problematisch, da die Mehrzahl der Befragten angab, daß sie weder die Raubkopie einer Musik-CD (nein: 60,7%, weiß nicht: 18,7 %) noch einer CD-ROM (nein: 66,9 %, weiß nicht: 18,5 %) erkennen würde. Die Befragung kann daher nur feststellen, inwieweit die Befragten bewußt Raubkopien erworben haben - insbesondere selbst erstellt haben - bzw. diese besitzen.

---

[350] Vgl. *Eisenberg* (1995), § 16 Rz. 8ff. m.w.N.

8.1.2.1 Software

29 % der Befragten gaben an, raubkopierte Computerprogramme zu besitzen. Gemessen an den Computer-Besitzern (43 % der Befragten) waren 66 % im Besitz von Software-Raubkopien. Nahezu jeder fünfte Besitzer einer Raubkopie (18 %) besaß eine solche auch auf CD-ROM. Dies entspricht 12 % der Computerbesitzer.

Der überwiegende Teil - 80,5 % - hatte die Raubkopien als Geschenk von Freunden bekommen. 87 % der Raubkopien auf CD-ROM waren Geschenke von Freunden. Die Befragten hatten also überwiegend nicht gewerbsmäßig hergestellte Produkte gekauft, sondern diese unentgeltlich erhalten. Dies widerspricht der Annahme, daß CD-ROM-Piraterie in der breiten Masse ein professionell betriebenes Gewerbe sei. Vielmehr handelt es sich um Fälle der sog. „Wohnzimmer-Piraterie", wobei das Wohnzimmer keine „Schaltzentrale" für den gewerblichen Gebrauch darstellt. Der Bereich der gewerblichen Nutzer von Software konnte durch die Umfrage unter abhängig Beschäftigten nicht erfaßt werden.

Die von der Software-Industrie veröffentlichten Zahlen[351] lassen sich nicht mit der in der Umfrage ermittelten Zahl vergleichen,

- da diese nichts darüber aussagt, wieviele Programme die Befragten besaßen und wieviele davon Raubkopien sind und

- da die Zahlen der Industrie nicht die private Verbraucher-Software (z.B. persönliche Finanzplanung, Steuererklärung, Spiele...) beinhalten.

Der Vergleich mit den Zahlen von BSA und SPA macht jedoch klar, daß im privaten Bereich der Anteil der Raubkopien wesentlich höher liegt als im gewerblichen Bereich. Im privaten Bereich wird der Anteil der Raubkopien beim Betriebssystem Windows und den Standard-Anwendungen (z.B. MS Office) auf bis zu 80 % geschätzt.

Das Durchschnittsalter der Besitzer von raubkopierter Software unter den Befragten insgesamt liegt bei 41,6 Jahren. Das Durchschnittsalter derer, die eine raubkopierte CD-ROM besitzen, liegt mit 41,8 Jahren nur unwesentlich darüber. Die Annahme, daß sich der Altersdurchschnitt verjünge, wenn es um technisch fortschrittlichere Raubkopien geht, hat sich damit nicht bestätigt. Dieses Ergebnis ist jedoch angesichts der Tatsache, daß Schüler in die Untersuchung nicht einbezogen wurden, zu relativieren. Insofern fehlte es bereits bei der Stichgruppe an verjüngendem Potential.

---

[351] Vgl. Kapitel 6.2.

Jedenfalls hinsichtlich der befragten Erwachsenen läßt sich die (geringfügige) Abweichung des Altersdurchschnitts möglicherweise damit erklären, daß jüngeren Leuten - wie die nachfolgende Gegenüberstellung zeigt - weniger finanzielle Mittel zur Verfügung stehen, so daß diese mit dem Wettlauf der Technik nicht Schritt halten können.

Tabelle 9:
Einkommensverhältnisse der Befragten

	bis 500 DM	500 - 1500 DM	1500 - 2500 DM	2500 - 3500 DM	3500 - 5000 DM	mehr als 5000 DM
K -						
über 35 J.	0 %	9,2 %	21,5 %	32,3 %	24,6 %	12,4 %
bis 35 J.	0 %	13,1 %	34,8 %	39,1 %	8,7 %	4,3 %
K +						
CD-ROM						
über 35 J.	0 %	0 %	0 %	60 %	20 %	20 %
bis 35 J.	0 %	0 %	66,6 %	33,3 %	0 %	0 %
übrige Software						
ab 35 J.	0 %	8,7%	13,1 %	21,7 %	34,8 %	21,7 %
bis 35 J.	0 %	9,1 %	27,3 %	63,6 %	0 %	0 %

Aus der Übersicht läßt sich entnehmen, daß die finanziell bestabgesicherten Einkommensempfänger die Gruppe K+ (CD-ROMs) über 35 Jahren ist. Wesentliche Unterschiede zwischen den einzelnen Gruppen liegen nicht vor. Die Befragung spiegelt damit jedenfalls objektiv nicht die landläufige Meinung wider, daß insbesondere Personen, die finanziell schlechter gestellt sind, zum Erwerb von Kopien „gezwungen" sind.[352]

Auch bei der vergleichenden Betrachtung des Konsumverhaltens ergeben sich keine großen Unterschiede. Dabei wurden hier nur diejenigen Gruppen gegenübergestellt, die überhaupt CD-ROMs besitzen, da nur dann die Erfassung und Gegenüberstellung eines unterschiedlichen Konsumverhaltens sinnvoll ist.

---

[352] Soweit bei einer Einbeziehung von Schülern andere Ergebnisse zu erwarten gewesen wären, so ist zu beachten, daß ein Vergleich auf der Einkommensbasis auch dort sich an den Einkommensverhältnissen der Eltern zumindest mitzuorientieren gehabt hätte.

Tabelle 10:
Wieviele CD-ROMs besitzen Sie? (ungefähre Angabe)

	Anzahl CD-ROMs		
	bis 10	bis 50	über 50
K-	60,0 %	33,3 %	6,7 %
K+	63,9 %	33,3 %	2,8 %

Tabelle 11:
Wieviele CD-ROMs kaufen Sie sich durchschnittlich?

	CD-ROMs				
	1-2 / Jahr	1 / Monat	1 / Woche	2-3 / Woche	häufiger
K-	70,6 %	17,6%	0 %	0 %	11,8 %
K+	74,3 %	25,7%	0 %	0 %	0 %

Erstaunlich war aus Sicht des Verfassers bei der Gegenüberstellung, daß die Gruppe K+ scheinbar weniger konsumfreudig ist als die Gruppe K-. Ausgehend davon, daß das Besitzen einer kopierten CD-ROM - insbesondere bei Spiele-CDs - auch als Ausfluß von Sammlerleidenschaft interpretiert wird[353], die keinen weiteren praktischen Nutzen für den Besitzer mit sich bringt, scheint diese Sammlerleidenschaft mittlerweile auch mit lizenzierten CDs befriedigt werden zu können. Dies könnte das Ergebnis einer zunehmenden Schnellebigkeit und Breite der Märkte sein, die dazu führt, daß das Erfüllen von Wünschen nicht länger aufgeschoben werden kann und eine große Palette preisgünstiger Angebote besteht.

Da die Erfassung der tatsächlichen Situation aufgrund der o.g. Schwierigkeiten nur lückenhaft erfolgen konnte, wurden die Befragten auch zu einer Schätzung der Bereitschaft in der Bevölkerung zum Kauf von Raubkopien aufgefordert. Es wird angenommen, daß die Befragung der Bevölkerung zu „Sicherheitsproblemen" auch Auskunft über die „tatsächliche" Situation im Dunkelfeld geben kann.

Daher sollten die Befragten einschätzen, wie hoch sie den Anteil der Bevölkerung schätzen, die sich bei Gelegenheit eine raubkopierte CD-ROM aneignen würden.

---

[353] Vgl. Kapitel 10.1.2.

Tabelle 12:
Bitte schätzen Sie: Wieviel Prozent der Bevölkerung der Bundesrepublik würden sich die Raubkopie einer CD-ROM aneignen, wenn sie die Möglichkeit dazu hätten?

	K-	K+ (CD-ROMs)	K+ (übrige)
0 %	0,0 %	0,0 %	0,0 %
bis 10 %	3,6 %	23,1 %	7,9 %
bis 30 %	23,8 %	7,7 %	15,8 %
bis 50 %	21,4 %	0,0 %	23,7 %
bis 80 %	40,5 %	53,8 %	42,1 %
bis 100 %	10,7 %	15,4 %	10,5 %

Jeweils mehr als 50 % der Befragten nahmen danach an, daß die Mehrheit zum Erwerb von Raubkopien bereit sei. Bei der Bewertung dieser Ergebnisse muß beachtet werden, daß es sich bei der CD-ROM um ein neuartiges Medium handelt, das noch nicht in allen Haushalten verbreitet ist. Die Schätzung könnte daher durch eine Schätzung der Verbreitung von CD-ROM-Laufwerken überlagert worden sein: Wer kein solches besitzt, wird sich auch keine raubkopierte CD-ROM zueignen. Dieser Umstand hat mit großer Wahrscheinlichkeit zu einer geringeren Schätzung der Bereitschaft geführt.

8.1.2.2 Musik

10,5 % der Befragten gaben an, im Besitz einer raubkopierten Musik-CD zu sein. Betrachtet man nur die Besitzer von CD-Playern (94 % der Befragten), ergibt sich eine Verbreitung von 12 %. Erfragt wurde nur der Kauf einer Raubkopie, da es sich auch nur dann um eine unerlaubte Vervielfältigung handelt. Der Anteil der Besitzer von Raubkopien von Musik-CDs liegt damit gleichauf mit den Besitzern raubkopierter CD-ROMs, bezogen jeweils auf die Gruppen mit den entsprechenden technischen Voraussetzungen. Jedoch liegt der Anteil bei den Musik-CDs erheblich unter dem der Software allgemein. Dies hat seinen Grund vermutlich in dem auf große Aktualität angelegten Konsum und dem gegenüber Software preiswerteren Original. Der Anteil der raubproduzierten Musik-CDs am gesamten Marktanteil Deutschlands beträgt nach Angaben von IFPI und GEMA etwa 2 bis 3 %. Auch hier lassen sich diese Zahlen mit den erhobenen Zahlen nicht vergleichen, da der Anteil der Raubkopien am gesamten häuslichen Bestand nicht ermittelt wurde, weil es dem Verfasser vor allem um die Frage der Aufklärung der Bereitschaft zum Erwerb einer Raubkopie ging.

Das Durchschnittsalter derjenigen, die die Raubkopie einer Musik-CD besitzen, lag bei 42,2 Jahren.

Tabelle 13:
Einkommensverhältnisse[354]

K+ Musik-CD	bis 500 DM	500 - 1500 DM	1500 - 500 DM	2500 - 3500 DM	3500 - 5000 DM	mehr als 5000 DM
über 35 J.	0 %	0 %	30,0 %	10,0 %	50,0 %	10,0 %
bis 35 J.	0 %	25,0 %	25,0 %	50,0 %	0 %	0 %

Wie bei den Besitzern kopierter CD-ROMs ergibt sich auch hier eine relative Schlechterstellung der Jüngeren bis zum 35. Lebensjahr.

Hinsichtlich der bevorzugten Musikrichtungen gaben die Befragten an[355]: 56,25 % Klassik, je 37,5 % Pop und Rock, je 31,25 % Jazz und Independent, 18,75 % Techno. Unter Berücksichtigung der Verteilung der Musik-CD-Piraterie nach favorisierter Musikrichtung waren also nicht insbesondere Anhänger neuer, durch den technologischen Fortschritt hervorgebrachter Musik (Techno) vertreten[356], sondern vor allem Freunde der Klassik. Möglicherweise ist dies Ausfluß der Entwicklung einer Jugend-Identität, die sich verstärkt auf Produkte und Marken bezieht[357] und deshalb ihren diesbezüglichen Bedarf nicht über Kopien der Originale decken kann. Zudem ist der Bereich neuerer Musik sehr schnellebig und diesbezügliche Kaufwünsche wollen sofort erfüllt werden, weshalb die mühsame Suche nach preiswerteren Kopien nicht in Kauf genommen wird. Eine Erklärung mag auch darin liegen, daß Klassikfreunde oft ausgesprochene Liebhaber der Musik sind und auf der Suche nach ganz bestimmten Aufnahmen sind.

---

[354] Zum Vergleich für die Besitzer von Software: Tabelle 9.

[355] Hier waren Mehrfachnennungen möglich.

[356] Dies würde man jedenfalls auf den ersten Blick annehmen, wenn man gedanklich an die CD als „modernem" technischem Medium anknüpft.

[357] Vgl. *Rucktäschel*, S. 118ff.

Tabelle 14:
Wieviele CDs besitzen Sie etwa?

	Musik-CDs		
	bis 10	bis 50	über 50
K-	12,7 %	47,9 %	39,4 %
K+	4,0 %	46,0 %	50,0 %

Tabelle 15:
Wieviele CDs kaufen Sie sich durchschnittlich?

	Musik-CDs				
	1-2 / Jahr	1/ Monat	1 / Woche	2-3 / Woche	häufiger
K-	58,2 %	31,3 %	4,5 %	1,5 %	4,5 %
K+	45,8 %	39,6 %	10,4 %	2,1 %	2,1 %

Anders als bei der vergleichenden Gegenüberstellung der CD-ROM-Besitzer stellt hier die Gruppe K+ die konsumfreudigere dar. Dies kann darauf zurückzuführen sein, daß raubkopierte CDs oft auch Liebhaberstücke darstellen (insbesondere die bootlegs).

Auch bezüglich der Musik-CDs wurde die Frage nach der mutmaßlichen Bereitschaft der Bevölkerung zum Erwerb von "Piratenware" gestellt.

Tabelle 16:
Bitte schätzen Sie: Wieviel Prozent der Bevölkerung der Bundesrepublik würden raubkopierte CDs kaufen, wenn sie die Gelegenheit dazu hätten?

	K-	K+ (Musik-CDs)	K+ (übrige)
0 %	0 %	0 %	0 %
bis 10 %	3,8 %	12,5 %	14,3 %
bis 30 %	24,0 %	18,7 %	11,4 %
bis 50 %	22,9 %	25,0 %	11,4 %
bis 80 %	43,0 %	37,5 %	48,6 %
bis 100 %	6,3 %	6,3 %	14,3 %

Anders als bei der gleichen Frage hinsichtlich CD-ROMs ist hier eine Überlagerung durch die Frage der Verbreitung ausgeschlossen, da die Musik-CD die Schallplatte nahezu gänzlich vom Markt verdrängt hat. Die Bereitschaft zum Erwerb raubkopierter Musik-CDs wird von der Gruppe der K+ (Musik-CDs) als am niedrigsten eingeschätzt. Die relativ höchsten Werten der Schätzung bei der Gruppe K + (übrige) lassen sich als (bisher) unerfüllt gebliebener Wunsch interpretieren. Dafür spricht, daß auch diejenigen, die angaben, bisher überhaupt noch nicht in den Besitz einer illegal produzierten CD gekommen zu sein, eine höhere Bereitschaft vermuten. Die niedrigen Werte der Gruppe K+ (Musik-CDs) lassen sich spiegelbildlich mit Blick darauf erklären, daß diese sich selbst idealistisch-elitär bzw. als besonders „schlau" einschätzen. Die Mehrheit der Gesamtheit der Befragten geht jedoch generell von einer hohen Bereitschaft der Bevölkerung zum Erwerb raubkopierter Musik-CDs aus. Neben der Bereitschaft der Befragten ergibt dies auch ein Bild über die (mutmaßliche) Praxis in der Bevölkerung.

8.1.2.3 Die Schnittmenge von Besitzern von Software- und Tonträger-Kopien

Insgesamt 5,2% (8) der Befragten gaben an, sowohl Besitzer von Musik-CD-Kopien als auch von Software-Kopien zu sein. Davon besaßen zwei Befragte Software-Kopien auch auf CD-ROM. Die Betrachtung dieser Gruppe - soweit bei dieser Anzahl überhaupt möglich - brachte keine Besonderheiten zum Vorschein.

8.1.3 Einstellung der Befragten zur CD-Piraterie

Hauptanliegen der Umfrage war die Überprüfung der in den Vorgesprächen erfahrenen Einstellungen zur CD-Piraterie.[358] Allgemein wird insbesondere bei der Software-Piraterie angenommen, daß beim Herstellen von Raubkopien u.a. aufgrund der Problemlosigkeit des Kopiervorgangs und der Anonymität des Opfers bei den Beteiligten kaum ein Unrechtsbewußtsein herrsche. Dies gelte selbst dann, wenn ein vom Anbieter installierter Kopierschutz umgangen werden muß.[359]

---

[358] Dazu wurden den Interview-Partnern eine Reihe von Aussagen vorgegeben, zu denen sie auf einer Skala von 2 (volle Zustimmung) bis -2 (starke Ablehnung) ihre Meinung sagen sollten.

[359] *Eisenberg* (1995), § 58 Rz. 67.

8.1.3.1 Neutralisierungstheorie

Die von *Sykes* und *Matza* begründete "Neutralisierungstheorie" geht davon aus, daß ein großer Teil von Delinquenz auf der Verteidigung von Verbrechen in Form von Rechtfertigungen über abweichendes Verhalten, die von den Delinquenten - aber nicht vom Rechtssystem oder der ganzen Gesellschaft als gültig angesehen werden - beruht. Dabei unterscheiden sie fünf Formen der Neutralisierung: (1) Ablehnung der Verantwortung, (2) Verneinung des Unrechts, (3) Ablehnung des Opfers, (4) Verdammung der Verdammenden, (5) Berufung auf höhere Instanzen.[360]

a) „Notwehr"

Eine oftmals geäußerte Meinung in den Vorgesprächen war, daß die Preise der Originale aufgrund der Monopolstellung und des geringen Materialaufwandes für eine CD zu hoch seien. Sollte dies eine Form der Rechtfertigung iSv *Sykes/Matza* darstellen, könnte das Raubkopieren von CDs als angenommene Abwehr einer unerlaubten Ausnutzung einer Monopolstellung die Kategorien (1) und (2) der Rechtfertigungsmethoden berühren.

Die Befragten wurden nach ihrer Einstellung zu dieser Meinung - wiederum getrennt nach Software- und Audio-Anwendung - befragt.

Tabelle 17:
Sind CD-ROMs Ihrer Meinung nach zu teuer?

	Zustimmung	Ablehnung	Unentschlossen
K-	59,4 %	18,5 %	22,1 %
K+	64,3 %	16,0 %	18,4 %

Tabelle 18:
Sind Musik-CDs Ihrer Meinung nach zu teuer?

	Zustimmung	Ablehnung	Unentschlossen
K-	82,5 %	8,2 %	9,3 %
K+	87,5 %	3,6 %	8,9 %

Die Zustimmung der Nicht-Besitzer von Raubkopien zu den vorgegebenen Aussagen fällt geringfügig größer aus als die der Besitzer der Raubkopien.

---

[360] *Sykes / Matza*, S. 365.

Obwohl Software im Vergleich zur Musik wesentlich teurer ist, fällt die Zustimmung im Bereich der Musik wesentlich höher aus.

Während jedoch die Befragten in der Musik-Branche sich verstärkt einem vermeintlichen Preisdiktat der Industrie ausgesetzt sahen und dies bei der Software-Piraterie einen geringeren Prozentsatz ausmachte, liegt hinsichtlich der Software eine größere Bereitschaft zur tatsächlichen „Gegenwehr" vor.[361] Dabei muß jedoch beachtet werden, daß der Software-Bereich wegen des Verbots der Erstellung einer privaten Kopie einer weiteren Kriminalisierung als der Musik-Bereich unterliegt.

Tabelle 19:
Das Kopieren einer CD-ROM ist eine Möglichkeit, sich gegen die Preisgestaltung der Computerindustrie zu wehren.

Grad der Zustimmung	2	1	0	-1	-2
K-	10,3 %	22,7 %	23,7 %	20,6 %	22,7 %
K+	19,7 %	17,8 %	26,8 %	14,3 %	21,4 %
K-	33 %		23,7 %	43,3 %	
K+	37,5 %		26,8 %	35,7 %	

Tabelle 20:
Das Überspielen einer CD ist eine Möglichkeit, sich gegen die Preisgestaltung der Musik-Industrie zu wehren.

Grad der Zustimmung	2	1	0	-1	-2
K-	9,5 %	16,8 %	15,8 %	23,1 %	34,7 %
K+	10,7 %	16,1 %	19,6 %	21,4 %	32,1 %
K-	26,3 %		15,8 %	57,8 %	
K+	26,8 %		19,6 %	53,5 %	

361 Vgl. Kapitel 8.1.2.1.

Eine zwangsläufige Verbindung zwischen der Auffassung hinsichtlich der Preisgestaltung der Industrie und dem Kopieren ließ sich damit nicht feststellen.

CD-ROM-Piraterie ist deshalb möglicherweise eher als eine (von den Befragten angenommene) Abwehr gegen eine Hand in Hand gehende Globalisierung und Monopolisierung, die zu einem Preisdiktat führt, zu interpretieren. Denn besonders die Software-Industrie steht symbolhaft für Globalisierung. Zwar ist auch die Musik-Industrie grundsätzlich nicht mehr auf nationale Territorien beschränkt, jedoch hat Musik eine lange gewachsene regionale, kulturelle Tradition und Verbundenheit. Demgegenüber hat die Einführung des Computers die weltweite Vernetzung mit sich gebracht. Bei der Unterscheidung ist auch zu bedenken, daß Musiker oft als Idole gelten, während bspw. Bill Gates als Kämpfer „gegen die Menschheit"[362] gesehen wird.

Zu berücksichtigen ist auch, daß die Preise der Software meist erheblich über denen der Tonträger liegen. Es besteht also ein größeres wirtschaftliches Interesse des Nutzers an der Raubkopie einer CD-ROM als an einer Musik-CD.

Bei der Gegenüberstellung der Einstellung der Befragten je nach Besitz oder Nicht-Besitz von Raubkopien zeigt sich, daß die Bereitschaft bzw. die Einstellung, die Industrie als "Preistreiber" zu bezeichnen, bei den Besitzern und Nicht-Besitzern der Raubkopien ähnlich verbreitet ist. Von einem gesteigerten Mangel an Unrechtsbewußtsein der Besitzer der Raubkopien kann daher nicht ausgegangen werden. Die Einstellungsmuster sind ähnlich. Die Bereitschaft, Piraterie als Teil einer Abwehr einer knebelnden Monopolisierung zu bezeichnen, ist gleichermaßen verbreitet. Software-Piraterie für den Privatgebrauch scheint vor diesem Hintergrund Normalität zu sein. Der Kauf eines lizenzierten Programms wird gar nicht erst in Erwägung gezogen, wenn man von der Existenz eines solches Programmes im Bekanntenkreis weiß. Dementsprechend schätzen 56 % der Besitzer von Software-Piraterie-Produkten auch, daß mehr als 50 % der Bevölkerung sich raubkopierte CD-ROMs aneignen würden, wenn sie die Gelegenheit dazu hätten.[363]

Darüber hinaus scheint angesichts der relativ geringen Zustimmung der Raubkopierer die Annahme entkräftet, daß Raubkopierer *grundsätzlich* davon ausgehen, daß die Softwareindustrie bei ihrer Preisbildung selbst im Sinne von unlauterem Wettbewerb rechtswidrig handelt.

---

[362] Vgl. *de Thier*, in: Berliner Zeitung vom 16.01.1998.
[363] Vgl. Tabelle 12.

b) Leugnung des Schadens

Eine weitere Form der Neutralisierung ist die Leugnung des Schadenseintritts.

Hierzu wurden die Befragten mit zwei Aussagen konfrontiert, die zum einen mehr die Allgemeinheit betrafen und zum anderen das konkrete Kopieren einer CD zum Gegenstand hatten. Allgemein war die folgende Aussage:

Tabelle 21:
Die Industrie geht bei ihrer Preisbildung bereits von einer gewissen Anzahl Raubkopien aus. Deshalb entsteht der Industrie dadurch gar kein Schaden.

Grad der Zustimmung	2	1	0	-1	-2
	Gesamt			Gesamt	
K-	10,4 %	27,1 %	36,5 %	15,6 %	10,4 %
K+	19,6 %	30,4 %	32,2 %	10,7 %	7,1 %
K-	37,5 %		36,5 %	26,0 %	
K+	50,0 %		32,2 %	17,8 %	

Insgesamt nur eine Minderheit von 22 % geht damit von einer Schädigung der Industrie durch CD-Piraterie aus. Hier zeigt sich eine verstärkte Ablehnung der Annahme einer Schädigung der Schutzrechtsinhaber durch die Besitzer von Raubkopien.

Ebenfalls auf der allgemeinen Ebene der Betrachtung befindet sich die Frage nach dem durch CD-Piraterie in der BRD entstehenden Schaden. 50,4 % nahmen den Versuch auf sich, den Schaden zu schätzen. Der Rest der Befragten machte dazu keine Angaben. Von einem 0-Schaden ging niemand aus. Den Befragten schien also klar gewesen zu sein, daß ein Schaden durch das illegale Kopieren von CDs entsteht.

Tabelle 22:
Schätzung des jährlich in der BRD entstehenden Schadens durch Raubkopien

	Musik-CDs	CD-ROMs
bis 1 Mio DM	24 %	14 %
bis 5 Mio DM	13 %	21 %
bis 10 Mio DM	4 %	8 %
bis 20 Mio DM	6 %	4 %
bis 50 Mio DM	2 %	8 %
bis 100 Mio DM	12 %	6 %
bis 500 Mio DM	3 %	8 %
mehr als 500 Mio DM	5 %	7 %

Demgegenüber geht die IFPI von einem jährlichen Schaden in Höhe von 90 Millionen DM durch CD-Piraterie aus, und nach Zahlen der Softwareindustrie entsteht ein Schaden durch CD-ROM-Raubkopien in Höhe von 796 Millionen DM. Der Großteil der Befragten gab in beiden Bereichen eine wesentlich geringere Zahl an. Die Annahme, daß im Rahmen von Wirtschaftskriminalität der finanzielle Schaden relativ niedriger bewertet wird als es ihm der Höhe nach entsprechen würde[364], findet durch die Befragung hier ihre Bestätigung. Der Schaden der Phono-Wirtschaft wird von etwa 75 % als geringer eingeschätzt, während es sich bei der Software-Industrie um 100 % der Befragten handelt. Dabei ist auffällig, daß zwar 56 % der Befragten für die Softwareindustrie einen höheren Schaden angeben (27 %: gleiche Höhe, 17 %: niedriger) als für die Musikindustrie, jedoch blieb die Schätzung unter der Relation nach den von der Industrie angegebenen Werten von 1 : 8,8.

Ein andere Einstellung der Befragten hinsichtlich einer Schädigung der Rechteinhaber ergibt sich, wenn ihnen konkret die einzelne Kopie vor Augen gehalten wird.

---

[364] *Arold*, S. 250.

Tabelle 23:
Stellen Sie sich vor, daß Sie sich eine raubkopierte CD kaufen. Entsteht Ihrer Meinung nach dem Produzenten der CD dadurch ein Schaden?

	ja	nein	unentschieden
K-	67,0 %	21,5 %	15,5 %
K+	78,0 %	18,0 %	4,0 %

Im Vergleich mit der vorgegebenen allgemeineren Formulierung kehrten sich hier die Verhältnisse nahezu um. Insbesondere zeigen sich hier die Raubkopierer verstärkt der Tatsache bewußt, daß ein Schaden eintrete. Dies läßt sich mit Blick darauf erklären, daß diese Personengruppe einen Nutzen aus den raubkopierten Programmen zieht, was für den Anwender bedeutet, sich einen finanziellen Vorteil verschafft zu haben. Mit der Schaffung eines finanziellen Vorteils muß denklogisch immer ein finanzieller Nachteil bei einem anderen einhergehen. Das unterstützt die These, daß Unrechtsbewußtsein erst mit der Nutzung entsteht, gleichzeitig dieses aber verdrängt bzw. neutralisiert wird.

Wenngleich eine solche hypothetische Frage nach Meinung von *Schnell u.a.* unzulässig ist[365], so gibt sie doch die Möglichkeit, die Befragten mit einer konkreten Tatsituation zu konfrontieren, bei der die Ausflucht ins Allgemeine nicht mehr möglich ist.

Zudem muß beachtet werden, daß nicht die Einschätzung eigenen Verhaltens im Vordergrund steht, sondern die Einschätzung der Auswirkung einer (nicht von einer persönlichen Eigenart abhängigen) Verhaltensweise auf Dritte.

Die Diskrepanz der Antworten hinsichtlich der generellen und konkreten Bejahung eines Schadenseintritts scheint die allgemeine Einschätzung zu bestätigen, daß der Effekt gegen den Verbrecher außerordentlich nachläßt, sobald das Verbrechen eine „höhere“ Stufe erreicht und abstrakt wird.[366] Sie läßt sich aber auch so interpretieren, daß ein Schaden von den Befragten grundsätzlich anerkannt wird, gleichzeitig aber angenommen wird, daß dieser von der Industrie über die Preise kompensiert wird.

Eine solche Erklärung steht scheinbar im Widerspruch zu der Sozialschädlichkeitseinordnung der mit CD-Piraterie verbundenen Verhaltensweisen. Denn bei einer Schadensumlegung auf die Käufer trägt die Kosten letztlich die Allgemeinheit - so wie beim doppelten Sozialhilfebezug, der von dem Großteil der

---

[365] *Schnell / Hill / Esser*, S. 344.
[366] *Reiwald*, S. 186.

Befragten auf Platz 1 gesetzt wurde.[367] Dieses Auseinanderfallen der Bewertung läßt sich damit erklären, daß der unterschiedlichen Wertung möglicherweise gar keine Wertung der Sozialschädlichkeit unterliegt, sondern ein gewisser Neid-Komplex: derjenige, der sich unter falschen Angaben Sozialhilfe erschleicht, entnimmt sich Geld aus der gemeinsamen Steuer-Kasse, während der „Produktpirat" sich - auf den ersten Blick - am Privatvermögen derer bereichert, von denen angenommen wird, daß diese ihr Vermögen durch überhöhte Preise erzielt hätten.

8.1.3.2 CD-Piraterie: (k)ein strafwürdiges Verhalten?

Für die Befolgung von Normen wird als Voraussetzung angesehen, daß das sanktionierte Verhalten als strafbares Unrecht anerkannt wird. Spiegelbildlich bedeutet dies, daß der Adressat das von ihm geforderte Verhalten bzw. Unterlassen selbst für richtig hält.[368]

Voraussetzung einer solchen Einstellung ist u.a.,

- daß die entsprechende Verhaltensweise als sozialschädlich anerkannt wird,

- daß eine Sozialschädlichkeit von solchem Ausmaß angenommen wird, daß sie einer Bestrafung durch den Staat bedarf.

Dies sind die Voraussetzungen für die Einsicht, daß der Adressat das geforderte Verhalten auch selbst für richtig hält.

Demzufolge war ein Anliegen der Umfrage, zu erkennen, wie diese Beurteilung hinsichtlich CD-Piraterie ausfällt. Die Befragten sollten eine eigene "ranking-list" der Sozialschädlichkeit zu verschiedenen Verhaltensweisen erstellen.

Es wurden neun verschiedene Verhaltensweisen vorgegeben, die alle - vorsätzliches Handeln vorausgesetzt - strafbar sind. Ausgenommen von der Strafbarkeit ist lediglich die Kopie einer Musik-CD zum privaten Gebrauch. Alle Handlungen waren Vermögensdelikte i.w.S.

---

[367] Vgl. Tabelle 24.
[368] *Röhl*, S. 252.

Tabelle 24: Sie sollen nun verschiedene Verhaltensweisen zueinander einordnen. Bitte geben Sie eine Reihen- bzw. Rangfolge an, nach der Sie die Sozialschädlichkeit folgender Ihnen vorgegebener neun Verhaltensweisen einordnen (1 bedeutet „am meisten sozialschädlich"). Tragen Sie die Reihenfolge („Plazierung") bitte in die Kästchen ein.

Handlung 1 = Kauf einer kopierten CD-ROM (H1)
Handlung 2 = Anfertigung einer Kopie einer CD-ROM unter Umgehung des Kopierschutzes (H2)
Handlung 3 = Anfertigung einer Kopie einer Musik-CD (H3)
Handlung 4 = Diebstahl eines Gemäldes in der Nationalgalerie (H4)
Handlung 5 = Diebstahl einer Flasche Wein im Supermarkt (H5)
Handlung 6 = Entsorgung eines Alt-Autos im Wald (H6)
Handlung 7 = doppelter Bezug von Sozialhilfe an zwei verschiedenen Wohnorten (H7)
Handlung 8 = Nichtangabe von Einkünften in der Steuererklärung (H8)
Handlung 9 = „Schwarzfahren" in öffentlichen Verkehrsmitteln (H9)

	Platzierung								
	1	2	3	4	5	6	7	8	9
H 1	0 %	0 %	0 %	1,1%	8,4%	6,3%	14,7%	25,3%	44,2%
H 2	0 %	4,2%	3,2%	11,6%	10,5%	31,5%	21,1%	17,9%	0,0%
H 3	0 %	0,0%	4,2%	4,2%	12,6%	15,8%	31,6%	15,8%	15,8%
H 4	26,8%	21,6%	14,4%	16,5%	8,2%	3,2%	2,1%	5,1%	2,1%
H 5	0 %	1,1%	5,6%	12,2%	17,8%	26,7%	11,1%	12,2%	13,3%
H 6	29,6%	28,6%	21,4%	11,2%	4,2%	1,0%	1,0%	1,0%	2,0%
H 7	41,2%	22,7%	19,6%	12,4%	3,1%	1,0%	0 %	0 %	0 %
H 8	7,2%	21,6%	27,8%	16,5%	11,3%	7,2%	2,1%	3,1%	3,1%
H 9	1,1%	2,1%	7,4%	21,2%	25,5%	4,3%	12,8%	16,0%	9,6%

Die vorgegebenen Handlungen stehen beispielhaft für folgende abstrakte Betrachtungsweisen:

H1: unrechtmäßiger käuflicher Erwerb von geistigem Eigentum

H2: Erwerb von geistigem Eigentum bei gleichzeitiger Überwindung von Sicherungsmaßnahmen

H3: Handlung aus dem privat-häuslich abgegrenzten Bereich, deren Vorläufer das von jedermann praktizierte Mitschneiden/Überspielen auf MC ist

H4: „verwegene" Eigentumskriminalität, mit der der normale Konsument keinen Gebrauchsverlust verbindet

H5: „klassische" Alltags-Eigentumskriminalität

H6: Delikt, welches das moderne ökologische Bewußtsein anspricht

H7: „Neid-Delikt" mit großer öffentlicher Attraktivität zur Ablenkung von Aggressionen

H8: ein nach der Dunkelfeldforschung weitverbreitetes typisches "Kavaliers"-Delikt

H9: Delikt, welches von einem großen Teil der Bevölkerung nicht als Straftatbestand erkannt wird

Bei der Betrachtung der Verteilung weist nur die Beurteilung von H9 eine große Streubreite auf[369]. Im übrigen liegt die Wertung der Sozialschädlichkeit dicht beieinander. Die durchschnittliche höchste Übereinkunft hinsichtlich der Plazierung einer Verhaltensweise liegt bei 25 bis 30 %. Betrachtet man die Konzentration auf drei aufeinanderfolgende Plätze, wird durchschnittlich ein Wert von 68,9% erreicht. Signifikante Abweichungen von einer solchen Übereinstimmung gibt es an zwei Punkten: für 44,2 % der Befragten war der Kauf einer kopierten CD-ROM am wenigsten sozialschädlich (Plätze 7-9: 84,2 %), für 41,2 % der Befragten war der doppelte Sozialhilfebezug am meisten sozialschädlich (Plätze 1-3: 83,5 %). Diese Verhaltensweisen reizten also die Befragten zu einer offensiven Meinungsäußerung.

---

[369] Dies hat sicherlich z.T. ideologische Gründe: viele vertreten die Meinung, daß der Öffentliche Personennahverkehr zu teuer sei oder setzen sich für den "Nulltarif" ein. Aber auch Stadt- und Landbewohner dürften unterschiedliche Einstellungen zum Nahverkehr haben.

Hinsichtlich der Einschätzung des Kaufs von raubkopierten CDs läßt sich dies so erklären, daß die Hingabe von Geld für eine Ware der Verantwortung für deren Herkunft entledigt, da dann kein „gewalttätiger" Gewahrsamsbruch mehr vorliegt, sondern ordnungsgemäßer Erwerb, bei dem lediglich der Verkäufer es „versäumt", die Lizenzen abzuführen. Es zeigt sich so eine Verlagerung der Verantwortungsebene.

Letztere Interpretation findet ihre Unterstützung in dem Ergebnis, daß das Erstellen einer Musik-CD für den privaten Gebrauch den Befragten als sozialschädlicher erschien als der Kauf einer kopierten CD-ROM. Dabei gingen die Befragten davon aus - dies ergaben die angestellten Schätzungen hinsichtlich des verursachten Schadens[370] -, daß eine CD-ROM grundsätzlich wertvoller ist als eine Musik-CD. Dieses Ergebnis ist insbesondere deshalb erstaunlich, da die Mehrheit der Befragten bereits Umgang mit Cassetten-Recordern hatte, das Überspielen damit als alltägliche Realität kennt.

Daß von den Befragten das Kaufen - die wirtschaftliche Grundlage der Piraten - als nicht so verwerflich angesehen wird wie das Pressen, zeigt auch die Auswertung bezüglich dessen, ob Käufer bzw. Hersteller von Raubkopien von CDs bzw. CD-ROMs wie „gewöhnliche Kriminelle"[371] zu behandeln seien.[372]

Aus der Auswertung des Meinungsbildes der Befragten zu den vorgegebenen Aussagen ergibt sich folgendes: Hinsichtlich der Hersteller liegen Zustimmung und Ablehnung von deren Gleichsetzung mit „gewöhnlichen Kriminellen" mit Werten von etwa 40 % dicht beieinander. Ein sehr eindeutiges Meinungsbild ergibt sich jedoch hinsichtlich der Käufer, bei der nur eine Minderheit eine Behandlung gleich einem „gewöhnlichen Kriminellen" - also Bestrafung - forderte (gesamt: 17,7% bei CDs, 17,9% bei CD-ROMs).

Diese angegebenen Meinungen drehen sich - jedenfalls auf den ersten Blick - um, wenn die Befragten daraufhin befragt werden, ob und wie Hersteller und Käufer bestraft werden sollen.

---

[370] Siehe Seite 116 ff.

[371] Der Begriff „Krimineller" wurde der umgangssprachlichen Verständlichkeit wegen verwendet.

[372] Vgl. Tabelle 25.

Tabelle 25:
Der Hersteller einer raubkopierten CD-ROM kann nicht so behandelt werden wie ein gewöhnlicher Krimineller. (Aussage 1)
Der Hersteller einer raubkopierten CD kann nicht so behandelt werden wie ein gewöhnlicher Krimineller. (Aussage 2)
Der Käufer einer kopierten CD-ROM kann nicht so behandelt werden wie ein gewöhnlicher Krimineller. (Aussage 3)
Der Käufer einer kopierten CD kann nicht so behandelt werden wie ein gewöhnlicher Krimineller. (Aussage 4)

Zustim-mung	2	1	0	-1	-2
	Zustimmung Gesamt			Ablehnung Gesamt	
Aussage 1					
K-	11,3 %	27,8 %	21,7 %	17,5 %	21,7 %
K+	20,0 %	18,2 %	18,2 %	27,2 %	16,4 %
K-	39,1 %		21,7 %	39,2 %	
K+	38,2 %		18,2 %	43,6 %	
Aussage 2					
K-	9,4 %	27,1 %	20,8 %	21,9 %	20,8 %
K+	14,3 %	23,2 %	21,4 %	25,0 %	16,1 %
K-	36,5 %		20,8 %	42,7 %	
K+	37,5 %		21,4 %	41,1 %	
Aussage 3					
K-	25,8 %	29,9 %	26,8 %	13,4 %	4,1 %
K+	29,1 %	30,9 %	21,8 %	12,7 %	5,5 %
K-	55,7 %		26,8 %	17,5 %	
K+	60,0 %		21,8 %	18,2 %	
Aussage 4					
K-	24,0 %	31,3 %	26,0 %	13,5 %	5,2 %
K+	30,9 %	25,4 %	27,4 %	10,9 %	5,4 %
K-	55,3 %		26,0 %	18,7 %	
K+	56,3 %		27,4 %	16,3 %	

Tabelle 26:
Sollen ... bestraft werden?

	ja	nein	unentschieden
• Hersteller von CD-Kopien			
K-	83,0 %	6,4 %	10,6 %
K+	80,4 %	9,8 %	9,8 %
• Hersteller von CD-ROM-Kopien			
K-	80,9 %	6,4 %	12,7 %
K+	78,4 %	9,8 %	11,8 %
• Käufer von CD-ROM-Kopien			
K-	32,2 %	36,7 %	31,1 %
K+	24,0 %	64,0 %	12,0 %
• Käufer von CD-ROM-Kopien			
K-	34,4 %	33,3 %	32,3 %
K+	24,0 %	68,0 %	8,0 %

Hier spiegelt sich eine ambivalente Grundeinstellung wieder: einerseits Verständnis und deshalb Milde (nicht wie „gewöhnlicher" Straftäter zu behandeln), andererseits der Wunsch nach Bestrafung jeder vorgegebenen Handlung, die gegen die Interessen anderer gerichtet sein könnte. Diese Haltung ist nach *Hassemer* ein Kennzeichen des modernen Strafrechts (und gleichzeitig dessen Krise): Das Prinzip des Rechtsgüterschutzes wandelt sich von einem bedingten Bestrafungsverbot in ein Bestrafungsgebot.[373] Dies ist ein Ergebnis dessen, daß das Strafrecht immer mehr als Mittel der gesellschaftlichen Konfliktregulierung angesehen wird.[374] Das Ergebnis der Befragung - der Wunsch, jede schädigende Verhaltensweise, die eigentlich auch als nicht strafwürdig empfunden wird, unter Strafe zu stellen - macht deutlich, wie sehr die einzelnen Befragten - obwohl Teilnehmer an politischen Bildungsseminaren - die Eigenverantwortung fliehen. Auf das Strafrecht wird all das abgeladen, was die Einzelnen als potentielle Kopierer oder Kunden selbst eindämmen könnten. Dies deckt sich

---

[373] *Hassemer*, in: ZRP 1992, 378 (380).
[374] *Hassemer*, in: ZRP 1992, 378 (380).

mit rechtssoziologischen Untersuchungen, daß eigentlich nur das Strafrecht als Recht anerkannt wird.[375]

Dabei ist besonders augenfällig, daß ein Unrecht umso weniger angenommen wird, als ein eigener Bezugspunkt vorhanden ist. Dementsprechend übereinstimmend klar fällt der Wunsch nach Bestrafung der Hersteller aus, hingegen wird die Bestrafung der Käufer eindeutig nur von der Gruppe K+ abgelehnt.

Daß die mit dem Wunsch nach Bestrafung jeglicher schädigender Verhaltensweisen einhergehende Überbürdung des Strafrechts - dem es in der Praxis nicht gerecht werden kann - auch von den Befragten als unbefriedigend angesehen wird, zeigt sich darin, daß sie sich über die Praxis des Strafens frustriert zeigten. Auf einer Skala von -2 bis 2 sollten die Befragten Ihre Meinung zu der Aussage "Kriminelle werden heute nicht mehr richtig bestraft"[376] zum Ausdruck bringen. Wie die Auswertung zeigt, stimmte die Mehrzahl der Befragten dieser Meinung zu. Nur insgesamt etwa jeder Fünfte lehnte diese Aussage ab.

Tabelle 27:
„Kriminelle“ werden heute nicht mehr richtig bestraft.

Grad der Zustimmung	2	1	0	-1	-2
	Gesamt			Gesamt	
K-	26,9 %	30,8 %	19,2 %	13,5 %	9,6 %
K+	33,5 %	28,3 %	19,7 %	8,6 %	9,9 %
K-	57,7 %		19,2 %	23,1 %	
K+	61,8 %		19,7 %	18,5 %	

Daß es sich nach Meinung der Befragten bei den Raubkopien nicht um Strafrecht im "klassischen" Sinne handelt, spiegelt sich auch in dem von den Befragten verlangten Strafmaß wieder. Denn aus den nachfolgend aufgeführten Zahlen überwiegt der Anteil der Forderung nach Geldstrafe. Strafrecht wird jedoch im allgemeinen mit Haftstrafen gleichgesetzt. Auch widerspiegelt sich in dem nachfolgend angegebenen "Wunsch"-Strafmaß bei den Befragten der Wunsch, die Hersteller der Raubkopien stärker als die Käufer zu bestrafen.

---

[375] *Röhl*, Seite 271.
[376] Siehe Fußnote 371.

Tabelle 28:
Wunschstrafmaß der Befürworter von Strafe hinsichtlich der Hersteller von CD-Raubkopien

Wunschstrafmaß	K-		K+	
	CD-ROMs	Musik-CDs	CD-ROMs	Musik-CDs
Geldstrafe gesamt	71,1 %	74,9 %	69,0 %	70,9 %
- bis 1 Monat	37,7 %	48,0 %	33,7 %	35,5 %
- bis 2 Monate	11,1%	8,3 %	18,2 %	19,3 %
- bis 3 Monate	6,7 %	6,2 %	10,3 %	12,9 %
- bis 6 Monate	8,9 %	6,2 %	3,4 %	3,2 %
- bis 12 Monate	6,7 %	6,2 %	3,4 %	0,0 %
Freiheitsstrafe gesamt	28,9 %	25,1 %	31,0 %	29,1 %
- bis 1 Monat	0,0 %	0,0 %	3,4 %	0,0 %
- bis 2 Monate	0,0 %	0,0 %	0,0 %	0,0 %
- bis 1 Jahr	15,6 %	12,5 %	13,8 %	9,7 %
- bis 2 Jahre	8,9 %	10,5 %	6,9 %	12,9 %
- bis 5 Jahre	4,4 %	2,1 %	6,9 %	6,5 %

Für die Käufer, also den privaten Nutzer, wurde von keinem Befragten der Gruppe K+ eine Freiheitsstrafe angegeben, wie die Darstellung des "Wunschstrafmaßes" zeigt.[377]

Die Gruppe K+ wendet sich bei der Beurteilung der Käufer von Raubkopien eindeutig gegen Freiheitsstrafen, während diese von einem Teil der Gruppe K- gefordert wird.

Daß die Befragten überhaupt ein Strafmaß angeben, läßt sich als Folge dessen erklären, daß ein Vermögensschaden prinzipiell bejaht wird. Daß die Befragten gleichzeitig die Auffassung vertreten, daß der Schaden sich im Kreislauf verliert

[377] Vgl. Tabelle 29.

bzw. von vornherein einkalkuliert ist, führt im Ergebnis dazu, daß nur noch ein „symbolisches“ Strafmaß angeführt wird, von dem man sich eine Lösung des erkannten inneren Konflikts erhofft.

Aus Sicht der Befragten steht gegen eine Bestrafung sicherlich auch, daß ihrer Meinung nach das Raubkopieren ein allgemein verübtes, weit verbreitetes Delikt ist. Ein solches Delikt, von dem angenommen wird, daß es von dem überwiegenden Teil der Gesellschaft verübt wird, kann jedoch nicht ohne ein Auseinanderbrechen der Gesellschaft bzw. ohne enormen staatlichen Aufwand unterbunden werden. Beides kann nicht im Sinne der Befragten sein.

Tabelle 29:
Wunschstrafmaß der Befürworter von Strafe hinsichtlich der Käufer von CD-Raubkopien

Wunschstrafmaß	K-		K+	
	CD-ROMs	Musik-CDs	CD-ROMs	Musik-CDs
Geldstrafe gesamt	81,2 %	86,7 %	100,0 %	100,0 %
- bis 1 Monat	81,2 %	86,7 %	88,9 %	87,5 %
- bis 2 Monate	0,0 %	0,0 %	0,0 %	0,0 %
- bis 3 Monate	0,0 %	0,0 %	0,0 %	0,0 %
- bis 6 Monate	0,0 %	0,0 %	11,1 %	12,5 %
- bis 12 Monate	0,0 %	0,0 %	0,0 %	0,0 %
Freiheitsstrafe gesamt	18,8 %	13,3 %	0,0 %	0,0 %
- bis 1 Monat	6,3 %	0,0 %	0,0 %	0,0 %
- bis 2 Monate	0,0 %	0,0 %	0,0 %	0,0 %
- bis 1 Jahr	12,5 %	13,3 %	0,0 %	0,0 %
- bis 2 Jahre	0,0 %	0,0 %	0,0 %	0,0 %
- bis 5 Jahre	0,0 %	0,0 %	0,0 %	0,0 %

Den Wünschen der Befragten hinsichtlich der Bestrafung gegenüber steht die Mutmaßung über die tatsächliche Strafbarkeit und das gesetzliche Strafmaß im Bereich der Urheberrechtsdelikte.

Den Befragten wurden 12 Verhaltensweisen im Zusammenhang mit dem unberechtigten Kopieren bzw. der Nutzung unberechtigt angefertigter Kopien vorgegeben, bei denen Sie sich entscheiden mußten, ob diese Verhaltensweisen ihrer Meinung nach strafbar sind. Die folgende Tabelle zeigt die Auswertung dieses Teils der Umfrage.

Abbildung 5:
Was ist Ihrer Meinung nach illegal / strafbar? (Bitte ankreuzen. Mehrfachnennungen möglich.)
H1 = Kauf kopierter CDs
H2 = Verkauf kopierter CDs
H3 = Überspielen von CD auf CD
H4 = Überspielen von CD auf MC
H5 = Abspielen einer kopierten CD zu Hause
H6 = Abspielen einer kopierten CD im Supermarkt
H7 = Überspielen von auf CD-ROM gespeicherten Computerprogrammen auf eine andere CD-ROM
H8 = Überspielen von auf Diskette gespeicherten Computerprogrammen auf eine andere Diskette
H9 = Abspielen / Benutzen von auf CD-ROM gespeicherten Computerprogrammen
H10 = Weitergeben von Raubkopien auf CD-ROM an Freunde
H11 = Weitergeben lizenzierter Software auf CD-ROM an Freunde zum Kopieren
H12 = Verkaufen kopierter Computerprogramme

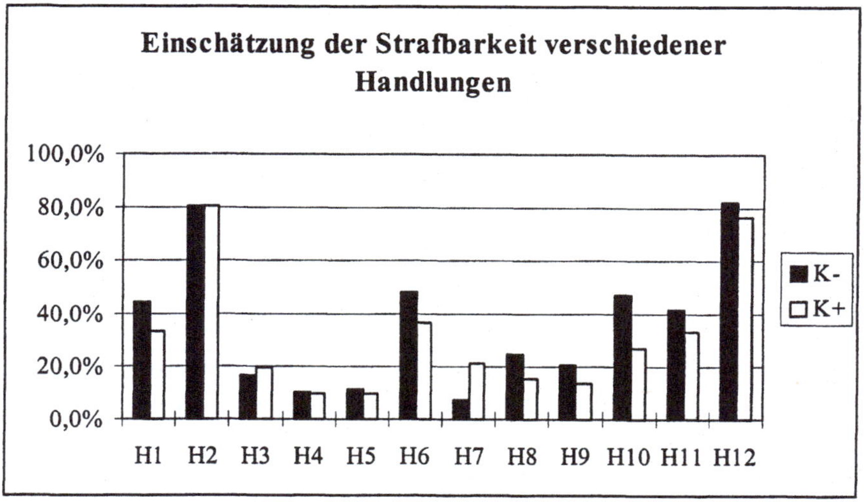

19 % der Befragten gaben an, daß ihrer Meinung nach keine der vorgegebenen Handlungsweisen strafbar sei. Für etwa 10 % sind sämtliche Handlungen im Zusammenhang mit CDs strafbar. Die größte Übereinstimmung der Befragten befindet sich bei H2 (81,0/80,8%) und H12 (80,4/76,9 %). Die Befragten nehmen damit in ihrer Mehrheit an, daß nur das Veräußern strafbar sei. Dies läßt nicht den Rückschluß darauf zu, daß diese Mehrzahl auf die gewerbsmäßige Verwertung als Tatbestandsmerkmal abgestellt hätte. Denn nur 44,4 % gehen auch davon aus, daß die Handlung H6 strafbar sei. Im Vordergrund des angenommenen Strafzwecks steht für die meisten der Befragten also die Erzielung von Gewinn durch Veräußerung der Kopien. Im Vergleich der Handlungen H3/H4 und H7/H8, denen jeweils die gleichen Handlungen nur mit unterschiedlichen Speichersystemen (CD/MC bzw. CD-ROM/Diskette) zugrundeliegen, zeigt sich, daß eine Abweichung der Meinung dahingehend besteht, daß nur etwa 2/3 derjenigen, die eine Strafbarkeit von H3 und H7 annehmen, auch eine Strafbarkeit von H4 und H8 annehmen. Ein Teil der Befragten verbindet also mit der Kopie einer CD eine besondere Gefährlichkeit, von der sie meinen, daß der Gesetzgeber entsprechend darauf reagiert hätte.

Im Vergleich neigen Besitzer von Raubkopien weniger dazu, eine Strafbarkeit der jeweiligen Handlung anzunehmen.

Bei der Frage der Erstellung von Kopien von CDs kehren sich die Werte jedoch um. Die Annahme, daß bereits das bloße Wissen um Straftatbestände Kriminalität verhindere, findet so jedenfalls keine monokausale Bestätigung.

Insgesamt liegt die Einschätzung dessen, welche Strafen der Gesetzgeber für Produktpiraten vorgesehen hat, unter dem tatsächlichen Strafmaß der Geldstrafe oder Freiheitsstrafe bis zu 5 Jahren.

So ergab sich bei der Umfrage hinsichtlich der Strafmaßerwartung folgende Verteilung:

Tabelle 30:
Vermutetes gesetzliches Strafmaß für Produktpiraterie

	K- (in % der Befragten)	K+ (in % der Befragten)
keine Strafe	16,2	3,2
Geldstrafe	32,4	22,6
Geldstrafe und FS	2,7	6,4
bis 6 Monate FS	13,5	16,2
bis 12 Monate FS	5,4	9,7
bis 3 Jahre FS	16,2	22,6
bis 5 Jahre	13,5	16,1
mehr als 5 Jahre	0,0	3,2

Insgesamt nur 5,6 % aller Befragten nahmen an, daß - so wie das Gesetz es vorsieht - Geldstrafe oder Freiheitsstrafe bei der Produktpiraterie als Strafe zu erwarten sind. Weitere 12,7 % insgesamt schätzten die Freiheitsstraferwartung von bis zu 5 Jahren richtig ein.

Im Vergleich zwischen den beiden Gruppen K+ und K- war bei den Besitzern von Raubkopien der Anteil derer mit einer realistischen Vorstellung über das Strafmaß höher.

Daß nur ein geringer Teil ein Nebeneinander von Geld- und Freiheitsstrafe bejahte, macht deutlich, daß wohl nur die Freiheitsstrafe als "echte" Strafe anerkannt wird. Aus Sicht der Befragten schien ein Nebeneinander von Geld- und Freiheitsstrafe im Gesetz nicht möglich.

Ausgehend von einer ökonomischen Analyse von Kriminalität war zu erwarten, daß die Besitzer von Raubkopien von einer geringeren Strafandrohung ausgingen. Das Ergebnis der Umfrage besagt jedoch das Gegenteil: Die Besitzer der Raubkopien schätzen das Strafmaß eher höher ein.

Eine Strafschärfung - jedenfalls hinsichtlich der privaten Piraterie - kann also keine Früchte tragen, da der überwiegende Teil der Befragten über die tatsächliche gesetzliche Strafhöhe nicht informiert ist, um diese in die persönliche Kosten-Nutzen-Kalkulation einzubeziehen. Die von Befürwortern drastischer Strafen ins Feld geführte Abwägung zwischen Gewinn durch die Straftat und zu erwartender Strafe kann bereits mangels Information gar nicht angestellt werden.

Diese Wahrnehmungsverkennung hinsichtlich der Strafdrohung durch den Gesetzgeber läßt sich andererseits aber auch nicht so interpretieren, daß die Befragten meinten, ein darüber hinaus gehende Strafe würde die Schuld übersteigen. Dies liegt zum einen daran, daß die Befragten möglicherweise nicht den großen Fälscherring vor Augen hatten, zum anderen bestätigt dies die Annahme einer generellen Unterschätzung der vorgegebenen Strafmaße durch die Bevölkerung.

8.1.3.3 Positive Funktionen von CD-Piraterie

Ausgehend von der Verständnisebene[378] der positiven Funktionen von Kriminalität war Ziel der Befragung auch eine Einschätzung dessen, welchen Nutzen CD-Piraterie neben der kostengünstigen Nutzung hat.

Nach Meinung von 84,4 % der Befragten sind Musik-CDs im Verkauf zu teuer. Als Grund wird von zwei Dritteln der Befürworter dieser Meinung angegeben, daß das Material einer CD nicht teuer sei. 26,7% gehen davon aus, daß entweder Künstler oder Industrie bereits genug verdienten. So war für 50 % der Käufer von raubkopierten Musik-CDs das Motiv zum Kauf, daß diese billiger als das Original waren.

Auf Seiten der Endverbraucher könnte CD-Piraterie so das Vertrauen in die Gesellschaft erhalten, da diese die Preise der Produkte nach oben begrenzt.

Einer solchen Einschätzung einer Abwehr überhöhter Preise steht gegenüber, daß im Bereich der Tonträger nur ein ganz geringer Prozentsatz der verkauften Tonträger Piraterieware ist. Möglicherweise wirkt sich aber bereits dieser kleine Teil positiv auf die Preisgestaltung aus, da die mit einer weiteren Preiserhöhung der CDs einhergehende Gefahr einer größeren Anzahl von Raubpressungen so bereits sichtbar wird.

Als angemessen wird von Seiten der Befragten überwiegend (80 %) ein Preis zwischen 15 und 20 DM angesehen.

Von weiteren 25 % der Käufer von Musik-CD-Raubkopien wurde angegeben, daß diese sich deshalb zum Kauf entschlossen haben, weil es sich dabei um

---

[378] Zum System der Verständnisebenen *Eisenberg* (1995), § 3.

Sonderpressungen handelte, die im Handel nicht erhältlich waren. Hier wurden also Lücken des Angebots geschlossen.

Daß die CD-ROM-Piraterie teilweise gesellschaftsstabilisierende Funktion hat, läßt sich auch aus folgendem Meinungsbild entnehmen.

Tabelle 31:
Software-Piraten muß man wegen ihrer Intelligenz bewundern, insbesondere bei der Umgehung des Kopierschutzes.

Grad der Zustimmung	2	1	0	-1	-2
	Gesamt			Gesamt	
K-	15,5 %	15,5 %	25,8 %	18,5 %	24,7 %
K+	27,3 %	25,4 %	20,0 %	10,9 %	16,4 %
K-	31,0 %		25,8 %	43,2 %	
K+	52,7 %		20,0 %	27,3 %	

Hier ergibt sich eine nahezu gleich große Verteilung der Meinungsbilder. Jedenfalls für einen Teil der Befragten wirkt sich CD-Piraterie damit insofern positiv aus, daß die Kopierer ihnen vor Augen führen, daß sie der Industrie nicht hilflos gegenüber stehen.

Ein weiterer positiver Aspekt läßt sich im Bereich der privaten Softwarepiraterie ausmachen: Hier läßt sich von einem Dunkelfeld von nahezu 100 % und einer Raubkopierquote von 80 % ausgehen. Dies könnte den positiven Affekt haben, daß hier - im Sinne der „Antizipation einer zukünftigen Moral" (*Durkheim*) - dieser unkontrollierbare Bereich eines Tages von der Strafdrohung ausgenommen wird, da der Privat-Bereich für den (Grund-Rechts-)Staat Tabu bleiben sollte.

Diese hier unter dem Aspekt positiver Funktionen erörterte Frage läßt sich auch negativ als Moralverfall definieren. Dies wird so auch von Teilen der Literatur als Folge von Wirtschaftskriminalität angenommen.[379] Nach *Smettan* ist Moral das zugrundliegende System von Normen und sittlichen Grundsätzen und das sittliche Verhalten von Einzelnen und Gruppen.[380]

---

[379] Vgl. dazu Kapitel 6.5.1.
[380] *Smettan*, S. 62.

Dieser angenommene gesellschaftliche Moralverfall findet Ausdruck in der Aussage „Der Ehrliche ist der Dumme“[381]. Mit dieser Aussage wurden auch die Befragten konfrontiert. Dabei ergab sich wiederum auf der Skala von -2 (starke Ablehnung) bis 2 (volle Zustimmung) folgendes Bild:

Tabelle 32:
Der Ehrliche ist der Dumme.

Grad der Zustimmung	2	1	0	-1	-2
	Gesamt			Gesamt	
K-	29,9 %	29,9 %	20,6 %	7,2 %	12,4 %
K+	26,8 %	26,8 %	19,6 %	17,9 %	8,9 %
K-	59,8 %		20,6 %	19,6 %	
K+	53,6 %		19,6 %	26,8 %	

Aus dieser Auswertung läßt sich erkennen, daß der Grad der Zustimmung bei der Gruppe K- zu der vorgegebenen Aussage größer ist. Hinsichtlich der These des Moralverfalls als Folge von Wirtschaftskriminalität bedeutet dies, daß ein etwaiger Verfall der Einstellung eher von der Gruppe K- wahrgenommen wird. Die größere Ablehnung gegenüber der vorgegebenen Aussage durch die Gruppe K+ zeigt, daß diese dadurch nicht ein negatives Selbstbild angenommen haben, sondern das Kopieren als gesellschaftliche Normalität ansehen. Mangelnde moralische Integrität aufgrund des Besitzes von Raubkopien - der offensichtlich im Mittelpunkt der Umfrage stand - jedenfalls sehen sie für sich nicht.

[381] Diese Aussage stellt gleichzeitig ein sehr modisches Sprichwort dar.

8.2 Zusammenfassung

Zusammenfassend läßt sich aus der Befragung folgendes Resumeé ziehen:[382]

1. Es zeigt sich vergleichend, daß CD-ROM-Piraterie nicht - anders als vom Verfasser erwartet - als verwerflicher angesehen wird als die Piraterie von Musik-CDs. Die unterschiedliche Unter-Strafe-Stellung der privaten Piraterie von Software- und Musikwerken scheint somit hinsichtlich des Unrechtsbewußtseins keine Auswirkungen zu haben. Dem gegenüber steht, daß der vermutete Schaden der CD-ROM-Piraterie höher als der durch die Musik-CD-Piraterie verursachte Schaden eingeschätzt wird.
2. Es wird eher vermutet, daß das Herstellen von Raubkopien von CD-ROMs unter Strafe gestellt ist.
3. Als besonders verwerflich wird die gewerbliche Ausbeute der Raubkopie angesehen.
4. Damit korrespondiert keine ebensolche Einordnung der Verwerflichkeit des Handelns der Käufer als notwendigen Teilnehmern. Darin spiegelt sich eine staatsautoritär-geprägte Sichtweise auf Probleme wider. Nicht die Nachfrage der Gesellschaft als Konsumenten wird als Nährboden von CD-Piraterie erkannt, sondern allein die Händler werden verurteilt und deren Bekämpfung durch den Staat in den Vordergrund gerückt. Diese Sichtweise ist bei den Besitzern von Kopien stärker ausgeprägt als bei den Nicht-Besitzern.
5. Insgesamt ist ein Unrechtsbewußtsein kaum zu erkennen. Bei den Besitzern von Raubkopien ist das Unrechtsbewußtsein nicht weniger ausgeprägt als bei der Gesamtheit der Befragten. *Arold* hat zwar in einer 1975 veröffentlichten Untersuchung festgestellt, daß Wirtschaftskriminalität allgemein als „verwerflich, sozialschädlich, aber nicht unüblich" eingeschätzt wird.[383] Ein solches Bewußtsein scheint sich jedoch hinsichtlich diesem, auch von einem großen Teil der Bevölkerung verübten Kriminalitätszweig nicht festgesetzt zu haben.[384]
6. Die Besitzer von Raubkopien nehmen eher die Verursachung eines Schadens an. Deshalb ist davon auszugehen, daß die Einsicht in die Schädlichkeit des Tuns mit der praktischen Nutzung einhergeht. Die gleichzeitig einsetzende Neutralisierung erfolgt vor allem auf der Ebene des rechtfertigenden

[382] Dabei soll hier erneut der Hinweis darauf erfolgen, daß es sich um keine „repräsentative" Befragung handelte, so daß die Ergebnisse lediglich auf die befragte Gruppe anwendbar und nicht weiter verallgemeinerbar sind.

[383] *Arold*, S. 248.

[384] Vgl. Kapitel 8.1.3.

Fremdbildes vom Opfer, der Verlagerung der Verantwortung auf die Unternehmen, und der Verneinung des Unrechts durch Ablehnung eines Schadenseintritts bei den Schutzrechtsinhabern.

7. Der bewußte Erwerb raubkopierter CD-ROMs erfolgte bei den Befragten - die private Verbraucher sind - vor allem über private Kontakte. Von einer gewerbsmäßig organisierten Kriminalität läßt sich hier nicht ausgehen.
8. Die Schätzung des Verbreitungsgrades von CD-Raubkopien trifft auf erhebliche Schwierigkeiten, da die Befragten Raubkopien nicht als solche erkennen.
9. Die Besitzer von Raubkopien verteilen sich bei der befragten Gruppe von Erwachsenen über alle Alters- und Einkommensklassen.

9 Opfer und Schutzmaßnahmen

9.1 Opfer: Die Urheberrechtsträger

Zum Opferkreis von Urheberrechtsverletzungen gehören natürlich in erster Linie die Autoren und Künstler. Denn diese werden im Fall der unerlaubten Vervielfältigung um die ihnen gegenüber abzutragende Dankesschuld[385] gebracht. Das Urheberrecht als das Mittel, um dem Autor zu einem angemessenen Lohn für sein Schaffen zu verhelfen[386], wird damit umgangen. Die Zahl der „im multimedialen Zirkus auftretenden Künstler"[387] ist dabei größer als bei jedem anderen bisher bekannten Medium.

Ob diesen im Normalfall wirklich durch die CD-Piraterie ein konkreter Schaden entsteht, ist fraglich. Denn im Regelfall haben diese ihre Nutzungsrechte hinsichtlich des Vervielfältigens und Verbreitens gegen Entgelt an die Produzenten abgetreten.

Dieses Entgelt fällt jedoch dadurch geringer aus, daß die Produzenten und der Handel aufgrund der CD-Piraterie weniger Verkauf erwarten müssen. Es zeigt sich hier ein Phänomen der Wirtschaftskriminalität, welches *Volk* so beschreibt: „Der konkrete Schaden ist in vielen Fällen schwer zu lokalisieren; der zuerst Betroffene kann ihn als Rechnungsposten in den Wirtschaftskreislauf einspeisen, wo er atomisiert wird und irgendwo liegen bleibt."[388] Im Gegensatz zu Gewaltdelikten werden Einzelpersonen oft nur indirekt geschädigt bzw. die Kosten auf die Gesellschaft verteilt.[389]

Die Autoren und Künstler selbst zählen damit eher zu den mittelbar Geschädigten.

Mehr noch als die, deren Werke kopiert werden, sind Opfer diejenigen, die aufgrund des Ausfalls des Gewinns des Produzenten nicht gefördert werden können. Denn bei den Raubpressungen handelt es sich um das erfolgreiche Repertoire, welches die Grundlage für Neu- und Weiterentwicklung schaffen soll. In der Musikwirtschaft wird davon ausgegangen, daß nur 10 % der Produktionen erfolgreich sind.

---

[385] BGHZ 17, 278.
[386] *Hubmann/Rehbinder* § 1 II.1.
[387] *Kornmeier*, S. 864.
[388] *Volk*, in: MschrKr 1977, 264 (274).
[389] *Wittkämpfer u.a.*, S. 29.

Der Schutz der Werke ist jedoch faktisch vielfach auf die Produzenten übertragen worden, die sich in gemeinsamen Industrieverbänden auch dieser Aufgabe annehmen.

9.2 Opfer: Die Produzenten und Nutzungsberechtigten

Zum Opferkreis gehören vor allem die Produzenten und anderweitige Nutzungsberechtigte. Deshalb soll besonderes Augenmerk darauf gelegt werden, wie diese sich schützen.

9.2.1 Der Kopierschutz

Die denklogisch einfachste Möglichkeit des Schutzes ist ein Kopierschutz[390]. Eine Kopiersperre bewirkt, daß durch den normalen „copy“-Befehl kein Kopiervorgang ausgelöst wird.[391]

Mit einigem Geschick kann diese umgangen werden: entweder durch ein Entfernen aus dem Programm oder durch ein Übergehen. Mit Hilfe von speziell entwickelten Kopierprogrammen lassen sich identische Kopien der CD inklusive deren Kopierschutzes herstellen.[392] Dennoch stellt ein solcher angebrachter Kopierschutz immerhin eine - wenn auch niedrige - Barriere dar, die dem Kopierer das Verbotensein des Kopierens vor Augen führt.

Dieser Weg ist nicht immer möglich, da bei einer Reihe von Programmen die Installation auf der Festplatte notwendig und erwünscht ist und deshalb einen Kopiervorgang notwendig macht.

Die verbreiteste Methode des Kopierschutzes heißt Laserlock. Bei der preiswerten Extended-Tracks-Methode wird die CD bis zum Anschlag beschrieben, so daß handelsübliche CD-Kopierer nicht alle Daten erfassen können. Oft sind aber auch hier nur kleine Änderungen an der Brenner-Software nötig, um diesen Schutz unbrauchbar zu machen.[393] Viele aktuelle Musik-CDs überschreiten die 74min-Grenze der handelsüblichen CD-R. Einige Brennprogramme bieten zwar die Option, auch eine 80-min-CD zu bespielen, jedoch sind die Rohlinge nur über den Spezialhandel zu beziehen und außerdem wesentlich teurer als die herkömmliche CD-R.

---

[390] Siehe dazu *Emmerich*, S. 238.

[391] *Heinrich*, S. 71.

[392] *Emmerich* S. 26, *Becker/Horn*, DB 1985, 1274 (1275); Artikel 7 der Richtlinie 91/250/EWG verpflichtet die EU-Mitgliedsstaaten jedoch zum Eingreifen gegen Personen, die Mittel in den Verkehr bringen, die allein dazu bestimmt sind, die unerlaubte Beseitigung oder Umgehung technischer Programmschutzmechanismen zu erleichtern.

[393] *Langer*, in: GameStar 06/1998, S. 58 (59).

Die Manipulation des TOC (Table of contents, Inhaltsverzeichnis) hat einen ähnlichen Effekt: Die in dem TOC enthaltene Angabe über die Größe des Datenbereichs ist größer als der von einer CD physikalisch faßbare Bereich.

Eine einfachere Methode stellt die Namensabfrage dar: Eine dateiweise per drag and drop kopierte Software ist dann nicht mehr lauffähig, da das CD-Label nicht mitkopiert wurde. Bei Spiele-CD-ROMs kommt immer mehr das Mixed-Mode-Format (Blue Book) zum Einsatz: Sowohl Daten- als auch Audiobereich enthalten hier Programm-Daten, die CD-ROM wird nach dem Kopiervorgang jedoch nur noch als reine Audio- oder Daten-CD erkannt.

Im professionellen Bereich werden fehlerhafte oder unformatierte Sektoren angebracht, die ein späteres Kopieren verhindern. Die derzeitig sicherste Variante stellt die des gezielten Laserdurchschusses dar.[394]

Eine Hardware-Kopiersperre ist in diesem Bereich zwar technisch möglich, widerspricht aber dem Interesse der Industrie am Absatz ihrer Hardware. Denn wer kauft sich schon einen „abschließbaren" bzw. „verschlossenen" Computer?

Insgesamt ist die Anwendung von Kopiersperren stark zurückgegangen. Sie werden heute praktisch nur noch im CAD-Bereich benutzt, weil dort das Einzelprogramm besonders teuer ist. Als Kompensation zu diesem Manko für den CAD-Anwender wird aber ein umfangreicher Service angeboten, der im Bereich der Heimanwendung undenkbar wäre. In den anderen Bereichen haben die Anwender so viel Druck auf die Softwarehersteller ausgeübt, daß Kopiersperren nicht mehr verwendet werden.[395]

In den Vereinigten Staaten wurde 1992 für den Audio-Bereich eine (partielle) Hardware - Kopiersperre - das Serial Copy Managament System - gesetzlich vorgeschrieben[396].

9.2.2 Initiative gegen CD-Verleiher

Vor dem Hintergrund eines zu erwartenden massenhaften privaten Kopierens gewinnen die CD-Verleiher zunehmend an Bedeutung.

Während im Video-Bereich der Verleih von Video-Kassetten schon lange boomt, ist der Verleih für den Audio-Bereich erst mit der Einführung der Musik-CD in Schwung gekommen. Der Grund dafür liegt darin, daß der Verschleiß sowohl von LPs als auch MCs zu hoch und damit die temporäre Ge-

---

394 Einen Überblick über die CD-Kopierschutz-Mechanismen gibt *Voelkel*, in: PC professionell 05/1998, S.165.

395 Podiumsdikussion - *Zimmermann* -, S. 149.

396 Audio Home Recording Act of 1992, Chapter 10 of Title 17 United States Code, vgl. Kapitel 11.5.1.2.

brauchsüberlassung unrentabel gewesen wäre. Das Risiko der technischen Abnutzung durch mangelhafte Pflege oder unsachgemäße Behandlung ließ diese Vertriebsart nicht aufkommen. Im übrigen sind Konsumenten im Audio-Bereich an einer kurzfristigen Überlassung nicht interessiert, da Musik häufiger und langfristiger rezipiert wird als Filme.[397] Nach Einschätzung der Bundesregierung ist ein Film bereits nach ein- bis zweimaligem Ansehen konsumiert.[398]

Da es bei der Musik-CD so gut wie keine Abnutzungserscheinungen durch das Verleihen gibt und die Käufer die Möglichkeit des fast originalgetreuen Kopierens der CDs durch technisch immer mehr verbesserte MC-Recorder oder CD-Writer haben, ist nun der Verleih von Phonogrammen wirtschaftlich geworden. Davon zeugen eine Reihe von CD-Verleihern, die sich in den letzten Jahren etabliert haben. Darüber hinaus verfestigt sich in der Video-Branche der Trend, daß Video-Verleiher auch Musik-CDs und CD-Brenner zum Verleih anbieten.

Deshalb haben die Tonträgerproduzenten bereits 1987 dafür gekämpft, den gewerblichen Verleih von Musik-CDs zu unterbinden. Damals waren die CDs nur Lockvögel für die Video-Verleiher.

Bisher war selbst ein Aufdruck „Vermietung, Verleih unzulässig" auf einer vom Produzenten in den Verkehr gebrachten CD unerheblich, da mit dem Inverkehrbringen das Verbreitungsrecht gemäß §§ 85 Abs. 3, 32, 27 Abs. 1 UrhG untergegangen war und damit auch das Vermietungsrecht.[399] Dem hat die von der EU erlassene Richtlinie zum Vermiet- und Verleihrecht vom 19. November 1992[400] abgeholfen, in deren Folge § 17 Abs. 2 UrhG neu definiert wurde und in der Neufassung nun das Vermietrecht vom allgemeinen Verbreitungsrecht trennt. In Bezug auf den Verleih von CDs hat der Gesetzgeber in § 27 UrhG hinsichtlich der Vergütung dem Kulturauftrag der öffentlichen Bibliotheken Priorität eingeräumt, um die Fortsetzung der bisherigen Verleihpraxis in diesem Bereich sicherzustellen. Sobald sich darausfolgend eine Verschiebung vom bisherigen Vermietmarkt auf einen günstigen Verleihmarkt in öffentlichen Bibliotheken abzeichnen sollte, fühlt der Gesetzgeber sich „verpflichtet", die Regelung des bloßen Vergütungsanspruchs zu überprüfen.[401]

Infolge des Urteils des EuGH[402] zum Verleih von CDs, in dem nochmals explizit die Verfassungs- und Gemeinschaftsrechtsmäßigkeit des § 17 Abs. 2 UrhG

---

[397] *Maus*, S. 37.
[398] BT-Drucks. XI/4929, S. 19.
[399] Vgl. OLG Frankfurt, NJW-RR 1991, 300.
[400] RL 92/100/EWG.
[401] *Von Lewinski*, in: ZUM 1995, 442 (447).
[402] Az. C-200/96.

festgestellt wurde, wird der CD-Verleih sicherlich weiter zurückgedrängt. Möglich ist jedoch auch ein Anwachsen des illegalen Verleihs zum Erhalt stabiler Verleihpreise als Voraussetzung für den Erhalt der Verleihfirmen.

9.2.3 „Kopfgelder“ für Softwarepiraten

Insbesondere im Bereich der CD-Piraterie im Softwarebereich hat es sich immer mehr verbreitet, „Kopfgelder“ auszusetzen. So soll derjenige, der eine Raubkopie erhalten hat, den- oder diejenigen anzeigen, die ihm diese Raubkopie verschafft haben. Im Gegenzug bietet ihm die Softwareindustrie dafür an, daß er ein lizenziertes Programm (und möglicherweise auch einen Beipack) erhält.

9.2.4 Zivilrechtliche Abwehransprüche

9.2.4.1 Schadensersatzansprüche[403]

Ein Schadensersatzanspruch der Urheber und Leistungsschutzberechtigten gegen die Rechtsverletzer ergibt sich aus §§ 823 Abs. 1, 823 Abs. 2 BGB iVm §§ 106-108a UrhG, 97 Abs. 1 S. 1, 97 Abs. 3 UrhG.

Bei der (bisherigen) sog. Schutzlücken-Piraterie[404] konnte der Künstler zumindest Schadensersatz gemäß § 823 Abs. 1 BGB wegen Verletzung des Urheberpersönlichkeitsrechts geltend machen, wenn die Aufnahme der Live-Darbietungen von so schlechter Qualität ist, daß die Verbreitung dieser Aufnahme geeignet ist, das Ansehen oder den Ruf des Künstlers zu gefährden.[405]

Für die Schadensberechnung gibt es drei Berechnungsmethoden[406]:

1. der in § 249 BGB vorgesehene Ersatz der konkreten Vermögenseinbuße - wobei vor allem die Darlegung der Kausalität im Bereich der Produktpiraterie kompliziert ist;

2. die Lizenzanalogie: Zahlung eines Betrages, der einer unter Berücksichtigung von Umfang und Dauer der widerrechtlichen Nutzung angemessenen Lizenzgebühr entspricht;

3. Herausgabe des vom Verletzer durch widerrechtliche Nutzung erzielten Gewinns.

---

[403] Vgl. *Kraßer*, in: GRUR int. 1980, 259.
[404] Vgl. Kapitel 5.2.1.3.
[405] OLG München zu einer CD "U 2 Live USA", NJW-RR 1992, 742 (743)
[406] Nach *Kraßer*, in: GRUR int. 1980, 259 (260 ff.); zur konkreten Höhe des durch CD-Piraterie entstandenen Schadens vgl. Kapitel 10.1.

In der Praxis spielt die unter Ziffer 2 dargestellte Berechnungsmethode der "Lizenzanalogie" im Immaterialgüterrecht die größte Rolle. Hinsichtlich dessen ist problematisch, daß damit der Schadensersatzanspruch kein Druckmittel für den Verletzer darstellt, sich um eine Lizenz für die Herstellung einer CD zu bemühen. Vielmehr muß der Verletzer nur befürchten, im nachhinein doch noch die fingierte Lizenzgebühr zahlen zu müssen. Alle drei Berechnungsmethoden vernachlässigen den Aspekt, daß dem Berechtigten bereits in dem Moment ein Schaden zugefügt wird, in dem in seine Befugnis eingegriffen wird, über die Nutzung des Guts zu entscheiden.[407]

Probleme bereitet der für einen Schadensersatzanspruch notwendige Nachweis des Verschuldens. Dies gilt selbst bei vertriebsgebundener Ware: Außenseiter unterbieten nicht selten den marktüblichen Preis von vertriebsgebundener Ware, die sie unter Ausnutzung von Lücken im System beschafft haben. Das Anbieten durch Außenseiter in einem solchen Fall begründet eine besondere Sorgfaltspflicht nur dann, wenn ein wirklich lückenloses Vertriebssystem vorliegt.[408]

Hinsichtlich der Prozeßkosten erhält der Verletzte gemäß § 91 Abs. 1 ZPO „Schadensersatz", da sämtliche Prozeßkosten der (unterliegende) Verletzer tragen muß. Dies setzt voraus, daß der Verletzte den Nachweis erbringen kann. Es bleibt insofern jedenfalls das Prozeßrisiko bei ihm.

Nur in ganz wenigen der Industrie bekanntgewordenen Fällen von CD-ROM-Piraterie kommt es zu Rechtsstreitigkeiten. In den meisten Fällen wird der Schaden außergerichtlich geltend gemacht und durch den Verletzer auch beglichen.

9.2.4.2 Anspruch auf Beseitigung und Unterlassung

In Anlehnung an § 1004 BGB ist in § 97 UrhG der in Rechtsprechung und Literatur allgemein anerkannte Unterlassungsanspruch ausdrücklich normiert. Ohne Rücksicht auf ein Verschulden steht dem Urheber bzw. dem Inhaber des Verwertungsrechts bei rechtswidrigen Verletzungen und bei Wiederholungsgefahr gemäß §§ 96, 97 Abs. 1 UrhG ein Anspruch auf Unterlassung künftiger Beeinträchtigungen zu. Die Vermutung der Wiederholungsgefahr kann der Verletzer nur durch eine Unterlassungserklärung ausräumen, die durch ein ausreichendes Vertragsstrafeversprechen gesichert ist.[409] Letzteres wird vor allem im Bereich der Software-Industrie praktiziert.

---

[407] *Kraßer*, in: GRUR int. 1980, 259 (271).
[408] BGH, GRUR 1987, 520 (521f).
[409] *Gerhardus*, S. 128.

Während der Unterlassungsanspruch die Unterbindung künftiger Verletzungshandlungen bezweckt, richtet sich der ebenfalls in § 97 Abs. 1 UrhG normierte Beseitungsanspruch auf die Beseitigung der konkreten Störung.

In den - auch in der breiten Öffentlichkeit - für eine kurze Zeit viel diskutierten Fällen der auf CD-ROM gespeicherten urheberrechtlich an sich nicht geschützten Telefonbücher ist der Herausgeberin der CD-ROMs DeTeMedien, einer Tochter der TELEKOM, ein wettbewerbsrechtlicher Unterlassungsanspruch gemäß § 1 UWG zugesprochen worden, da es sich bei der direkten Überspielung der Telefonbuch-Daten um die unmittelbare Aneignung von fremden Arbeitsergebnissen handelt, die eigene beträchtliche Aufwendungen ersparte. Zwar ist dies wegen der grundsätzlichen Nachbildungsfreiheit noch nicht per se wettbewerbswidrig. In diesem Fall sind aber an die unlauterkeitsbegründenden Merkmale geringere Anforderungen zu stellen als etwa in Fällen einer bloßen Nachahmung. Die Unlauterkeit liegt hier in der Behinderung der TELEKOM-Tochter, die durch den Vertrieb der anderen CD-ROM ihren wettbewerblichen Vorsprung nicht mehr voll realisieren konnte.[410]

Da normalerweise die Piratenware im Original urheberrechtlich geschützt ist, ist dies jedoch ein Sonderfall.

9.2.4.3 Bereicherungsanspruch

§ 97 Abs. 3 UrhG eröffnet den Anwendungsbereich des Bereicherungsanspruchs (§ 812ff. BGB) auch für das Urheberrecht. Dies hat in der Praxis große Bedeutung, da im Gegensatz zum Schadensersatzanspruch kein Nachweis des Verschuldens erforderlich ist und statt der deliktsrechtlichen dreijährigen (§ 102 UrhG) die allgemeine dreißigjährige Verjährungsfrist (§ 195 BGB) gilt.[411]

Vom Bereicherungsanspruch umfaßt wird das „Erlangte“. Als das „Erlangte“ wird allgemein der entstandene „Vermögensvorteil“ angesehen.[412]

Ein Vermögensvorteil ist im Falle der unlizenzierten Kopie einer CD die ersparte Lizenzgebühr. Der Täter hat dadurch einen Vermögensvorteil erlangt, indem er ohne Lizenz - und damit ohne Lizenzgebühren abführen zu müssen - Raubkopien anfertigte.

Neben der Lizenzgebühr wird der Entreicherte auch den Gewinn, den er hätte erzielen können, herausverlangen können. Jedoch kann er den Teil des

---

[410] OLG Frankfurt/M., in: CR 1996, 211.
[411] *Gerhardus*, S. 144.
[412] Palandt - *Thomas* - § 812 Rz.16.

Gewinns, der auf der eigenen Leistung und den Betriebseinrichtungen des Bereicherten beruht, nicht von ihm fordern; denn dieser Teil des Gewinns ist nicht durch die Nutzung des fremden Rechts erlangt.[413]

Gegen den gutgläubigen Händler können bei zusätzlich unzulässiger - auch schuldloser -Nutzung eines fremden Warenzeichens dem Inhaber des Warenzeichens Bereicherungsansprüche gemäß §§ 15 WZG, 812 Abs. 1, 818 Abs. 2 BGB zustehen. Da der Gebrauch des Warenzeichens als das „Erlangte“ nicht mehr herauszugeben ist, ist Ersatz für dessen Wert zu leisten, der in der für den Gebrauch des Zeichenrechts angemessenen Lizenzgebühr besteht.[414]

9.2.4.4 Auskunftsanspruch

Eine Möglichkeit, die Herkunft der Piratenware offenzulegen, ist der mit den Zwangsmitteln des § 888 ZPO durchsetzbare Auskunfts-Anspruch[415] zur Nennung der Bezugsquelle des Verletzten gegenüber dem Händler, der sich aus der Fortentwicklung des Rechtsgedankens von Treu und Glauben gemäß § 242 iVm § 1 UWG ergibt.[416] Der Auskunftsanspruch ist in § 101a UrhG durch das Produktpirateriegesetz nunmehr explizit gesetzlich geregelt.[417]

Nur auf diese Art und Weise haben es die Schutzrechtsinhaber in der Hand, im Falle unternehmensmäßig strukutrierter Piraterie nicht nur gegen das letzte Glied der Kette vorzugehen.

Der private Letztverbraucher ist von dieser Regelung nicht betroffen.[418]

Nach § 53 V S.3 UrhG wird die falsche oder unrichtige Antwort dadurch bestraft, daß der Urheber den doppelten Vergütungssatz verlangen kann. Da der Auskunftsverpflichtete aber dadurch nicht in die Lage gebracht werden darf, gezwungen zu sein, durch eigene Aussagen die Voraussetzungen für eine strafgerichtliche Verurteilung oder der Verhängung entsprechender Maßnahmen liefern zu müssen, dürfen die Aussagen strafrechtlich nicht verwertet werden.[419]

---

[413] *Hubmann / Rehbinder*, § 59 III.
[414] BGH, GRUR 1987, 520.
[415] Zum Auskunftsanspruch im gewerblichen Rechtsschutz und Urheberrecht eingehend: *Oppermann*.
[416] BGH, in: NJW-RR 1994, 1958f, so bereits RG GRUR 1942, 79 ("Siemenszähler-Entscheidung").
[417] Ebenso § 19 MarkenG.
[418] *Jung*, in: JuS 1990, 856 (857).
[419] BVerfGE 56, 32; explizit geregelt in § 19 Abs. 4 MarkenG; so ebenfalls im englischen Recht für ein Auskunftsverlangen nach der Anton-Piller-Order (nach *Götting*, in: GRUR int. 1988, 729 [735]).

9.2.4.5 Erhöhung des Streitwertes

Eine weitere Möglichkeit der (oftmals finanziell überlegenen) Produzenten könnte darin bestehen, daß diese den Streitwert in die Höhe treiben, um so die Verletzer von Schutzrechten auch durch hohe Gerichtskosten abzuschrecken. Der zivilprozeßrechtlichen Streitwertfestsetzung ist jedoch die strafrechtlich-generalpräventive Abschreckung potentieller Verletzer fremd. Diese ist daher unzulässig.[420]

9.2.5 Sicherungsmaßnahmen

9.2.5.1 Grenzbeschlagnahme

Die Grenzbeschlagnahme durch die Zollbehörden erfolgt gemäß § 111a UrhG auf Antrag des Rechtsinhabers.

Da die Opfer von einem großen Teil der Taten gar keine Kenntnis erlangen, hat ein großer Teil derer, die von Urheberrechtsverletzungen betroffen sind, pauschale Beschlag-nahmeanträge gestellt. Nach Mitteilung des Bundesfinanzministeriums waren dies im Jahr 1997 etwa 130 Firmen mit einem großen Sortiment von zu schützenden Produkten.[421] Für die Zollbeamten stellt sich hier ein kaum zu überblickender Markt dar, von dem CDs nur einen kleinen Teil darstellen.

Wegen der Schwierigkeit des Nachweises der illegalen CD-Pressung ist der Nachweis der berechtigten Grenzbeschlagnahme nur sehr schwer zu führen. Oft schreckt die im Fall der unberechtigten Beschlagnahme drohende Schadensersatzforderung ab.[422] Wegen der zunehmenden Perfektionierung der Fälschungen ist es bereits fraglich, ob nicht deren Beschlagnahme bereits gegen das Tatbestandsmerkmal der „offensichtlichen“ Rechtsverletzung verstößt.

Der Ablauf einer Beschlagnahme nach § 111a UrhG stellt sich folgendermaßen dar:

1. Anhalten der Ware bis zu 10 Tage[423], bei der der Verdacht einer Schutzrechtsverletzung vorliegt;

2. Kontaktaufnahme und Mitteilung an Schutzrechtsinhaber zur Stellungnahme und Begutachtung;

---

[420] OLG Celle, in: CR 1993, 209.

[421] Vgl. OFD München: Informationsheft zum Thema "Gewerblicher Rechtsschutz".

[422] Vgl. auch BR-Drs. 143/93, S. 40: "Schadenseratz-...Anprüche wegen der Beschlagname ... werden nicht geltend gemacht."

[423] EG-VO 3295/94.

3. nach entsprechender gutachterlicher Stellungnahme des Schutzrechtsinhabers Beschlagnahme durch den Zoll;

4. Bekanntgabe des Namens an Rechteinhaber.

Wird der Beschlagnahme vom Verfügungsberechtigten nicht binnen zwei Wochen ab Zustellung der Mitteilung widersprochen, ordnet die Zollbehörde die Einziehung an. Anderenfalls muß der Antragsteller binnen zwei Wochen eine vollziehbare gerichtliche Entscheidung vorlegen.[424]

Probleme benannte die Zollbehörde vor allem im Bereich der Begutachtung durch die Software-Industrie (2. Stufe der Beschlagnahme). Dies ist aus Sicht der Zollbehörde insbesondere deshalb ärgerlich, weil viele Raubkopien im Wege des „Ameisenverkehrs" nach Deutschland gelangen. Bei einer Menge von drei CD-ROMs sei der Industrie der Aufwand zur Prüfung zu groß. Dies wurde mir auch von Seiten der BSA bestätigt. Bei den Zollbeamten führe dieses Vorgehen in gewisser Weise zur Frustration, da das Anhalten dieser Ware bereits anfänglich mit einem Arbeitseinsatz von 2 Stunden verbunden ist, wobei sich dann herausstellt, daß diese Arbeit „umsonst" geleistet wurde, da die Schutzrechtsinhaber ihr Interesse an dem Schutzrecht nicht hinreichend unter Beweis stellen. Dies hat insbesondere zu einer stringenteren Auslegung des Steuergeheimnisses geführt. Konnte der Schutzrechtsinhaber in früheren Zeiten möglicherweise noch vor der Beschlagnahme erfahren, wer der Schutzrechtsverletzer ist, so ist dies heute nicht mehr der Fall. Dies ist Folge dessen, daß die Rechte-Inhaber nach Kenntniserlangung oftmals die Zusammenarbeit mit dem Zoll überhaupt nicht mehr weitergeführt haben, weil ihnen dieses zum zivilrechtlichen Vorgehen - der Geltendmachung von Schadensersatz - ausreichte.

Eine weitere Schwierigkeit bei der Grenzbeschlagnahme besteht darin, daß sich die „Piraten" immer mehr die Möglichkeiten grenzüberschreitender Strafverfolgung zunutze machen. So können z.B. in Tschechien produzierte Musik-CDs, die nach Luxemburg geliefert werden sollen, um dort verbreitet zu werden, nicht von den deutschen Zollbehörden beschlagnahmt werden, da in Deutschland dann keine (illegale) Verbreitung stattfinden soll. Luxemburg war lange Zeit Schlupfloch für die EU, da die entsprechende Richtlinie hier nicht umgesetzt war. So kann die Verfolgung über bloße Änderung der Buchpositionen und die Anbringung von Briefkästen zum „Hase-und-Igel-Spiel" werden, ohne daß sich für die „Piraten" selbst etwas ändert.

Die Beschlagnahmen betrafen bisher nur Einfuhren nach und nicht aus Deutschland.[425]

---

[424] *Hubmann / Rehbinder* § 61 I.

[425] BR-Drs. 193/93, S. 37.

9.2.5.2 Anspruch auf Vernichtung der schutzrechtsverletzenden Ware und der Vorrichtungen zur Herstellung solcher Waren

Gemäß § 98 Abs. 1 UrhG kann der Verletzte verlangen, daß alle rechtswidrig hergestellten, verbreiteten und zur rechtswidrigen Verbreitung bestimmten Vervielfältigungsstücke vernichtet werden. Für den Bereich des Software-Schutzes sieht § 69f UrhG einen speziellen Vernichtungsanspruch vor, der im Gegensatz zu § 98 UrhG nicht auf das Eigentum des Verletzers, sondern lediglich auf dessen Besitz abstellt.

Gemäß § 98 Abs. 2 UrhG unterliegen der Unbrauchbarmachung ebenfalls die Vorrichtungen, die ausschließlich zur rechtswidrigen Herstellung von Vervielfältigungsstücken bestimmt sind. Im Bericht der Bundesregierung über die Auswirkungen der durch das ProdPG eingeführten Maßnahmen wird von einem Fall berichtet, in dem 280.000 Tonträger vernichtet wurden.[426] Im Regelfall haben sich die Schutzrechtsinhaber nicht dem Strafverfahren im Wege des Adhäsionsverfahren gemäß § 403 StPO angeschlossen, so daß der Vorrang von § 98 Abs. 1 UrhG gegenüber dem StGB ohne praktische Relevanz blieb.[427] Diese Nichtbeachtung des Adhäsionsverfahrens – entgegen der durch den Gesetzgeber damit beabsichtigten Entlastung der Gerichte - ist jedoch allgemein übliche Praxis.[428] *Röhl* führt dies darauf zurück, daß das Adhäsionsverfahren den Gebühreninteressen der Anwälte und der Bequemlichkeit der Richter zuwiderläuft.[429]

9.2.5.3 Anspruch auf Überlassung

Dem Anspruch auf Überlassung gegen eine angemessene Vergütung maximal in Höhe des Herstellungspreises gemäß § 98 Abs. 2 UrhG gebührt der Vorrang gegenüber dem strafrechtlichen Institut der Einziehung.[430]

9.2.6 Zusammenschluß der Opfer

Sowohl die Industrie als auch die Autoren und Künstler haben sich zu Schutzgemeinschaften zusammengeschlossen, denen auch die Verfolgung und Bekämpfung von Piraterie übertragen worden ist. Dies erfolgt auf Seiten der Schöpfer durch die GEMA und die VG Wort, auf Seiten der Tonträger-

---

426 BR-Drs. 143/93, S. 26.
427 BR-Drs. 143/93, S. 52.
428 *Eisenberg* (1995), § 32 Rz. 20.
429 *Röhl*, S. 247.
430 RGZ 108, 1 (7); *Jung*, in: JuS 1990, 856 (866).

Produzenten durch die IFPI und auf Seiten der Softwareindustrie durch die BSA und SPA.

Diese Vereinigungen waren jedoch nicht die Antwort auf die spezielle Form der CD-Piraterie. GEMA und VG Wort sind die logische Konsequenz aus den Urheberrechtsabgaben, die bei Leistungsverwertung zu zahlen sind. Die IFPI wurde bereits 1933 durch die Schallplattenindustrie gegründet, um ihre Interessen weltweit wahrzunehmen.[431] Die Industrie hatte bereits zu diesem Zeitpunkt erkannt, daß sie zwar grundsätzlich in Konkurrenz untereinander steht, jedoch auch gemeinsame Arbeit z.B. im Bereich der Piraterie-Bekämpfung und der Lobby-Arbeit zur Verbesserung des Leistungsschutzrechtes leisten muß. Im Bereich der Video-Industrie und neuerdings auch im Bereich der Unterhaltungssoftware übernimmt die GVU die Verfolgung von Urheberrechtsverletzungen.

9.3 Opfer: Der Handel

Der Handel wird dadurch zum Opfer, daß er wegen des parallelen schwarzen Marktes weniger absetzt.

9.4 Opfer: Der Staat

Aber auch der Staat wird zum Opfer: Zum einen dadurch, weil Piratenware nur zu einem kleinen Teil versteuert wird; zum anderen aber auch dadurch, daß die Piratenware wesentlich unter dem Preis der lizenzierten Ware liegt und dadurch beträchtlich weniger Steuer anfällt. Die dadurch verursachten Steuermindereinnahmen, für die keine Schätzungen vorliegen, sind ebenfalls auf der Schadensseite der CD-Piraterie zu verbuchen.

---

[431] *Nick*, S. 54f.

10 Zur Schadensberechnung

10.1 Schwierigkeiten mit der Schadensschätzung

Die Schwierigkeit der Feststellung des durch CD-Piraterie angerichteten Schadens besteht darin, daß man von einem großen Dunkelfeld ausgehen muß. Der graue Markt ist kaum zu überblicken. Aber auch die Bezifferung des Schadens im Hellfeld ist problematisch.[432] Eine Schwierigkeit der Schadensbetrachtung im Bereich der Urheberrechtsverletzungen besteht darin, daß es sich bei dem Schutzgut um eine geistige Schöpfung handelt und nicht um eine dingliche Sache. Dies macht die Marktpreisbildung schwierig. Vielfach sind die angegebenen Schadensschätzungen fiktive Schätzungen, die keine reale Grundlage haben.

10.1.1 Umsatzverlust

10.1.1.1 Allgemeine Schätzungen

Schätzungen für den Anteil der Piratenware insgesamt am Welthandelsvolumen gehen von mindestens 4 bis 5 Prozent aus, andere Quellen sprechen von 10 Prozent[433], Teile der Industrie sogar von bis zu 22 Prozent. Für 1987 wurde der mit Piratenware verursachte Schaden von der Internationalen Handelskammer in Paris auf mindestens 100 Milliarden US$ jährlich beziffert.[434] Für 1997 wurde vom AKPM ein Weltumsatz der Produktpiraten von 500 Milliarden geschätzt, wovon 57 Milliarden auf den Handel in Deutschland entfallen sollen.

Diese Zahlen sind wenig aussagekräftig vor dem Hintergrund, daß CD-Piraterie nur einen Teil der weltweiten Produkt-Piraterie ausmacht. Darüber hinaus ist im Umgang mit den von Verbänden veröffentlichten Zahlen - wie bereits oben ausgeführt - immer Vorsicht geboten.[435]

Um sich den durch CD-Piraterie entstehenden Schaden klar zu machen, muß man zuallererst bestimmen, wie sich der Verkaufs-Preis einer CD zusammensetzt.

---

[432] Insgesamt ist die Schadensschätzung im Rahmen der Wirtschaftskriminalität nur sehr schwer zu bewerkstelligen. Bei einer generellen Schadensschätzung der Wirtschaftskriminalität tritt neben die problematische Schätzung der Schadenshöhe auch das Problem der Zuordnung des Schadens zu diesem Bereich. Vgl. zu diesem Problemkreis: *Damm*, in: wistra 1986, 43ff., *Heinz*, in: ZStW 96 (1984), 421ff.

[433] *Lührs*, in: GRUR 1992, 264 (264), vgl. *Ensthaler*, in: GRUR 1992, 273 (274f.).

[434] *Müller / Wabnitz* (1993), S. 213.

[435] Vgl. Kapitel 6.2.

Die Komponenten sind[436]:

- Entwicklungskosten
- Werbekosten des Herstellers
- Anteil der Urheber (z.B. Interpreten, Programmierer)
- Arbeits- und Materialkosten
- Gewinn des Herstellers
- Gewinn des Groß- und des Einzelhandels
- und dazu kommt noch die Umsatzsteuer.

Da die Kopierer sich die Entwicklungs- und Werbekosten, oftmals auch die Steuern sparen, können sie weit unter dem Preis der Original-Produkt-Vertreiber offerieren. Zu den Entwicklungskosten zählen beispielsweise auch weniger profitable Bereiche, die die Produzenten der Originale als „Talente-Bude" unterhalten müssen, um mit Neuentwicklungen die Marktführerschaft behaupten zu können und auf den sich ständig verändernden Zeitgeist eingestellt zu sein. Die „Piraten" haben demgegenüber nur einmal in die Technik zu investieren, so daß eine CD inklusive Cover und Hülle insgesamt 1,30 bis 1,50 DM Produktionskosten benötigt. Nur selten werden insgesamt mehr als 3,00 DM für die Produktion investiert.

10.1.1.2 Schätzungen zur Musikpiraterie

Insgesamt wird der Anteil der Produktionskosten bei unautorisierten Tonträger-Produkten auf lediglich ca. 13 % des Netto-Erlöses geschätzt, während er bei einem unautorisierten Tonträger rund 30 % des Händlerabgabepreises ausmacht.[437]

Nach Schätzungen der GVU entstehen jedes Jahr weltweit durch die Piraterie im Audio- und Video-Bereich Schäden von über drei Milliarden Mark.[438]

Schätzungen hinsichtlich der weltweiten Piraterie von Audio-Werken gehen auf einen Umsatz von 1,2 Milliarden US$,[439] wobei der Umsatz nicht in ein Verhältnis von 1 : 1 zum Schaden zu setzen sein kann. Nach Angaben der Bertelsmann-Musik-Gruppe (BMG) beträgt der jährliche Netto-Verlust für die

---

[436] Nach *Tai*, S. 13.

[437] *Rochlitz* (1987), S. 44-47; ein Rechenbeispiel (mit veralteten Zahlen) findet sich bei *Rochlitz*, in: FuR 1980, 351 (352); eine weitere, wohl aus Sicht der Phono-Industrie geschönte, Berechnung findet sich bei *Nick*, S.40f.

[438] *O.V.*, in: Musikhandel 1995, S. 320.

[439] *Davies / Hung*, S. 5.

europäische Musikbranche gut 130 Millionen DM. Nach Angaben der IFPI entstand 1997 in Deutschland durch Musik-CD-Piraterie ein Umsatzverlust von 90 Millionen DM.

10.1.1.3 Schätzungen zur Softwarepiraterie

Zu den Gewinnspannen im autorisierten Bereich waren von den Software-Unternehmen keine Stellungnahmen zu erhalten. Angesichts des gleichen verwendeten Materials dürfte die Spanne bei raubkopierten CD-ROMs ähnlich hoch oder wegen des höheren Markpreises höher liegen als bei den Tonträgern.

Nach den Ergebnissen der von SPA und BSA erstellten Studie ergeben sich folgende Zahlen für den in Deutschland und in der Welt durch Softwarepiraterie verursachten Schaden[440]:

Tabelle 33

Jahr	1994	1995	1996	1997
Deutschland (in Millionen US$)	671	776	498	508
weltweit (in Millionen US$)	12.346	13.332	11.236	11.381

Daß trotz sinkender Raubkopienrate von 36 % (1996) auf 33 % (1997) die Verluste der Softwareindustrie anstiegen[441], wird damit erklärt, daß 1997 der Gesamtmarkt insgesamt um 10,5 % gewachsen ist und zunehmend höherwertige Software kopiert wird.[442]

Der VUD bezifferte den Einnahme-Ausfall der Softwareindustrie für den Unterhaltungsbereich auf jährlich 2,5 Milliarden Mark.

10.1.2 Schwierigkeiten der Schadensschätzung im konkreten Einzelfall

Schwierigkeiten bereitet die Schadensschätzung vor allem auch im konkreten Einzelfall, in dem der Berechtigte Schadensersatz gemäß § 97 UrhG geltend macht, der sich nach dem Gewinn bemißt, der dadurch entgeht, daß Interessenten statt der Originale Kopien kaufen.[443] Die Feststellung des Schadens hat

---

440 Vgl. auch die Übersicht auf S. 53.
441 Vgl. Kapitel 6.2.
442 BSA-Pressemitteilung vom 17.06.1998.
443 OLG Celle, in: CR 1993, 209.

Bedeutung darüber hinaus für die Festlegung des Strafrahmens und mittelbar auch zivilprozessual für die Festsetzung des Streitwertes.

Allein die Quantität der nachweisbaren Kopien läßt keinen sicheren Rückschluß auf den Schaden zu, da auch im Funktionsumfang ähnliche CDs sehr unterschiedliche Preisgestaltungen aufweisen.

Zudem muß auch eine große Anzahl von nachweisbaren Raubkopien nicht auf einen über dem Durchschnitt liegenden Schaden hindeuten: Diese Zahlen lassen sich nicht in einem beliebigen festen Verhältnis umrechnen, denn bspw. muß auch der Zeitraum berücksichtigt werden. Auch vielfache Kopien desselben Programms sind nicht notwendigerweise ein Anzeichen für eine erhebliche Abweichung vom Durchschnittsfall, denn gerade Jugendliche stellen häufig „Überstücke" raubkopierter Computerspiele als Tauschobjekte her, ohne eine auf das spezielle Programm bezogene „erweiterte" Bereicherungsabsicht zu verfolgen.[444] Unabhängig davon kann man nicht davon ausgehen, daß anstelle einer billigen Raubkopie als Schaden immer eine nichtverkaufte autorisierte Kopie steht.

Denn vielfach kaufen die Erwerber die Raubpressungen oder -brennungen nur wegen des günstigen Preises[445], da sie nicht das Mehr an Geld für die Originalware ausgeben wollen oder können. Hinzu kommt, daß bei dem Erwerb einer Raubkopie nicht immer deren Nutzung im Vordergrund steht, sondern das „Haben", da es möglicherweise auch „in" ist, viele CDs im Besitz zu haben. Oft ist in diesem Zusammenhang eine Sammlerleidenschaft zu beobachten.

Von einem Schaden 1 : 1 läßt sich höchstens im gewerblichen Bereich ausgehen, wo jeder Mitarbeiter zur Erledigung seiner Arbeit ein eigenes Programm braucht.

Möglicherweise entsteht der Umsatzverlust dem Konkurrenten des teuren Originalanbieters, der sich darauf spezialisiert hat, preiswerte Alternativen auf dem Markt anzubieten.[446] Dies erscheint im Bereich der CD-ROM-Piraterie denkbar. Im Bereich der Musik-CD-Piraterie gibt es keine solchen geschädigten Drittanbieter auf niedrigem Preisniveau. Der Käufer einer Piraterie-CD verzichtet durch den Kauf einer Raubkopie nicht auf eine lizenzierte Musik-CD einer niedrigeren Preisklasse. Er trifft seine Kaufentscheidung nicht auf die Feststellung eines praktischen Bedürfnisses hin, sondern nach dem Unterhaltungswert. Dieser bspw. von einer Aufnahme von Phil Collins erwartete Unterhaltungswert entspricht nicht dem einer billigeren Produktion. Im Bereich der

---

[444] *Meier / Böhm*, in: wistra 1992, 166 (168).
[445] *Eisenberg* (1993a), S. 26.
[446] Vgl. *Cremer*, S. 65.

Betriebssystem-Software ist es einem Nutzer zur Zeit aufgrund der Monopolstellung der Anwenderprogramme nicht möglich, anstelle einer raubkopierten Windows-Version auf ein billigeres Ersatzsystem auszuweichen.

Darüberhinaus besteht die Schwierigkeit der Feststellung, ob bereits durch die Entnahme einer minimalen Menge von Informationen aus einem geschützten Werk der Urheberrechtsinhaber einer geldwerten Nutzung beraubt wird. Der Urheberrechtsträger wird regelmäßig argumentieren, daß jegliche Entnahme aus einem Werk eine rechtsverletzende Handlung sei, während sich der Schöpfer des neuen Werkes auf die de-minimis-Regel nach dem „fair use"-Konzept berufen wird.[447]

10.1.3 Volkswirtschaftlicher Schaden

10.1.3.1 Die Entwicklungsfähigkeit der Wirtschaft

Darüber hinaus könnte durch Produktpiraterie auch die Weiterentwicklung von Gütern bedroht sein. Wirtschaftlicher Spielraum für Neuproduktionen entsteht fast ausschließlich aus Verkaufserfolgen, die vor allem Objekte der Piraterie sind.[448] Diese machen im Tonträger-Bereich nur 10 - 20 % der Neuerscheinungen aus.[449] Unternehmen scheuen deshalb teilweise den Aufwand für die Entwicklung neuer Produkte, weil sie befürchten, daß der Erfolg ihrer Produktgestaltung von Kopisten und Markenpiraten bedroht sei. Ein Beispiel für den wirtschaftlichen Ruin einer Firma infolge hoher Raubkopierraten stellt der ehemals weitverbreitete Amiga dar. Hier gaben es die Hersteller auf, kostspielige Spiele zu produzieren, die trotz teils erstklassiger Qualität kaum verkauft, dafür aber tausendfach kopiert wurden.[450]

Andererseits ist es praktisch undenkbar, daß durch die „CD-Piraten" - wie allgemein als ein von Wirtschaftskriminalität und Organisierter Kriminalität verursachter Schaden angenommen[451] - die seriösen Anbieter insgesamt dauerhaft vom Markt verdrängt werden. Einen solchen Verdrängungseffekt hat die IFPI in Brasilien ausgemacht. Bei den MCs beträgt nach Angaben der IFPI dort der Anteil 95 bis 99 %, während dies bei CDs nur etwa 4 % sind. Die Produktion von CDs sichere damit derzeitig das Überleben der Musikindustrie.

---

[447] *Davies*, in: GRUR int. 1996, 888 (892).

[448] *Zombik*, in: Media Perspektiven 1987, 437 (447), *Sternberg-Lieben*, in: NJW 1985, 2121 (2122).

[449] *Wahl*, S. 275.

[450] *Langer*, in: GameStar 6/1998, S. 58 (58).

[451] *Zachert* (1991), S. 45.

Ein solcher Ausfall der seriösen Anbieter dürfte jedenfalls nur eine Übergangsphase darstellen, da die „CD-Piraten" gerade auf die Produktion und Leistungsausbeute dieser Anbieter angewiesen sind.

10.1.3.2 Staatseinnahmen und -ausgaben

Der Umsatzverlust führt darüber hinaus auch zu einem Steuerausfall.[452] So berechnete die Unternehmensberatung Price Waterhouse für 1996, daß die von der Softwareindustrie gezahlten Steuern bei einer Verringerung der Raubkopierate von 36% auf 27 % um 2,4 Mrd. DM höher ausfallen würden. Gleichzeitig würde die Anzahl der Beschäftigten von 73.400 auf 100.300 steigen.[453]

Der mit Produkt-Piraterie insgesamt verbundene Umsatz-Verlust der Produzenten und des Handels führt nach Schätzungen für die Bundesrepublik zu einem Verlust von 50.000 bis 130.000 Arbeitsplätzen.[454] Der DIHT und auch der AKPM geht von einem Verlust von 40.000 bis 70.000 Arbeitsplätzen aus.

Zwar werden andererseits im Bereich der CD-Piraterie auch Arbeitsplätze geschaffen. Im Saldo bleibt ein Defizit bestehen, da die „Lichtwirtschaft" (im Gegensatz zur „Schattenwirtschaft") weniger Gewinn macht und sich folglich bestimmte, kurzfristig ineffiziente Bereiche zur Weiterentwicklung nicht mehr leisten kann.[455] Mit dem Verlust von in legalen Wirtschaftszweigen angesiedelten Arbeitsplätzen gehen zudem auch Verluste an Sozialeinnahmen einher.

10.1.4 Immaterieller Schaden

Teilweise wird von der Literatur angenommen, daß Wirtschaftskriminalität auch einen immateriellen Schaden verursache: Wirtschaftsdelinquenz habe Ansteckungs-, Nachahmungs-, Sog-, Spiral- und Fernwirkung, das Vertrauen in die Funktionsfähigkeit der geltenden Wirtschafts- und Gesellschaftsordnung würde schwinden.

10.1.4.1 Insbesondere: Die Sogwirkung

Eine Sogwirkung in dem Sinne, daß durch CD-Piraterie andere Mitbewerber in die Versuchung zu gleichartigem Verhalten gewissermaßen „gezwungen" werden[456], ist nicht auszumachen. Bei der CD-Piraterie fehlt es bereits an den Voraussetzungen dafür: So wird eine CD in der Regel (abgesehen von Konzert-

---

[452] IFPI Phono Press News vom 12.12.1995.
[453] BSA-Pressemitteilung vom 28. Mai 1998.
[454] *Lührs*, in: GRUR 1994, 264 (264).
[455] Zu den Beschäftigungswirkungen der Schattenwirtschaft vgl. *Werner*.
[456] *Möhrenschlager*, S. 1.

oder Studiomitschnitten) nur mit Mitwirkung und Zustimmung der Urheber aufgenommen werden können, so daß es den bisherigen legalen Produzenten gar nicht möglich ist, nunmehr die CDs illegal herzustellen.[457] Eine Sogwirkung könnte sich daraus ergeben, daß unter den Preßwerken eine stärkere Konkurrenz durch Auftragsvergabe von „CD-Piraten" entsteht.

Dies zeigt ein Blick auf eine von der IFPI erstellte Aufstellung der Kapazitäten der in ausgesuchten Ländern beheimateten Preßwerke sowie deren tatsächliche Auslastung durch die Industrie:

Tabelle 34:
Kapazitäten und Auslastung von CD-Preßwerken in ausgewählten Ländern

Land	geschätzte Kapazität (CD-ROM, CD-DA, CD-V) (in Millionen Stück)	Aufträge der schutzrechtsinhabenden Industrie (CD-ROM, CD-DA, CD-V) (in Millionen Stück)
Bulgarien	45,0	0,1
China	200,0	26,0
Tschechien	45,0	5,0
Hong Kong	330,0	17,0
Israel	50,0	6,0
Malaysia	90,0	4,0
Taiwan	350,0	32,0

Die Preßwerke sind also auf die Aufträge von den Raubkopierern angewiesen. Die Auftragsannahme bedeutet die Sicherung des wirtschaftlichen Überlebens. Dies ist aber nicht die Auswirkung der illegalen Tätigkeit anderer Preßwerke, sondern nur der bestehenden Überkapazität, die durch die Urheberrechts-Industrie nicht ausgelastet werden kann. Die Auftragsannahme ist vielmehr die Folge einer bereits bei Gründung des Wirtschaftsunternehmens bestehenden Überkapazität, die bei Nicht-Annahme von Aufträgen der „CD-Piraten" zu einer wirtschaftlichen Notlage des Unternehmens führen müßte. Eine Sogwirkung liegt in diesem Bereich also nicht vor.

---

[457] Zur Spiralwirkung von Softwarepiraterie vgl. beispielhaft *von Gravenreuth*, in: CR 1986, 741.

10.1.4.2 Schwinden des Vertrauens in bestehende Wirtschaftsordnung

Die Gefahr, daß aus einer sehr großen Verbreitung privater CD-Piraterie das Vertrauen in die bestehende Wirtschaftsordnung schwinde, scheint im Bereich der CD-Piraterie nicht nachvollziehbar. Es scheint vielmehr der umgekehrte Schluß möglich: Der Einzelne vertraut auf den ausreichenden Schutz der Privatsphäre in der liberalen Wirtschaftsordnung. Nur im Rahmen dieser geschützten Privatheit fühlt er sich in der Lage, Raubkopien zu nutzen. Dabei wird CD-ROM-Piraterie als legale Gegenwehr gegen überhöhte Preise angesehen. Auch in diesem Zusammenhang könnte das Vertrauen in die bestehende Wirtschaftsordnung erhalten werden. Dem Einzelnen wird darüber hinaus auch klar, daß die Entwicklung hin zu Monopolen umkehrbar ist und daß er der Wirtschaftsordnung nicht hilflos ausgeliefert ist.

10.1.4.3 Marktverwirrungsschaden

Bei der Nicht-Erkennung von qualitativ schlechten Piraterie-Produkten als nicht-autorisierte Ware durch die Käufer entsteht ein Imageverlust der Produzenten. Dieser Schaden wird auch als unselbständiger Marktverwirrungsschaden bezeichnet.[458] Aufgrund der identischen technischen Qualität jedenfalls des auf der CD gespeicherten Inhalts ist die Entstehung eines solchen Schadens jedenfalls hinsichtlich dieser „Hauptleistung" nahezu ausgeschlossen. Ein solcher Marktverwirrungsschaden ergibt sich möglicherweise aus dem oft fehlenden bzw. verkürzten Service: So werden im Tonträger-Bereich die Einleger meist nur gekürzt und mangelhaft kopiert, bei der Software fehlen teilweise die entsprechenden Handbücher.

10.2 Profiteure der Piraterie

Die Betrachtung des durch CD-Piraterie verursachten Schadens ist unvollständig, wenn man nicht andererseits auch näher betrachtet, wer von dieser Form der Produktpiraterie profitiert.

10.2.1 Kopierer und Händler

Zuallererst sind dies natürlich die Kopierer und die Händler der Piratenware. Wer profitiert jedoch neben den Kopierern?

---

[458] *Schramm*, in: GRUR 1974, 617 (618)

10.2.2 Verlage

Zu den Gewinnern der Piraterie gehören sicher diejenigen Buch-Verlage, die Anleitungsbücher für Computerprogramme verkaufen. Denn die Buch-Käufer sind vor allem Abnehmer der Raubkopien, da im Normalfall die Anleitungsbücher im Lieferumfang der Originalprogramme enthalten sind.

Aber auch Computerfachzeitschriften und Anzeigenblätter profitieren: sowohl durch die Anzeigen von Raubkopierern sowie auch durch den Kauf von Interessenten für die Anzeigen als auch für die in den Zeitschriften enthaltenen Tips.[459] So gab es viel Aufregung um die 1998er März-Ausgabe von Deutschlands auflagenstärkster Computerfachzeitschrift „PC-Welt“, in der Tips zur Umgehung von unautorisierten Schutzmechanismen bei Windows95 gegeben wurden. Die in dem Artikel mehrfach enthaltenen Hinweise auf Einhaltung der Lizenzbestimmungen schienen vor dem Hintergrund der Anleitung sehr plakativ. Der Hinweis des Chefredakteurs des Magazins, *Dr. Michael Klein*, in der anschließenden Auseinandersetzung darauf, daß „hunderte von Leserzuschriften ... der Redaktion den Rücken gestärkt“ haben, ist sicherlich kein Argument dafür, daß es sich bei der Darstellung nicht auch um eine Anleitung zum Raubkopieren handele. In einer Ausgabe der Zeitschrift „PC professionell“ wurden „Brenn-Tricks“ erläutert.[460]

10.2.3 Hardwareproduzenten

Auch die Hardwareproduzenten gehören zu den Gewinnern: Viele kaufen sich nur wegen der Aussicht auf einen günstigen bzw. kostenlosen Erwerb von CDs Abspielgeräte.[461] Dem PC-Hersteller Commodore konnte es nur lieb sein, wenn möglichst viele Programme für den C 64 im Umlauf waren, weil dies ihr Hardwaregeschäft ankurbelte.[462] Müßten die Käufer von neuen Computern, CD-ROM-Laufwerken oder CD-Playern davon ausgehen, über diesen Erwerb hinaus noch größere Summen für den Erwerb von CDs ausgeben zu müssen, wären sie sicherlich nicht so schnell bereit, sich ein neues Gerät zuzulegen.

Im Bereich der DVDs gibt es bisher in Deutschland wegen mangelnden Engagements der Industrie nahezu keinen Markt, so daß DVD-Player nur wegen der Aussicht auf Raubkopien verkauft werden können.

---

459 Zur Mitwirkung der Presse bei strafbarer Werbung vgl. *Müller* (Schwerpunktverschiebungen) S. 65.

460 *Voelkel*, in: PC professionell 5/1998, S. 165.

461 *Tai*, S. 19.

462 *O.V.*, in: Handelsblatt, 12.4.1994.

Zu den Gewinnern der Piraterie könnten auch die Hersteller der CD-Rohlinge gehören. Sie profitieren vom niedrigen Preis der illegalen Kopien, insofern als er die Zahl der verkauften CDs insgesamt erhöht. Nicht zu unterschätzen ist in diesem Zusammenhang die bereits erwähnte Sammlermentalität der Erwerber, die die Ware nicht nur der Nutzung wegen, sondern vor allem des „Habens" wegen kaufen.

10.2.7 Softwareproduzenten

Nicht schlüssig erscheint mir die Argumentation von *Tai*, wonach „bei genauem Hinsehen" sogar die Softwarefirmen in begrenztem Maße zu den Gewinnern zählen sollen: Raubkopien seien Test-Versionen für die später zu kaufenden Original-Programme. Dies führt *Tai* darauf zurück, daß Erwachsene einen gewissen „Ehrenkodex" haben und Firmen eine Dokumentation der Herkunft des Programmes und eine Kundenbetreuung bräuchten. Die Raubkopien bräuchten sie daher nur für die Entscheidung, welches der Programme sie kaufen wollten.[463]

Ein entsprechender kurzfristig zu erlangender Nutzen der Piraterie könnte sich allenfalls dann ergeben, wenn die Piratenware gegenüber dem Original minderwertig wäre - wie z.B. bei Demo-Software -, so daß der Interessent gezwungen wäre, sich später das Original zu kaufen.

Über den kurzfristigen Ansatz von *Tai* hinaus könnte eine Werbung für das kopierte Produkt jedoch dahingehend vorliegen, daß im gewerblichen Bereich ein Programm nur dann Anwendung findet, wenn die Anwender dies aus dem häuslichen Bereich jedenfalls in den Grundstrukturen kennen: Der Architektur-Student, der sein Studium mit einem raubkopierten CAD-Programm erfolgreich beendet hat, wird mit großer Wahrscheinlichkeit in seiner späteren beruflichen Sphäre auf das gleiche, aber dann lizenzierte, Produkt zurückgreifen. Wie bei der Markenpiraterie könnte hier eine kostenlose Werbung für das Produkt vorliegen.[464]

---

[463] *Tai*, S. 20.
[464] *Braun*, S. 31f.

Softwarefirmen stehen also auch dann auf der Seite der Profiteure, wenn es darum geht, daß die Systemvoraussetzungen für die von ihnen angebotene Software illegal kopiert werden. So wurde mit der massenweisen Vervielfältigung von MS-DOS die Voraussetzung für die jetzige Vormachtsstellung des Giganten Microsoft und dessen Betriebssystem Windows geschaffen.[465]

---

[465] *Jurczyk*, in: Berliner Zeitung vom 29.12.1997.

11 Ergebnis und kriminalpolitische Erwägungen

11.1 Vorüberlegung: Kriminologie und Kriminalpolitik

Soweit der Verfasser seine Arbeit mit einem Ausflug in die Kriminalpolitik und Anregungen zu Reformen enden läßt, setzt er sich - möglicherweise zurecht - dem Vorwurf aus, herrschaftslegitimierend und -stabilisierend zu wirken.[466] Diese Angst vor einer - „Staatskriminologie" ist zunehmend dem Dialog zwischen Wissenschaft und Politik gewichen, der die Kriminologie zur „Kunst des Nötigen"[467] macht. Die Kunst - und die Gefahr - liegt in dem Begehen eines Grats, da für die jeweilige Aufgabenerfüllung eine kritische Distanz zwischen Kriminologie und Kriminalpolitik Voraussetzung ist.[468]

11.2 Weiterentwicklung im Urheberrecht

Die Neuartigkeit der CD-Piraterie besteht darin, daß auf einem Speichermedium nunmehr Daten verschiedenster Formate gespeichert werden können, was die Überlegung nahelegt, das Urheberrecht insgesamt der technischen Entwicklung anzupassen. Ein solcher Wettlauf der Gesetzgebung mit der technischen Entwicklung stellt sich als gefährlich dar, da der Gesetzgeber dieser immer nur hinterherlaufen kann. Die EU-Kommission vertritt daher traditionell den Standpunkt, daß technologiespezifische Regelungen für den Bereich des Urheberrechts zu vermeiden sind.[469]

Wie beim seinerzeitigen Aufkommen des Rundfunks, der Fotografie, des Films, des Fernsehens und der ersten Anwendungen der Informatik, bestehe auch im Rahmen der Informationsgesellschaft kein Anlaß für ein „revolutionäres Umdenken im Hinblick auf das überkommene urheberrechtliche Grundgerüst".[470]

Wenngleich eine „Revolutionierung" des Urheberrechts aus den o.g. Gründen unterbleiben sollte, sind punktuelle Änderungen aufgrund eines geänderten Zustandes notwendig. Dabei dürfen die mit der Digitalisierung einhergehenden Probleme keinesfalls zu einer Technologie-Feindlichkeit oder -Bremse führen.

---

[466] Zu diesem Problemkreis vgl. *Tóth*, S. 26ff.

[467] *Schüler-Springorum*, S. 156.

[468] Vgl. *Christie*, der sich skeptisch gegenüber diesem Prozeß äußert, jedoch auch seine Hoffnung zum Ausdruck bringt, daß so auch Ideen verwirklicht werden können und Juristen ausgebildet werden, die sich mehr menschlichen als staatlichen Angelegenheiten und mehr allgemeinen als konkret-nützlichen Zielen verpflichtet fühlen.

[469] Nach *Gaster*, in: ZUM 1995, 740 (742).

[470] *Dreier*, S. 42, zitiert nach *Gaster*, in: ZUM 1995, 740 (742).

Aber es muß etwas dafür getan werden, daß der Aufbruch ins Informationszeitalter nicht zu Lasten der Urheber geht. Gerade diejenigen, auf deren Leistungen die Informationsgesellschaft beruht, dürfen nicht Verlierer dieser Gesellschaft werden.[471] Der Gesetzgeber begibt sich hier in jedem Fall auf eine Gratwanderung, denn grundsätzlich sind Nachahmungen in einem marktwirtschaftlichen System erwünscht: Geringer Schutz führt zu mehr Wettbewerb und somit zu niedrigeren Preisen.[472] Andererseits gedeiht die Marktwirtschaft nur in Sicherheit, die durch das Gewaltmonopol des Staates gewährleistet werden muß.[473]

Generell ist vor einer immer detail-reicheren Regelung des Urheberrechts zu warnen, denn detaillierte Gesetze reißen auch immer neue Schutzlücken auf[474]; und perfektionistische Gesetze schwächen das Unrechtsbewußtsein[475] und erschweren eine wirkliche Überwachung der Einhaltung von Bestimmungen[476]. Darüber hinaus läßt eine sich ständig ändernde Gesetzgebung dem Entstehen von Rechtsbewußtsein keine Chance.[477] *Albrecht* konstatiert, daß der gewünschte Präventionseffekt sich im Gestrüpp aufgeblähter und unverständlicher Gesetzessprache verliere.[478]

Eine sich derzeitig zeigende Schutzlücke besteht im Bereich des Zur-Verfügung-Stellens des technischen Equipments[479]. Hier besteht Bedarf nach einer Klärung von Seiten des Gesetzgebers.

11.2.1 Internationale Harmonisierung des Urheberrechts

Durch eine internationale Harmonisierung des Urheberrechts müßten die durch unterschiedliche nationale Gesetzgebungen entstandenen Schutzlücken geschlossen werden. Nur so kann der Gesetzgeber sich auf international operierende Täterkreise einstellen. Eine für die Piraterie wichtige Schutzlücke ist durch das TRIPS-Abkommen geschlossen worden.

Auf europäischer Ebene genoß das Urheberrecht eher ein Schattendasein. Zwar wurden mittlerweile bereits 6 Richtlinien verabschiedet. Jedoch liefert der EGV

---

[471] *Leutheusser-Schnarrenberger*, in: ZUM 1996, 631 (633).
[472] *Müller, D.*, S. 11.
[473] *Isensee*, S. 100.
[474] Vgl. *Thelen*, S. 134.
[475] *Tiedemann* (1972b), S. 662, ebenso *Schüler-Springorum*, S. 94.
[476] *Tiedemann* (1972a), S. 45.
[477] *Isensee*, S. 101.
[478] *Albrecht*, S. 432.
[479] Vgl. Kapitel 5.2.8.

mit Ausnahme des in Art. 100a EGV verankerten allgemeinen Binnenmarktsmandats keine Rechtsgrundlage für die Gesetzgebung auf der Gemeinschaftsebene im Bereich geistigen Eigentums.

11.2.2 Einführung neuer und Anpassung der Geräteabgaben

Mit einer ständigen Ausweitung der privaten Kopie in allen Medien-Bereichen muß der vom Gesetzgeber bereits beschrittene Weg einer Ausweitung der Urheberrechtsabgaben weiterverfolgt werden.[480] Es sollte daher eine Ausweitung auf zur Aufnahme größerer Datenmengen geeignete Speichermedien erfolgen. Dies rechtfertigt sich vor dem Hintergrund, daß die Verkaufswerbung immer größeren Wert darauf legt, daß Personalcomputer und ihre Speichermedien zur multimedialen Nutzung eingesetzt werden können.[481]

Diese Pauschalabgabe, die die Nutzungsart und -intensität eines urheberrechtlich geschützten Werkes nur unzureichend erfassen kann, sollte später durch das Electronic Copyright Management System (EMCS) abgelöst werden. EMCS soll den individual-rechtlichen Nutzungsvorgang und die darauf gestützte Abrechnung zwischen Urheber und Benutzer ermöglichen. Eine solche Individualabrechnung kann jedoch erst für die Online-Nutzung Bedeutung erlangen, da eine solche Kontrolle off-line und im heimisch-ausgegrenzten Bereich nicht durchführbar ist.[482]

Die bisher auf Kopierer beschränkte Nutzungsvergütung sollte auf gewerblich zur Verfügung gestellte CD-Brenner u.a. Datenspeicher ausgeweitet werden. Damit würde dann der Urheber finanziell an der Ausbeute beteiligt, die insbesondere in großem Maße bei der Zurverfügungstellung des technischen Equipments betrieben wird.[483]

Darüber hinaus sollte erwogen werden, die Abgaben entsprechend dem Lebenshaltungskosten-Index anzupassen.

Angesichts der zunehmenden Nutzung des Internets zur Verwertung geistigen Eigentums müssen die Abgaben auch auf diesen Bereich ausgeweitet werden: d.h. Abgaben sowohl für die Betreiber als auch für die Nutzer. In die Geräteabgabe sollten daher auch Modems einbezogen werden.

---

480 Diese stellen bereits heute eine wichtige Einnahmequelle dar: allein aus der Leerkassetten- und Geräte-Abgabe stammten 1990 Einnahmen in Höhe von 136 Mio. DM [*Kreile, R.*, in: GRUR int. 1992, 24 (30)].

481 *Haberstumpf*, Rz. 199.

482 Vgl. dazu *Bechthold*, in: GRUR 1998, 18 (19).

483 Vgl. Kapitel 5.2.8.

Für Anwender, die im Internet „surfen“, sollte bis zur Einführung des EMCS übergangsweise eine Abgabe eingeführt werden, welche eine monatliche oder auch eine von der Dauer der Nutzung abhängige Gebühr darstellen könnte, die an den Provider zu entrichten und von diesem an die „one-stop“-Verwertungsgesellschaft abzuführen wäre.

11.2.3 Insbesondere: Der strafrechtliche Schutz des Urhebers

11.2.3.1 Verschärfung des Strafrechts

a) Erhöhung des Strafmaßes für Urheberrechtsverletzungen

Bei - vermutlich - ansteigender Kriminalität zielen die von der Öffentlichkeit geforderten und von der Legislative oftmals als symbolische Gesetzgebung[484] umgesetzten Gegenmaßnahmen vor allem auf die Ausweitung und Erhöhung der Strafrahmen ab.[485]

Straftatbestände haben den Vorteil, daß ihre Einführung und Verschärfung - kurzfristig - fast nichts kosten und sie den „Handlungsbedarf“ befriedigen. Das Strafgesetz schafft die Illusion, es sei etwas zur Lösung des Problems getan worden.[486] *Schmehl* bezeichnet dieses Vorgang als „Inszenierung“.[487] Der ehemalige hessische Generalstaatsanwalt *Bauer* bezeichnete im Jahre 1953 den Ruf nach starken Strafen als Vortäuschung einer Aktivität, "in der sich die völlige Ohnmacht widerspiegelt, an die Wurzel des Übels zu kommen."[488]

Die Kritik harter Strafen bezieht sich jedoch oftmals auf die staatliche Reaktion auf die "Alltagskriminalität". Oftmals finden sich unter den Kritikern gleichzeitig auch die Anhänger von härteren Strafen im Bereich der Wirtschaftskriminalität.

Die Androhung drastischer Strafen wird oft mit einer Erwartung des Rückgangs, wenn nicht sogar des gänzlichen Ausbleibens von Kriminalität verbunden.

Demgemäß hieß es in der Begründung zum Produktpirateriegesetz:

„Gerade die generalpräventive Funktion der Strafe spielt in diesem Bereich der Wirtschaftskriminalität eine besonders wichtige Rolle, da sich die gezielte Schutzrechtsverletzung zu einem Massendelikt zu entwickeln beginnt. Die

---

[484] Vgl. *Eisenberg* (1995), § 23 Rz.6ff.

[485] So bspw. *Flechsig*, in: ZRP 1980, 313.

[486] *Hund*, in: ZRP 1994, 4 (6).

[487] *Schmehl*, in: ZRP 1991, 251 (253); *Albrecht*: "politische Scheinwaffe".

[488] *Bauer*, S. 144.

bisherige schwache Strafdrohung hat dazu geführt, daß die vorsätzliche Verletzung des geistigen Eigentums anderer heute in weiten Kreisen als Kavaliersdelikt eingestuft wird. Dies steht im Widerspruch zu den hohen Schäden, die dem Schutzrechtsinhaber und in vielen Fällen auch dem Verbraucher in direkter Form sowie dem Arbeitsmarkt und der gesamten Volkswirtschaft zugefügt werden.“[489] Auch die Urheberrechtsindustrie erhofft sich eine positive Wirkung von Strafschärfungen wenn bspw. die GVU schreibt: „Der Ruf nach Kriminalisierung des Endverbrauchers muß ungehört verhallen in einer Zeit, in der über die Freigabe bestimmter Rauschmittel zur Entkriminalisierung weiter Bevölkerungskreise nachgedacht wird.“[490]

Nachdem nun das Produktpirateriegesetz sich seit einigen Jahren in der Anwendung findet, ist fraglich, ob sich die mit der erheblichen Strafmaßerhöhung verbundene Hoffnung des Gesetzgebers auf eine absinkende Kriminalität erfüllt hat.

Eher vorsichtig über eine positive Wirkung der Strafschärfung durch das Produktpirateriegesetz haben sich die Justizbehörden gegenüber der Bundesregierung geäußert.[491] Darüber hinaus hat sich nach Aussagen der Praxis der Organisationsgrad der „Produktpiraten“ in den letzten Jahren sogar zugenommen.

Die zunehmende Organisation der Kriminalität legt die Vermutung nahe, daß diese Entwicklung - jedenfalls auch - ein Ausfluß verstärkter Strafverfolgung ist: Der einzelne Straftäter werde durch die staatliche Strafverfolgung abgeschreckt und so zu einer besseren Organisation seiner Arbeit „gezwungen”[492]. Da es sich hier um einen profitablen Bereich handelt - die IFPI spricht von „wie Drucken von Falschgeld” -, breche der Straftäter aufgrund verschärfter Strafverfolgung seine Betätigung nicht ab, sondern suche sich Mittel und Wege, um der Strafverfolgung durch den Staat zu entgehen.

Die Entwicklung hin zur „OK” im Bereich der CD-Piraterie ist jedoch auch ein Ergebnis dessen, daß immer neue Unternehmer in diese gewinnträchtige Branche eingestiegen sind. Dies stellte die „Piraten“ vor die Notwendigkeit, ihren

---

[489] *Schulze, M.*, S. 402.

[490] GVU-Information, S.7.

[491] BR-Drs. 143/93, S. 53.

[492] vgl. *Vahlenkamp/Hauer*, S.7, *Sieber/Bögel*, S. 290: „... daß eine strafrechtliche Verurteilung nicht ausreicht, sondern - Folge des Darwin'schen Auswahlprozesses - langfristig sogar zu einer Stärkung der Tätergruppen führen kann.“; zum Drogenhandel vgl *Schaefer, C.*, S. 112: "Produzieren wir durch unsere Drogenverbote (...) nicht auch Organisierte Kriminalität? (...) wir sollten daran denken, daß wir nicht mit unseren Mitteln genau das kontraproduktiv fördern, was wir im Grund bekämpfen wollen."

eigenen Bereich stärker zu strukturieren und gegen Mitbewerber abzuschirmen.[493]

In der Praxis sollte mit weiteren Gesetzesschärfungen vorsichtig umgegangen werden. Jedenfalls sollte erst abgewartet werden, welche Erfolge die jüngsten Änderungen das Produktpirateriegesetz gebracht haben. Eine etwaige Erfolglosigkeit sollte jedoch nicht zum Anlaß genommen werden, die Strafen neuerlich zu erhöhen. Vielmehr sollten dann Gedanken angestellt werden, andere Wege - der Prävention - einzuschlagen.

b) Freiheitsstrafen vor Geldstrafen?

Im Falle von Wirtschaftskriminalität ist immer wieder die Forderung anzutreffen, kurzzeitige Freiheitsstrafen zu verhängen.[494] Diese Forderung ist vielfach aufgrund der negativen Auswirkungen von Freiheitsentzug kritisiert worden.[495] Die Kritik an der Reaktion mit Freiheitsentzug basiert vor allem darauf, daß eine Besserung im Strafvollzug bloßes - nicht der Realität entsprechendes - Wunschdenken sei. Der zu Freiheitsstrafe Verurteilte werde vor allem stigmatisiert. Die Aussicht auf die Verhängung von Strafe beeinflusse die Entscheidung des Täters über das „Ob" der Tat nicht, da dieser grundsätzlich davon ausgehe, nicht gefaßt zu werden. Dem wird entgegengehalten, daß es sich bei den Wirtschaftsstraftätern überwiegend um sozial gefestigte Mitglieder der Mittel- und Oberschicht handele und daß diese ihre Entscheidungen - jedenfalls am ehesten[496] - auf der Grundlage einer rationalen Kosten-Nutzen-Analyse treffen würden.[497] In eine solche Kosten-Nutzen-Analyse ließe sich für einen Wirtschaftsstraftäter leicht die Zahlung einer Geldstrafe einstellen, nicht jedoch die Verbüßung einer Haftstrafe. Zudem sei nicht auszuschließen, daß die Bezahlung der Geldstrafe - im auf Profiterzielung gerichteten Bereich der Wirtschaftskriminalität - nicht aus dem strafbar erwirtschafteten Fundus beglichen werde.[498]

Eine Freiheitsstrafe für Wirtschaftsstraftäter könne auch deshalb sinnvoll sein, weil die strafrechtliche Sanktion den Delinquenten zu einer displaced person mache, d.h. ihn aus seiner mitmenschlichen Umgebung, die hier die geplante Wirtschaftskriminalität darstellt, herausnimmt.[499]

---

[493] *Braun*, S. 26.
[494] z.B. *Schneider* (1981a), S. 372, zum Meinungsstand vgl. *Wittstamm*, in: ZfStrVo 1997, 3ff.
[495] ablehnend: *Schöch* (1993), S. 369; jedenfalls skeptisch und zur Zurückhaltung mahnend: *Eisenberg* (1995), § 36 Rz. 13.
[496] *Kube*, S. 5.
[497] *Schneider* (1981a), S. 372.
[498] *Volk*, in: JZ 1982, 85 (86).
[499] *Schüler-Springorum*, S. 203.

Letztlich ist das von den Befürwortern der Freiheitsstrafe unterstellte absolut geplante, rationale Verhalten von Wirtschaftsstraftätern bis heute nicht nachzuweisen. Ein solcher Nachweis ist jedoch Voraussetzung für die Verhängung von auch kurzzeitigen Freiheitsstrafen als schärfster Waffe des Strafrechts.

Angenommen wird jedoch allgemein, daß die sog. „Weiße-Kragen-Täter" insbesondere empfindlich gegen jegliche Art von schlechter Presse im Wortsinne[500] sind, wobei es auf das tatsächlich verhängte Strafmaß dabei nur sekundär ankommt.

Eine „schlechte Presse" für den Täter läßt sich jedoch bereits durch die konsequente Anwendung von § 111 UrhG - der öffentlichen Bekanntmachung der Verurteilung - herstellen. Auch bei einer zivilrechtlichen Niederlage des Verletzers eröffnet § 103 UrhG diese Möglichkeit.

1997 verschickte die BSA Presseerklärungen mit Selbstbezichtigungen unter Namensnennung (und Ortsangabe), die zur Vermeidung von Strafverfahren abgegeben wurden: „Ich war mir darüber im klaren, daß die Herstellung dieser CD die Rechte der Softwarehersteller verletzt. Ich kann jedoch erst heute ermessen, wie groß der dadurch entstandene Schaden ist, nachdem mich die BSA darüber aufgeklärt hat."[501] Einen ähnlichen Weg beschritt Microsoft in Singapur. Dort mußten 10 Händler, die unerlaubt MS-Produkte verbreiteten, eine Anzeige schalten und sich bei Microsoft und der Öffentlichkeit vorbehaltlos entschuldigen. Microsoft nahm in der gleichen Anzeige die Entschuldigung an. Auch so läßt sich die gewünschte schlechte Presse erreichen.

Dieser Weg ist der Verhängung der kurzzeitigen Freiheitsstrafe vorzuziehen.

11.2.3.2 Unter-Verbotsstellung der digitalen Kopien

Angesichts der zentralen auch wirtschaftlichen Bedeutung der Unterhaltungs- und Informationstechnologie insbesondere für die Bundesrepublik als ein an natürlichen Ressourcen eher armes Land[502] scheint der Gedanke an eine Ausweitung der Kriminalisierung durch die Unter-Verbotsstellung der digitalen Kopien[503], d.h. der Abschaffung der Möglichkeit der Vervielfältigung zum privaten Gebrauch, sinnvoll, wie dies im Fall der Computersoftware geschehen

---

[500] *Karstedt*, in: Neue Kriminalpolitik Nr. 4/1996, S. 23, so auch *Spautz*, in: FuR 1978, 96 (96): „Wer möchte schon in seiner Heimatzeitung und in Fachblättern des Berufsstandes des Rechtsverletzers gebrandmarkt werden?"

[501] BSA-Pressemitteilung vom 18.04.1997.

[502] *Leutheusser-Schnarrenberger*, in: ZUM 1992, 115.

[503] *Gaster*, in: ZUM 1995, 740 (747).

ist.[504] So führte schon der BGH in seiner Entscheidung „Grundig-Reporter“[505] aus: „Wäre es richtig, daß nach dem Grundgedanken des Urheberrechts die private Sphäre eine unüberschreitbare Schranke für die Nutzungsrechte des Urhebers und damit praktisch für seinen Vergütungsanspruch bildete, so würde der Urheber aus allen Werken, die vorwiegend für den privaten Werkgenuß im privaten Bereich geschaffen werden (...) kaum noch wirtschaftliche Früchte aus seiner Arbeit ziehen können, sobald die Technik es dem einzelnen ermöglicht, ohne besondere Kosten und Mühen Werkstücke im häuslichen Bereich selbst herzustellen, die einen einwandfreien Genuß vermitteln und den gewerblich hergestellten Vervielfältigungsstücken gleichwertig sind.“[506] Diese Möglichkeit der Eins-zu-Eins-Kopie war auch der Grund für die Sonderbehandlung der Computerprogramme.[507]

Strafdrohungen gelten nur dort als legitim, wo sie unerläßlich sind, um den Rechtsfrieden zu sichern. Es kommt zur Beurteilung dessen darauf an, ob die Gesellschaft sich bedroht fühlt.[508] Eine solche Beurteilung kann nie objektiv, sicher und zweifelsfrei erfolgen. Betrachtet man den gewerbsmäßigen Teil der CD-Piraterie und ordnet diesen der „Organisierten Kriminalität“ zu, ergibt sich mit großer Wahrscheinlichkeit ein starker Wunsch in der Gesellschaft nach Bestrafung dieser Tat. Betrachtet man jedoch CD-Piraterie allgemein, wird diese von der Gesellschaft als durchaus nicht unbedingt strafwürdig angesehen werden. Vielmehr handelt es sich hier nach Auffassung vieler um ein Stück Normalität. Hier zeigt sich, daß soziale Mißbilligung schwindet, je näher man Randgebieten und Spezialmaterien kommt.[509] Daß hier CD-Piraterie allgemein der „OK“ gegenübergestellt wird, steht dabei nur scheinbar im Widerspruch zu dieser Aussage. Die „OK“ ist das allgemeinere „Delikt“, weil sie eigentlich mit dem Bereich der CD-Piraterie nicht zwangsläufig oder per definitionem verbunden ist. „OK“ ist vielmehr die - inhaltsleere - Struktur von Straftaten. Spezieller auf ein einzelnes Delikt eingehend ist daher die Betrachtung der CD-Piraterie.

Das Bundesverfassungsgericht hat eine durch das Gesetz eingeräumte Möglichkeit des Verbots der privaten Kopie im Falle von Audiogrammen abgelehnt, da die private Kopiertätigkeit sich nur mit einem unverhältnismäßigem Eingriff in den häuslichen Lebensbereich kontrollieren und verhindern ließe, da Geräte zur

---

[504] Der in diesem Zusammenhang für Computerprogramme eingeführte § 53 IV 2 UrhG ist durch die §§ 69a ff. UrhG ersetzt worden.

[505] BGHZ 17, 266ff.

[506] BGHZ 17, 266 (280).

[507] *Schwenzer*, in: ZUM 1997, 478 (482).

[508] *Volk*, in: JZ 1982, 85 (86).

[509] *Volk*, in: JZ 1982, 85 (87).

Anfertigung von Privatkopien in einer Zahl verbreitet sind, die eine Kontrolle der tatsächlichen Werknutzung ausschließt. Zudem habe das Interesse des Bürgers, sich nicht über die schwer erkennbaren Beschränkungen der Weiterverwendungsbefugnisse unterrichten zu müssen, Vorrang vor dem Interesse des Urhebers an möglichst umfassender Kontrolle der Werknutzung.[510] Kriminalsoziologisch muß zudem einer solchen Ausweitung entgegengehalten werden, daß diese wegen der Privatheit der etwaigen zu kriminalisierenden Sphäre zu einer Strafverfolgung ohne Ende führen würde, in einen Zustand mündete, der schlimmer wäre als der ursprüngliche, und der mit einem Schwinden der Überzeugungskraft des Strafrechts einhergehen würde. Angestrebt muß daher vielmehr werden, das Strafrecht durch das Setzen von gesetzgeberischen Prioritäten zu steuern.[511]

11.2.3.3 Das bloße „Bereithalten" als Tatbestandsmerkmal

In Betracht kommt die Ergänzung des Tatbestandes des § 106 UrhG um das bloße „Bereithalten" unerlaubt hergestellter Vervielfältigungsstücke zum Verbreiten.

Problematisch an einer solchen Lösung ist, daß es sich dabei um ein neues abstraktes, dem Versuch vorgelagertes Gefährdungsdelikt handelt. Die Sichtbarkeit des Unrechts als ein Zeichen des Strafrechts[512] verblaßt dabei. Diese Form der „Beweiserleichterung" muß also sehr genau betrachtet werden, geht es doch dem Strafrecht darum, begangenes Unrecht zu sühnen.

11.2.3.4 Bösgläubiger Erwerb von Piraterieprodukten

Um dem Paradoxon Rechnung zu tragen, daß diejenigen, die mit ihrem Kaufinteresse (und damit den Bereich der Zueignung einer privat angefertigten Kopie verlassen) den Markt in Schwung halten, gänzlich straffrei ausgehen, könnte eine Strafbarkeit auch des (vorsätzlichen) Erwerbs unerlaubt vervielfältigter CDs in Betracht kommen. Damit würde das gegen eine Strafbarkeit nach § 259 StGB ins Feld geführte Mißverhältnis - drei Jahre bei den Grundtatbeständen der Schutzgesetze, fünf Jahre für den hehlenden Erwerber - ausgeglichen. Gegen eine solche Ausweitung des Urheberstrafrechts spricht, daß der Staat sein eigenes Fundament der gesellschaftlichen Akzeptanz untergräbt, wenn er große Teile der Bevölkerung in den Bereich der Strafbarkeit einbezieht.

---

[510] BVerfG, NJW 1990, 896 (897).
[511] *Robert*, S. 299.
[512] *Hassemer*, in: ZRP 1992, 378 (381).

Einer solchen Norm würde es sicher auch an der praktischen Durchsetzbarkeit mangeln. Aufgrund des „Schattendaseins" des Urheberrechts würde es am Wissen um die Strafbarkeit mangeln. Die Norm würde sich im Widerspruch zu der Regelung befinden, wonach die Kopie, die im privaten Bereich erstellt wird, keine unerlaubte Vervielfältigung darstellt.

11.2.3.5 Entkriminalisierung der CD-Piraterie

Ausgehend davon, daß Kriminalität erst durch die Schaffung von gesetzlichen Normen entsteht - so der legalistische Verbrechensbegriff[513] -, ist ein möglicher Schritt zur Abschaffung von Kriminalität die Abschaffung der strafrechtlich einschlägigen Normen.[514] Entkriminalisierung kann sich darüber hinaus auf die strafrechtlich relevante „Wirklichkeit" auch dann positiv auswirken, wenn dadurch die Voraussetzungen dafür geschaffen werden, daß das Augenmerk der Strafverfolgung sich wieder verstärkt auf die „Kern-" Problembereiche des Strafrechts richten kann.

a) Erschöpfung des Vervielfältigungs- und Verbreitungsrechts hinsichtlich des gesamten Werkes durch die Abgabe eines Exemplars in die Öffentlichkeit

Der weitestgehende Ansatz - unter Beibehaltung des Urheberrechtsschutzes - wäre eine Entkriminalisierung durch Erschöpfung des Vervielfältigungs- und Verbreitungsrechts der Urhebers durch nur die Abgabe *eines* Exemplars in die Öffentlichkeit. Dies wäre die Antwort auf die Neuartigkeit digitaler Technik, die ein Original später nicht mehr von den Kopien unterscheiden läßt.

Nach diesem Prinzip wird public-domain-Software vertrieben, deren Autor die Vervielfältigung freigibt.

Damit wären sämtliche folgende Vervielfältigungen und Verarbeitungen entkriminalisiert. Damit einhergehen müßte jedoch ein weiteres Heraufsetzen der CD-Leervergütungsabgabe, eine Erhöhung bzw. auch Neueinführung von Geräte- und Speicher-Abgaben[515] und eine Stärkung der Solidargemeinschaft der Urheber. Das Urheberrecht würde damit insgesamt zum kollektiven Verwertungsrecht. Folge dessen wäre, daß ein öffentlich-rechtliches Monopol - die Verwertungsgesellschaften als „Gewerkschaft der Urheber"[516] - stärker als

---

[513] Zu den verschiedenen von der Kriminologie geprägten Verbrechensbegriffen vgl. *Eisenberg* (1995), § 1 Rz. 23ff.
[514] *Levin*, in: GRUR int. 1987, 18 (19): "Verletzungen von Urheberrecht ... hat es immer gegeben, solange überhaupt eine gesetzliche Regelung dieser Rechte existiert."
[515] Vgl. Kapitel 11.2.2.
[516] Vgl. *van Isacker*, S. 228.

bisher die Verteilung der den Urhebern und Nutzungsberechtigten zukommenden Mittel vornehmen müßte.

Der Gesetzgeber würde so der Erkenntnis gegenüber resignieren, daß die Kontrolle der Einhaltung des Urheberrechts nach der „digitalen Revolution" immer schwieriger wird.

So jedoch wie der Schutz des Sacheigentums nicht gegenüber einer neuen Diebstahls-technik resigniert, sondern das Instrumentarium der Gegenwehr verbessert, so muß der Gesetzgeber auch das geistige Eigentum gegenüber den Tonträger- und Fotokopier-Techniken andersartig, aber mit ähnlicher Schutzwirkung zur Geltung bringen.[517] Demgemäß äußerte die Bundesregierung anläßlich des Gesetzgebungsverfahrens zum Produktpirateriegesetz, daß es sich bei Produktpiraterie "prinzipiell um nichts anderes als Diebstahl oder Betrug" handele.[518] Solche pauschalen Behauptungen schützen jedoch nicht vor einer Entscheidung darüber, ob und in welcher Form die Piraterie Gegenstand der Strafgesetzgebung sein darf - eine Frage, die allgemein heute in der Wissenschaft ungeklärt ist.[519]

Angesichts der beabsichtigten wirtschaftlichen Verwertung dieses Guts kann diese Form der Entkriminalisierung jedoch nur eine theoretische Betrachtungsweise sein, die in keinem Fall für die gesamte CD-Industrie Anwendung finden kann.

b) Legalisierung der privaten Kopie von Computerprogrammen durch Angleichung des strafrechtlichen Urheberrechtsschutzes

Zur Vereinheitlichung des Rechtsschutzes der auf den verschiedenen CD-Formaten gespeicherten Informationen sollte vielmehr erwogen werden, ob nicht die Strafbarkeit des unerlaubten Vervielfältigens im privaten Bereich generell ausgeschlossen bzw. die Strafbarkeit auf den gewerbsmäßigen Bereich beschränkt werden sollte.[520] Noch im Jahr 1982 lehnte das Bundesjustizministerium eine ausdrückliche Regelung von Computerprogrammen im UrhG ab, „weil eine gesetzliche Klarstellung dieser Frage sicherlich Wünsche nach gesetzlicher Klarstellung ähnlicher Fragen auslösen würde".[521]

Aufgrund der neuartigen Qualität des möglichen Kopierens digitaler Quellen - im Gegensatz zu den analogen Quellen - könnte jedoch eine solche Entkrimina-

---

[517] *Kirchhof*, S. 22, *Weber* (1976), S. 424.
[518] Zitiert nach: *Sielaff*, in: Kriminalistik, 1991 434 (434).
[519] *Roxin*, JA 1980, 545 (546).
[520] Ebenso *Meier*, in: JZ 1992, 657 (665).
[521] Zitiert nach *Kretschmer*, in: GRUR 1982, 670; ebenso: *Weber-Steinhaus*, S. 33.

lisierung möglicherweise gefährlich sein. Gab es früher noch einen Qualitätsverlust beim Kopieren der Werke - was stimulierend wirkte hinsichtlich des Kaufs der Originalware - so ist dies heute nicht mehr der Fall. Dieses Argument könnte jedoch nur dann verfangen, wenn die private Software-Piraterie durch die Strafdrohung zumindest zurückgedrängt werden würde.

Selbst die Anerkennung des CD-Duplizierens im privaten Bereich als Bedrohung der „Inneren Sicherheit" bedeutet noch nicht, daß zwanghaft die Unter-Verbotsstellung folgen muß. Für den Bereich der Urheberrechtsverstöße führt demgemäß auch die Bundesregierung aus: "Das System des ... Urheberrechts ist in erster Linie auf private Rechtsverfolgung angelegt. Die Verfolgung von Schutzrechtsverletzungen mittels des Strafrechts und des Strafverfahrens soll die zivilrechtlichen Mittel nicht ersetzen, sondern ergänzen und vervollständigen."[522] Der präventive Schutz der Sicherheit ist zudem in erster Linie Aufgabe der Ordnungsbehörden bzw. polizeiliche Aufgabe und nicht Aufgabe der Strafverfolgung.

Die Funktion von Recht, durch Ordnung Freiheit zu eröffnen, ist auch nicht beliebig steigerungsfähig. Mehr Recht bedeutet nicht notwendig mehr Freiheit. Mit zuviel Recht gehen geradezu Funktionsverkehrungen einher.[523]

Die Frage der Entkriminalisierung der privaten Software-Kopie ist jedenfalls deshalb kriminal- und wirtschaftspolitisch diskussionsbedürftig, da die Tauglichkeit der Pönalisierung im Bereich der Wirtschaftskriminalität zur Erreichung des angestrebten Ziels keineswegs außer Frage steht.[524]

Da das Wirtschaftsstrafrecht zu den „modernen" Bereichen des Strafrechts gehört, ist hier von einer Entkriminalisierung bisher gelegentlich zu wenig die Rede.[525] Dies hat seinen Grund neben der Modernität der Verfolgung von Wirtschaftskriminalität auch darin, daß das Strafrecht sich zunehmend Institutionen wie z.B. dem Schutz der Volksgesundheit oder der Wirtschaftsordnung hinwendet und weniger mit dem einzelnen Bürger zu tun hat.[526] Sicherlich hat dies seinen Grund auch darin, daß es scheinbar heute keine Selbstverständlichkeit mehr ist, den Blick bei der Forderung nach „geeigneten Maßnahmen"[527] auch über den Horizont des Strafrechtes hinausschweifen zu lassen. Daß aber auch die Intention des Gesetzgebers - jedenfalls ursprünglich - darüber hinaus-

---

[522] BR-Drs. 143/93, S. 55.

[523] *Schüler-Springorum*, S. 93f.

[524] *Otto* (1991); S. 57.

[525] *Kaiser* (1996) § 72 Rz. 8.

[526] *Hassemer*, in: ZRP 1992, 378 (381).

[527] Art. 7 der am 14.5.1991 vom Ministerrat der EG beschlossene Richtlinie über den Rechtsschutz von Computerprogrammen.

ging, zeigt der Blick in die Systematik des UrhG. So werden im Vierten Teil des UrhG nicht nur strafrechtliche Sanktionen normiert, sondern mit einem viel ausgefeilteren Instrumentarium auch die zivilrechtlichen Rechtsfolgen.[528]

b).1 Verweis auf das Zivilrecht

Die Forderung einer notwendigen Entkriminalisierung könnte sich daraus ergeben, daß Strafrechtsnormen als ultima ratio nur dann für legitim gehalten werden, wenn ihre Aufgabe nicht durch andere Regeln des sozialen Kontakts übernommen werden können, wie z.B. durch zivilrechtliche Schadensersatzansprüche.[529] Nach *Kreile* ist der Urheberrechtsjurist besonders stolz darauf, dem Urheber innerhalb der zivilrechtlichen Disziplin - also mit den klassischen Mitteln der Jurisprudenz - zu seinem Recht zu verhelfen.[530] Im Verband der Keramischen Industrie besteht als Alternative zur Streitschlichtung ein spezielles Schieds- und Schlichtungsverfahren für die Fälle der Nachahmung, was nach Auffassung *Müllers* befriedrigendere Entscheidungen erbringt als sie vom Gericht zu erwarten gewesen wären.[531]

Auch im Falle der Möglichkeit zivilrechtlicher Abwehr müssen aber dann Strafrechtsnormen geschaffen werden, wenn die in Frage stehenden Rechtsgüter kraft ihrer Bedeutung Strafrechtsschutz verdienen.[532] Denn eine Übergabe des Rechtsgüterschutzes in private Hände birgt die Gefahr in sich, daß auch das Gewaltmonopol des Staates aufgeweicht wird, da auf dem Wege des Zivilrechts keine den Täter durch die Androhung von staatlicher Strafgewalt abschreckenden Sanktionen verhängt werden können. Darüber hinaus läßt sich nur mittels des Strafrechts der Versuch erfassen,[533] wobei jedoch ein präventiver Aspekt dieser Strafandrohung bisher nicht nachgewiesen worden ist.

Zusätzlich zu beachten ist, daß nur dann, wenn Rechtsgutverletzungen materiell unter Strafe gestellt sind, für die Ermittlung der Täter die strafprozessualen Zwangsmittel zu Gebote stehen.[534]

Der zivilrechtliche Rechtsschutz hat jedoch nun auch in Deutschland mehr Durchsetzungskraft erlangt, nachdem im Juli 1996 erstmals gemäß § 809 BGB die zivilrechtliche Durchsuchung von Büroräumen zum Auffinden raubkopier-

---

528 *Meier*, in: JZ 1992, 657 (664).
529 *Franzheim*, in: CR 1993, 101 (102) m.w.N.
530 *Kreile* (1980), S. 253.
531 *Müller, D.*, S. 11.
532 *Weber* (1976), S. 423.
533 *Braun*, S. 329.
534 *Weber* (1993), S. 59.

ter Software zugelassen wurde.[535] Die BSA hat seitdem weitere zivilrechtliche Durchsuchungen mit Prozeßvollmacht ihrer Mitglieder durchführen können.[536] Darüber hinaus ist von der Industrie mittlerweile ein reibungslos funktionierendes Instrumentarium privater Ermittlungs- und Verfolgungstätigkeit aufgebaut worden.[537] Da das Risiko der Entdeckung durch diese „Behörden" ungleich größer ist als das der Entdeckung durch den „Staat", wird hier auf zivilrechtlichem Wege ein größerer Abschreckungseffekt erzielt werden können. Mit Verweis auf die zivilrechtliche Durchsuchungsmöglichkeit versendet die BSA nunmehr auch Fragebögen. Dabei erhöht die BSA den Druck auf die angeschriebenen Unternehmen dadurch, daß sie die Voraussetzung des Verdachts für den gerichtlichen Durchsuchungsbeschluß nicht erwähnt. Das Titelbild eines Informationsblattes stellt eine Mauer mit Gefängnisfenstern dar, angereichert um die Frage „Wollen Sie sich diese Aussichten ersparen?"

Zahlreiche Industrieverbände und Handelskammern empfahlen ihren Mitgliedern, die Aktion zu ignorieren, um so gegen den Eindruck anzugehen, daß jeder, der nicht teilnahm, mit Durchsuchungen der BSA zu rechnen habe. Erst daraufhin stellte die BSA klar, daß die Rücksendung auf freiwilliger Basis erfolge.[538]

Seitdem die BSA so aggressiv nicht nur allgemein an die Öffentlichkeit tritt, sondern auch Unternehmen direkt anschreibt, ist bei der gebührenfreien Anti-Piracy-Hotline ein großer Anstieg an Meldungen zu verzeichnen.

Allein der Verweis auf das Zivilrecht kann die Forderung einer Entkriminalisierung nicht begründen, da dem Verletzten letztlich immer der zivilrechtliche Weg offensteht - der bei einer Verurteilung zu einer Freiheits- oder Geldstrafe für das materiell geschädigte Opfer auch der einzige Weg der Schadenswiedergutmachung ist.

b).2 Effektivierung der Strafverfolgung

Bereits heute sind die Strafverfolgungsbehörden in einer Art und Weise überlastet, die es praktisch notwendig macht, das Opportunitätsprinzip auszuweiten. Mit der Entkriminalisierung der privaten Kopie eines Computerprogramms würde so die Voraussetzung geschaffen, daß die wirklich bedrohliche Piraterie, nämlich die gewerbliche, in den Mittelpunkt der Betrachtung rückte.[539] Die

---

[535] BSA-Pressemitteilung vom 24.07.1996.

[536] BSA- Pressemitteilung vom 15.07.1997.

[537] *Meier*, in: JZ 1992, 657 (664) für den Fall der Softwareindustrie.

[538] BSA-Pressemitteilung vom 27.05.1997.

[539] Podiumsdiskussion - *Franzheim* -, S. 147, *Franzheim*, in: CR 1993, 102.

Entkriminalisierung der privaten Software-Piraterie wäre damit auch Voraussetzung der rechtsstaatlich gebotenen Gewährleistung wirksamer Strafverfolgung.

b).3 Schaffung von Unrechtsbewußtsein

Die Unterverbotsstellung auch der privaten Kopie im Softwarebereich hat nicht dazu geführt, daß der Anteil der Raubkopien im privaten Bereich gesunken ist. Vielmehr stellt dies auch heute noch - und angesichts zunehmender Verbreitung von Computern noch viel mehr - die Normalität dar, so daß sich die Frage stellt, ob hier nicht die Schaffung neuer Normen zu einer Desintegration des Rechts führt.

Ein Unrechtsbewußtsein könnte sich gegenüber der gewerblichen CD-Piraterie möglicherweise auch deshalb verstärkt herausbilden, da derzeitig registriert werden muß, daß der gewerbliche Vervielfältiger sich genauso strafbar macht wie der Privatmann.

Dem vor allem von der Industrie vorgebrachten Einwand, daß damit das Unrechtsbewußtsein auch im gewerblichen Bereich schwinde, kann entgegengehalten werden, daß es bei einer solchen Entkriminalisierung nicht um die Ziehung einer „schwammigen" Grenze wie bspw. beim Ladendiebstahl gehen soll (wo die 50 DM - oder 100 DM - Grenze fließend oder auch willkürlich erscheinen mag), sondern daß hier gänzlich verschiedene Motivationslagen (private Nutzung - Handeltreiben) der Kopierer zum Ausdruck kommen. Zum anderen ist es mehr als fraglich, ob nicht die Existenz einer Strafrechtsnorm in Verbindung mit einer real existierenden Nicht-Verfolgung zu mehr Normbewußtsein und -treue führt. Wird hier also eine symbolische Gesetzgebung verlangt, so hat sie bereits im gleichen Atemzug ihre Wirksamkeit verloren: Symbolische Wirkung lebt von ihrer Latenz - symbolische Wirkung, einmal als solche erkannt, führt zur Wirkungslosigkeit.[540] Darüber hinaus hat eine symbolische Wirksamkeit eines Strafgesetzes zur Voraussetzung, daß der bezeichneten Straftat eine symbolische Bedeutung beigemessen werden kann - einen über den im zivilrechtlichen Sinne in Geld bezifferbaren hinausgehenden Schaden: Der Straftäter soll das Recht als Recht in Frage stellen.[541] Unter Berücksichtigung dessen, daß nahezu jeder Besitzer eines Computers über raubkopierte Software verfügt, kann eine solche herausragende Bedeutung des Verstoßes nicht bejaht werden.

Vielmehr könnte deshalb der umgekehrte Fall eintreten: Dort, wo keine Strafverfolgung stattfindet, schwindet die Normtreue, was sich negativ auch auf den

---

[540] *Seelmann*, in: KritV 1992, 453 (464).
[541] *Seelmann*, in: KritV 1992, 453 (465).

gewerblichen Bereich auswirken könnte. Diese Befürchtung äußerte auch 1990 der rheinland-pfälzische Justizminister *Caesar* auf eine Anfrage hinsichtlich des Raubkopierens von Computerspielen: „Da regelmäßig nichts geschieht, verfestigt sich bei diesen Jugendlichen die falsche Vorstellung, man könne folgenlos gegen Strafgesetze verstoßen."[542]

Angesichts dessen, daß es sich im Bereich des Urheberstrafrechts nicht um eine Erosion des Bewußtseins handelt, sondern erst um den Versuch der Schaffung von Bewußtsein durch positives Recht, sollte auch nicht außerachtgelassen werden, daß dieser Versuch dann umso eher erfolgreich sein wird, je mehr er von der Gesellschaft akzeptiert wird.

Schließlich würde auch der in der Praxis relevante Streit durch den Gesetzgeber obsolet gemacht, ob es sich bei dem Inhalt auf computerlesbaren CDs um Filmwerke oder Computerprogramme handelt. Diese Trennung ist nach Einschätzung von *Meier* für die Normtreue der Bevölkerung nur sehr schwer vermittelbar.[543] Dem steht auch nicht entgegen, wenn z.B. *Weber-Steinhaus* anführt, daß es sich bei Computerprogrammen im Gegensatz zu Tonträgern auch um Produkte der Technik handele.[544] Auch die Produkte der Unterhaltungsindustrie erfordern heute einen großen technischen Aufwand. Eine strikte Trennung des technischen Aspekts von dem des geistigen Schaffens läßt sich angesichts einer immer stärker werdenden Verknüpfung der Informationstechnologien nicht mehr ziehen. Diesen Aspekt sieht *Weber-Steinhaus* letztlich auch selbst, wenn er die Computerprogramme "im Grenzbereich zwischen Kultur, Technik und Anweisung sieht.[545]

b).4 Erhaltung rechtsstaatlicher Prinzipien

Angesichts des massenhaften Auftretens des Kopierens von Computerprogrammen können die Strafverfolgungsbehörden ihrer Aufgabe der Strafverfolgung in diesem Bereich nicht gerecht werden. Aufgrund der weiten Verbreitung und der eher zufälligen Aufklärung steht die Kriminalisierung dieses Verhaltens mit dem Verhältnismäßigkeitsgrundsatz nicht mehr in Einklang.[546]

Hinsichtlich der Anwendung des Strafrechts als ultima ratio kritisiert bspw. *Weber* die Strafdrohung für die unerlaubte Vervielfältigung jeglicher photographischer Aufnahme ohne Rücksicht auf ihre Qualität, da bei sicherlich 99 % der

---

[542] Landtag Rheinland-Pfalz, Drucksache 11/4139.
[543] *Meier*, in: JZ 1992, 657 (665); *Kaiser* (1996), § 74 Rz.54.
[544] *Weber-Steinhaus*, S.36f.
[545] *Weber-Steinhaus*, S.66ff.
[546] Podiumsdiskussion - *Franzheim* -, S. 147, *Franzheim*, in: CR 1993, 102.

Amateuraufnahmen keinerlei Anreiz für eine Rechtsverletzung besteht.[547] Dieser Einwand kann sich jedoch auf die CD-Piraterie nicht beziehen, da hier nur Werke kopiert werden, die wegen ihres wirtschaftlichen Erfolges ins Visier der Täter geraten sind.

Auch in Zeiten flagranter Bedrohung der „Inneren Sicherheit"[548] müssen jedoch abwägungsfeste, unverfügbare Bereiche bürgerlicher Freiheit beachtet werden.[549] Dazu gehört insbesondere der Schutz der Privatsphäre. Angesichts der Tatsache, daß private Software-Piraterie ein Delikt ist, welches von der großen Masse der privaten Software-Nutzer verübt wird, ist die Durchsetzung des staatlichen Strafanspruchs nicht ohne unverhältnismäßigen Eingriff des Staates in die Privatsphäre denkbar. Demgemäß beantragte auch das LKA Niedersachen im Jahre 1990, die private Software-Piraterie aus dem polizeilichen Meldedienst herauszunehmen, da es sich dabei um ein Delikt handele, welches mit „Schwarzfahren" vergleichbar sei.

Hier muß jedoch angemerkt werden, daß die Forderung nach Entkriminalisierung der privaten Software-Piraterie nicht gleichbedeutend mit der Forderung der Entkriminalisierung von Bagatelldelikten ist. Diese Forderung bezieht sich oftmals auf eine Ausgrenzung allgemein verübter Klein-Kriminalität (mit geringem materiellem Schaden) aus einem strafrechtlichen Tatbestand (z.B. geringfügiger Ladendiebstahl - Diebstahl gemäß § 242 StGB). Die Entkriminalisierung privater Softwarepiraterie bezieht sich jedoch nicht auf den Wert des Schutzguts Urheberrecht, sondern auf die Motivation des Kopierers: gewerbliche oder private Nutzung. Es werden also zwei gänzlich unterschiedliche Lebenssachverhalte voneinander abgegrenzt.

Von Gegnern der Entkriminalisierung wird dem aus rechtsstaatlicher Sicht entgegengehalten, daß diese zur Aufgabe des Gewaltmonopoles des Staates führen würde. Das Gegenteil ist jedoch der Fall: Bereits 1980 konstatierte *Zipf* eine dringend notwendige Entlastung des Staates, der sich mit seinen ständig zunehmenden Aufgaben zu übernehmen drohe.[550] An dieser Situation hat sich bis heute nichts geändert. Vielmehr hat der Umfang des Strafrechts - insbesondere der sog. Kontrolldelikte - noch zugenommen bei gleichzeitig verstärktem Sparzwang für die öffentlichen Haushalte. Darüber hinaus gilt es zu berücksichtigen, daß nicht alle in der Gesellschaft auftretenden Konflikte einer Lösung durch das Strafrecht bedürfen. Ein solcher Anspruch an das Strafrecht wäre auch - selbst bei entsprechendem Willen - nicht einlösbar.

---

547 *Weber* (1976), S. 385.
548 Zu dieser Begrifflichkeit vgl. *Kniesel*, in: ZRP 1996, 482 (482ff).
549 *Hassemer* (1997), S.218.
550 *Zipf*, S. 111.

b).5 Rückbesinnung des Strafrechts

Der Einsatz des Strafrechts als „ultima ratio" des Staates zwingt dazu, dessen Anwendung auf die besonders unerträglichen Verstöße zu reduzieren.[551] Entgegen der „Kriminalisierungseuphorie"[552] muß das Strafrecht wieder zur „großen Münze" gemacht werden. Strafrecht muß sich in einem Staat, der auf die Gewährung der Möglichkeiten der Entfaltung des einzelnen Menschen gerichtet ist, auf diejenigen Verhaltensweisen richten, „die die menschlichen Existenz- oder Entfaltungsbedingungen beeinträchtigen oder zu beeinträchtigen drohen."[553] Angesichts einer Situation der Software-Piraterie im privaten Bereich, wo das Dunkelfeld nahezu 100 % beträgt, kann nicht davon ausgegangen werden, daß diese Verhaltensweisen die Existenz der Softwareindustrie bedrohen. Darüber hinaus muß die Entkriminalisierung einer Verhaltensweise - so wie auch die Kriminalisierung - dem Gesetzgeber vorbehalten bleiben. Daß dies in der gegenwärtigen Situation nicht mehr der Fall ist, zeigt ein Blick auf die Strafverfolgung, für die die private Kopie eigentlich keine Rolle mehr spielt. Die Praxis läßt jedenfalls Zweifel daran aufkommen, ob es sich um strafwürdiges Unrecht handelt. Es ist zwingend erforderlich, daß das Legalitätsprinzip nicht faktisch durch das Opportunitätsprinzip ersetzt wird. Der zunehmende Trend der Ausweitung der Einstellungen nach §§ 153 ff. StPO - bei allen Vorteilen, die die Diversion gegenüber dem formellen Strafverfahren bietet[554] - und der Verfahrensvereinfachung kann das Problem der der Überlastung der Behörden nicht lösen, sondern ist letztlich die Abschiednahme des Bestimmtheitsgebots zugunsten der Ökonomie des Strafverfahrens.[555]

Soweit die Verfechter einer Strafschärfung nach den bisherigen Erfahrungen nach Verabschiedung des Produktpirateriegesetzes zu der Einsicht gelangt sind, daß sie „viel zu optimistisch"[556] gewesen seien, so muß daraus auch die Konsequenz gezogen werden und das Strafrecht wieder auf den „machbaren" Rahmen reduziert werden, um gleichzeitig überhaupt erst wieder einen Rahmen des gesellschaftlichen Zusammenhalts darstellen zu können. Es ist wohl mehr als eine Binsenweisheit, daß im Übermaß des Strafens das Strafschwert stumpf wird. Das vor mehr als 100 Jahren von *Binding* aufgestellte Postulat des „fragmentarischen Charakters" des Strafrechts findet darin seine Begründung.

---

[551] Vgl. BVerfGE 39,1 (45ff.).

[552] *Rogall*, in: NStZ 1992, 567.

[553] *Frisch*, S. 139.

[554] Vgl. dazu *Kaiser* (1993).

[555] Vgl. *Kaiser* (1996) § 36 Rz. 63, § 100 Rz. 23.

[556] Fromm/Nordemann - *Vinck* - vor § 106 Rz. 2; so bereits *Stenger*, in: Kriminalistik 1989, 479: "... hätte man meinen können, daß mit zunehmender Rechtskenntnis ein Abflauen der Delikte (der Softwarepiraterie - *M.K.*) eintreten würde. Weit gefehlt; ..."

b).6 Mangelndes Interesse der Verletzten an Strafverfolgung

Nicht zuletzt auch die Software-Industrie zeigt ein nur geringes Interesse an der strafrechtlichen Verfolgung des privaten Raubkopierers. Bei der Zusammenarbeit mit dem Zoll kommt zum Ausdruck, daß es ihr bei der Einfuhr geringer Mengen von Raubkopien nicht auf die Beschlagnahme ankommt, da dann der Aufwand in keinem Verhältnis zum Nutzen bzw. Schaden stünde.[557] Auch wird Anzeigen hinsichtlich der Fertigung bzw. Nutzung von Kopien im privaten Bereich nicht nachgegangen. Wenn aber bereits die Rechteinhaber nicht an einer strafrechtlichen Verfolgung interessiert sind, ist kein Grund dafür ersichtlich, den Strafrechtsschutz hier noch weiter bestehen zu lassen. Das mangelnde Interesse am Strafrechtsschutz zeigt sich auch darin, daß die Software-Industrie - wenn überhaupt - nur noch auf privatrechtlichem Wege gegen die Verletzer vorgeht. So heißt es in einer offiziellen Stellungnahme des VSI: „Obwohl die Privatanwender eine Gruppe bilden, die an dem durch Raubkopien verursachten Umsatzverlust wesentlich beteiligt ist, ist der Mehrheit der Standardsoftwarehersteller nicht an ihrer Kriminalisierung gelegen."[558] In der Regel kümmert sich die Software-Industrie überhaupt nicht - selbst bei Kenntniserlangung - um die einzelnen Raubkopierer. Dazu der VSI weiter: „Das heißt, ... daß in der überwiegenden Mehrzahl der Fälle, in denen für den privaten Einsatz Raubkopien erstellt und eingesetzt werden, keine rechtlichen Maßnahmen von Seiten der Hersteller ergriffen werden."[559] Auch der Zentraleuropa-Geschäftsführer von Microsoft, *Rudolf Gallister*, meint, daß die Jagd auf die Raubkopierer keineswegs den Privatanwender betreffe.[560]

Zwar besteht sicherlich im Einzelfall noch ein Interesse an einer strafrechtlichen Verfolgung, jedoch ist es nicht Aufgabe des Strafrechts, flächendeckend Verhaltensweisen unter Strafe zu stellen[561], um bei Gelegenheit darauf zurückzugreifen.

Angesichts der Tatsache, daß die Software-Industrie selbst gegen private Kopierer gar nicht mehr vorgeht, ließe sich auch argumentieren, daß die Gewinnkalkulation bereits auf der Basis der für den gewerblichen Gebrauch verkauften Exemplare erstellt wird.

---

[557] Vgl. Kapitel 9.2.5.1.
[558] VSI: Das Urheberrecht-Eine Stellungnahme des VSI.
[559] VSI: Das Urheberrecht-Eine Stellungnahme des VSI.
[560] Zitiert in: *o. V.*, in: Computerwoche 7/94 vom 18.02.1994, S. 11.
[561] *Hund*, in: ZRP 1994, 4 (5).

c) Entkriminalisierung von Vertragsbrüchen

Über die private Kopie hinaus muß insbesondere die strafrechtliche Erfassung von Verhalten in solchen Bereichen kritisch betrachtet werden, in denen die Zwecke von Zivil- und Strafrecht ausgetauscht zu sein scheinen.[562] Das Strafrecht kann nicht den am Rechtsgeschäft Teilnehmenden die Risiken abnehmen, die sich aus dem im Zivilrecht geltenden Prinzip der Privatautonomie ergeben. D.h., daß der bloße Vertragsbruch nicht unter Strafe gestellt werden kann. Ein diesbezüglicher weiterer Schutz der Beteiligten ist auch im Urheberrecht - auch angesichts dessen wirtschaftlicher Bedeutung - nicht gerechtfertigt.

Hier bietet das allgemeine Strafrecht über § 263 StGB einen ausreichenden Schutz, falls der Vertragspartner von vornherein täuschte.

c).1 Illegale Parallelimporte

Ein Ansatz-Punkt zur Entkriminalisierung könnte darin bestehen, illegale Parallelimporte von der Strafbarkeit auszunehmen. Wenn der Urheber oder Leistungsschutzberechtigte seine Lizenz zur Verbreitung an einen Dritten weitergegeben hat, hat er auch selbst dafür Sorge zu tragen, daß dieser sich an die vertraglichen Vereinbarungen hält. Das Strafrecht darf nicht als Druckmittel gegen Vertragspartner herangezogen werden, die sich der Berechtigte unsorgfältig ausgesucht hat.

c).2 „Überpressungen"

Das gleiche gilt für sog. „Überpressungen" von CDs. Hier ist auch die Notwendigkeit des strafrechtlichen Schutzes nicht in dem gleichen Maße gegeben wie im Falle der „bloßen" Raubkopie. Denn im Unterschied zu letzterem weiß der Berechtigte hier, mit wem er es zu tun hat.

11.2.3.6 Notwendige Klarstellung durch den Gesetzgeber

Da die digitale Technik es beliebig erlaubt, auch nur Partikel eines Werkes „auszuschneiden" und zu bearbeiten, bedarf es einer Feststellung dessen, ob und, wenn ja, bis zu welchem Ausmaß die Entnahme von digitalisierten Bestandteilen eines Werkes der Musik, der bildenden Kunst oder der Photographie ohne Rechtsverletzung möglich ist.[563] Solche kleinste Melodieteile werden in der Musik als „licks" bezeichnet.[564]

---

[562] *Eisenberg* (1995), § 23 Rz. 22.
[563] *Davies*, in: GRUR int. 1996, 888 (890).
[564] *Hoeren*, in: GRUR 1989, 11 (12f).

11.2.3.7 Der Schadensersatzanspruch der Urheber und Leistungsschutzberechtigten

Als besonderes Problem hat sich in der Praxis die Durchsetzung eines adäquaten Schadensersatzes erwiesen.[565] Hier wird von verschiedenen Teilen der Literatur deshalb diskutiert, inwieweit nicht auch Aspekte der Prävention und Sanktion in den Schadensersatzanspruch einfließen sollten.[566] *Braun* schlägt als angemessenen Schadensersatz die doppelte Lizenzgebühr vor. Die entgangene Lizenzgebühr kann jedoch nur im Fall der Markenpiraterie als Verletzung angesehen werden. Dennoch scheint der vorgeschlagene Weg einer pauschalen Erhöhung des Schadensersatzes - wie im amerikanischen Recht - als Ausgleich zwischen Verletzer und Verletztem als ein gangbarer Weg. Dieser erhöhte Schadensersatz wird als „punitive damage" bezeichnet. Praktisch könnte eine solche pauschale Vervielfachung des Schadensersatzes deshalb wirkungslos bleiben, da die Gerichte den Ausgangswert des einfachen Schadensersatzes niedriger ansetzen.[567] Voraussetzung einer solchen pauschalen Vervielfältigung des Schadensersatzes müßte in jedem Fall die gewerbliche Urheberrechtsverletzung sein.

11.3 Effektivierung der Strafverfolgung

Kriminalität kann nicht mit höheren Strafdrohungen begegnet werden[568], sondern mit der Verstärkung des Strafverfolgungsrisikos für die Täter. *Cesare Beccaria* erkannte bereits 1764, daß es für die Abschreckung nicht auf die Schwere der Strafandrohung, sondern ihre praktische Durchsetzbarkeit, die Sicherheit und Schnelligkeit der Verbrechensaufklärung ankommt. Der Rechtsbrecher muß mit seiner in Aussicht genommenen Tat ein hohes Risiko der Entdeckung, Überführung und Verurteilung eingehen, wenn er wirksam abgeschreckt werden soll.[569] „Sittenbildend" kann Strafrecht demzufolge nur dann wirken, wenn die Chance, strafbar erwirtschaftete Vorteile dauerhaft ausnutzen zu können, gering ist.[570]

---

[565] Vgl. zur Problematik der Schadensermittlung Kapitel 9.

[566] Vgl. *Braun*, S. 335.

[567] *Wölfel*, S.169f.

[568] So nunmehr auch Fromm/Nordemann -*Vinck* - vor § 106 Rz.2: „Die noch in den Vorauflagen zum Ausdruck gebrachte Auffassung, die Existenz der Strafvorschriften dürfte abschrekkende Wirkung haben, hat sich als viel zu optimistisch erwiesen." Ebenso *Schöch* (FS-Jescheck), S. 1104: *Jede* (Hervorherbung - M.K.) Strafe, welche den Normbruch überhaupt deutlich macht und nicht verharmlost, ist geeignet, die generalpräventive Aufgabe des Strafrechts zu erfüllen.

[569] *Schneider* (1981b), S. 718.

[570] *Volk*, in: JZ 1982, 85 (89).

11.3.1 Abbau von Berührungsängsten der Behörden und Gerichte

Eine effektive Strafverfolgung setzt in erster Linie voraus, daß die Strafverfolgungsbehörden und die Gerichte keine Berührungsängste hinsichtlich des technischen Metiers haben. So verweist der VUD darauf, daß das Kopieren von Software bei den zuständigen Gerichten nicht den Stellenwert hat, den der VUD erwartet.[571] Dies erfordert eine Überwindung des Paradoxons, daß § 105 UrhG die Einrichtung von Spezialkammern der Zivilgerichte für Urheber vorsieht, während die §§ 106 ff. UrhG die Beurteilung der schwierigen Rechtsfragen, die § 105 UrhG nicht einmal jedem Landgericht anvertrauen will, jedem Strafrichter, der nach §§ 7 ff. StPO zuständig ist, überlassen.[572] Darüber hinaus scheint auch mehr Engagement und Verständnis auf Seiten der Staatsanwaltschaften notwendig, die den Bereich der Produktpiraterie in den Bereich des Zivilrechts und der Privatklage abschieben.[573] Dies hat seinen Grund sicherlich auch darin, daß Wirtschaftskriminalität in der universitären strafrechtlichen Ausbildung nur unzureichend gelehrt wird. Nicht nur die strafrechtliche Ausbildung ist hier gefordert, sondern auch die Vermittlung von Grundkenntnissen des Wirtschaftslebens. Hierzu zählen Buchführungs- und Bilanzkenntnisse und das Bank- und Finanzwesen.[574] Erst diese verleihen dem Juristen die Kompetenz und auch den Mut, auch mit komplexen wirtschaftlichen Sachverhalten und großen Zahlenbeträgen offensiv umgehen zu können. Damit würde die aus Sicht von *von Gravenreuth* häufig nicht nachvollziehbare juristische und psychologische Barriere gegenüber dem Nebenstrafrecht von Staatsanwälten und Strafrichtern[575] abgebaut werden.

11.3.2 Beweislastumkehr hinsichtlich der Darlegung der Verwertungsberechtigung

Die oftmals gerade in der politischen Diskussion symbolhaft geführte Debatte um eine Effektivierung der Strafverfolgung als „Wundermittel" darf nicht vergessen machen, daß eine Gesellschaft ohne Kriminalität Illusion ist und daß deshalb der Rechtsstaat Bundesrepublik sich in der Kriminalitätsbekämpfung gewisse Schranken auferlegt hat. Dies bedeutet insbesondere, daß das Gebot der Verhältnismäßigkeit beachtet bleiben muß und auch, daß die Unschuldsvermutung (Art. 6 Abs. 2 MRK) nicht umgekehrt werden darf. So verletzt der Vor-

---

571 Schreiben von *Hermann Achilles*, GF des VUD.

572 Fromm / Nordemann - *Vinck* - vor § 106 Rz. 2; zur Problematik von Spezial-Spruchkörpern im Verhältnis zu Art. 101 I 2 GG *Tiedemann* (1976), S. 49.

573 *Müller/Wabnitz*, in: ZRP 1990, 429 (431).

574 *Müller/Wabnitz*, in: APuZ Nr. 23/1995, 28 (29).

575 *Von Gravenreuth*, in: CR 1991, 36 (36f.).

schlag von *Kann*, bei bootlegs in entsprechender Anwendung von § 10 UrhG davon auszugehen, daß eine Aufnahme öffentlicher Konzerte immer ohne Zustimmung des Urhebers erfolgte[576], Verfassungsprinzipien ohne Not, da hier kein Anhaltspunkt für eine Notwendigkeit einer solchen einschneidenden Maßnahme besteht.

Die aktuelle Diskussion um die Umkehr der Beweislast - insbesondere im Zusammenhang mit der Diskussion um die „Organisierte Kriminalität" - hat ihren Grund vor allem darin, daß die Strafverfolgungsbehören aufgrund der professionellen Abschirmung immer größere Schwierigkeiten beim Nachweis der Straftat und dem Verbleib des Gewinns haben. Die Beweislastumkehr wird vor allem im Bereich der Einziehung strafbar erwirtschafteten Vermögens in letzter Zeit verstärkt diskutiert.

Ohne diese Vorschläge hier in aller Ausführlichkeit zu behandeln[577], muß festgestellt werden, daß im Bereich des Nachweises der Verletzung des Urheberrechts der Sachverhalt anders liegt: Der Nachweis der Urheberrechte und der fehlenden Zustimmung ist ohne weiteres zu führen - es ist dem verletzten Urheber möglich, darüber auszusagen, ob es sich um einen genehmigten oder ungenehmigten Mitschnitt handelt. Dies ist ihm auch zuzumuten, zumal es sich im Urheberrecht gerade um den Schutz seiner Rechte handelt, an deren Verfolgung er auch bis zu einem gewissen Umfang mitwirken muß. Wegen der Schwierigkeiten einer Vernehmung eines Zeugen wie Phil Collins o.ä. sollte jedoch die Beweisführung erleichtert werden. So könnte für die Urheber bei der WIPO ein Verzeichnis der Urheber und ihrer lizenzierten Veröffentlichungen ähnlich einem Patentamt geführt werden.[578] Zutreffender wäre der Vergleich mit einem Grundbuch, da es im Bereich des Urheberrechts nicht - wie bei einer Erfindung - um den „Wettlauf" geht, als Erster ins Ziel zu gelangen. Denn bei den geschützten Werken handelt es sich um persönliche geistige Schöpfungen. Ähnlich wie im Grundbuch könnten Nutzungsrechte an bestimmten Stücken eingetragen werden.

Auch der Bereich der bootlegs könnte so erfaßt werden, da die Erlaubnis der Aufnahme und deren Vervielfältigung in dieses Urheberrechtsverzeichnis eingetragen werden müßte. Für den Eintrag in ein solches Verzeichnis hätte die Anzeige durch den Urheber zu erfolgen, bzw. im Fall der Abtretung seiner Rechte durch den Verwertungsberechtigten.

---

[576] *Kann*, S. 156.
[577] Diese stellen aus meiner Sicht den Abschied vom fairen, rechtsstaatlichen Verfahren dar. Ebenso: *Eisenberg*, in: NJW 1993, 1033 (1039).
[578] So auch *Kann*, S. 152f.

11.3.3 Kataloge zur Identifizierung lizenzierter Ware

Ein großes Problem bereits bei der möglichen Beschlagnahme durch den Zoll stellt die Identifizierung einer Ware als Fälschung dar. Hier ist die Industrie gefordert, dem Zoll konkrete Hinweise zu geben, woran das Original erkennbar ist. Die Software-Industrie wurde deshalb auch von Seiten der Sachbearbeiter Computerkriminalität zur Erstellung einer Datenbank aufgefordert, die ein zeitnahes Erkennen von Softwarepiraterie-Fällen ermöglichen soll.

Dieser Vorschlag trifft in der Praxis auf Schwierigkeiten, da eine besonders detaillierte Beschreibung der Originale am Ende auch besonders detailgetreu nachgemachte Fälschungen hervorbringen wird.

11.4 Administrative Maßnahmen

Ausgehend davon, daß ein großer Teil der Piratenware auf sog. Trödelmärkten verkauft wird, schlägt *Kann* vor, daß den Veranstaltern von Märkten gemäß § 68 Abs. 1 iVm § 69a Abs. 2 GewO verboten werden soll, Anbieter von Tonträgern auf ihren Märkten zum Verkauf zuzulassen.[579] Dies wäre sicherlich ein Weg zur - jedenfalls teilweisen - Austrocknung des Marktes. Es wäre aber auch ein nicht unbeträchtlicher Eingriff in die grundgesetzlich garantierte Freiheit der Berufsausübung gemäß Art. 12 Abs. 1 GG. Da die auf Trödelmärkten präsenten Kleinhändler auf den Straßenverkauf angewiesen sind, um gegen Groß-Ketten wie Saturn, Media-Markt oder ProMarkt bestehen zu können, wäre dies möglicherweise auch ein Eingriff in die Freiheit der Berufswahl.

Solcherart Eingriffe verbieten sich bereits deshalb, weil man nicht eine ganze Sparte von Händlern „über einen Kamm scheren" und kriminalisieren kann. Die Gewerbeaufsicht oder die Gewerbepolizei müßte vielmehr konsequenter Stichproben zur Feststellung eines solchen Tatbestands auf Trödelmärkten machen, die zu einer Gewerbeuntersagung führen könnten. In gleicher Weise wäre es nicht zu vertreten, wenn jedem CD-Tausch- oder -Second-Hand-Händler - bei denen die Praxis eigentlich immer einen „Grundverdacht" hegt - sein Gewerbe untersagt werden würde.

---

[579] *Kann*, S. 162.

11.5 Maßnahmen im technischen Bereich

11.5.1 Begrenzung der Kopiermöglichkeiten

11.5.1.1 CD-Kopierschutz

Durch die Anbringung eines Kopierschutzes sollte der Hersteller zu erkennen geben, daß er sein Werk für schützenswert hält, und zwar auch technisch, und nicht nur durch die Anbringung eines Urheberrechtsvermerks. Dieser wirkt angesichts der leicht handhabbaren Vervielfältigung eher lächerlich.

11.5.1.2 Begrenzung der Kopiermöglichkeiten der Aufnahmegeräte

Unterstützung verdienen die Überlegungen der EU-Kommission, die dahin gehen, für digitale Aufnahmegeräte verbindlich Vorrichtungen zur Begrenzung der Kopiermöglichkeiten vorzuschreiben.[580] Ein Beispiel für Systeme zur Nutzungsbeschränkung ist das Serial Copy Management System (SCMS). Es erlaubt eine unbeschränkte Anzahl digitaler Kopien der ersten Generation, verhindert aber, daß digitale Kopien von Kopien gezogen werden können.[581]

11.5.1.3 Verbot der technischen Voraussetzungen zur Umgehung des Kopierschutzes

Umgesetzt werden sollten darüber hinaus die in den WIPO-Vereinbarungen vom 20.12.1996 über die Urheberrechte (Art. 11) und über die Darbietungen und Tonträger (Art. 17)[582] enthaltenen Verpflichtungen, Maßnahmen gegen Vorrichtungen zur Umgehung des Kopierschutzes zu ergreifen.

11.5.2 Kennzeichnung der Quellen

Elektronische Dokumente können nicht nur spurenlos verfälscht und gefälscht werden, die Digitaltechnik erlaubt auch die Verbindung beliebiger Informationen mit Werken und Leistungen, z.B. mit

- der Identifikationsnummer von Werk bzw. Leistung,

- dem Namen des Urhebers und ggf. dem Namen des abweichenden Erstrechteinhabers,

---

[580] *Schulze, E.*, in: NJW 1995, 706 (707).
[581] *Wand*, in: GRUR int. 1996, 897 (899)
[582] IIC 1997, 208 bzw. 214.

- dem Namen des Lizenznehmers,

- den Lizenzbedingungen.

Zur Verhinderung der Fälschung elektronischer Dokumente wurden auf der Basis kryptographischer Methoden elektronische Signaturverfahren entwickelt.[583]

Rundfunk- und Fernsehprogramme sollten so gekennzeichnet sein, daß eine Identifizierung der Quelle als Nachweis illegaler Mitschnitte möglich wird.

Apple Computer, Inc. etwa versucht, „right tracks" für QuickTime-Filme zu entwickeln, die Informationen über die Identität des Gebrauchs und der Nachbildung enthalten. Die Tonaufnahmeindustrie strebt an, jeder einzelnen Spur einer Tonaufnahme kodierte Informationen beizugeben, die eine Identifikation des Rechteinhabers ermöglichen, ohne daß diese Information entfernt oder verändert werden könnte. Dieser Code, der International Standard Recording Code (ISRC), wurde von der International Standards Organization (ISO) entwickelt.[584]

Um zu verhindern, daß die verschlüsselte digitale Signatur und andere Informationen unbefugt entfernt werden, bedient man sich des „digital watermarking".[585]

Eine entsprechende Signaturpflicht ist in der Bundesrepublik 1997 eingeführt worden.[586]

Der von der IFPI in Zusammenarbeit mit Philips Consumer Electronics entwickelte SID-Code zur Identifizierung der Preßwerke sollte auf alle CDs gepreßt werden.

Zunehmend etabliert als Kennzeichen der Originalprodukte haben sich auch auf den Produkten befindliche Hologramme. Der Produzent dieser „Wasserzeichen" sollte verpflichtet werden, Umfang und Verwendung der Produktion zu dokumentieren.

11.5.3 Protokollfunktion

Die Geräte sollten mit einer Protokollfunktion ausgestattet werden, so daß zumindest die Zeiten des Zugriffs und die Anzahl der Kopien nachweisbar ist. Auch der jeweilige Nutzer könnte so festgehalten werden.

---

[583] *Wand*, in: GRUR int. 1996, 897 (898).
[584] *Davies*, in: GRUR int. 1996, 888 (892f.).
[585] *Wand*, in: GRUR int. 1996, 897 (899).
[586] Vgl. dazu *Börner*, in: ZUM 1997, 245 ff.

11.5.4 Paßwörter

Der unbefugte Zugang zum auf CDs gespeicherten Inhalt kann durch die Verwendung sog. Paßwörter verhindert werden. Die Verwendung von Paßwörtern dient jedoch vorwiegend der Verhinderung des unerlaubten Zugangs zum System und nicht des unerlaubten Herstellens von Vervielfältigungen.[587] CD-Piraterie richtet sich jedoch nicht darauf, geheimgehaltene Informationen wirtschaftlich zu verwerten oder der Öffentlichkeit preiszugeben.

11.6 Bewußtseinsschärfung

Der Bereich der gewerblichen Produktpiraterie als bedürfnisorientierte Kriminalität basiert auf der Nachfrage der Konsumenten nach Piraterieware.

Ziel der CD-Piraterie ist nicht die Begehung einer Straftat an sich[588], sondern die Erzielung wirtschaftlicher Vorteile. Wie beim legalen Wirtschaften nutzen auch diese Wirtschaftsstraftäter die Schere zwischen Angebot und Nachfrage. Hauptansatzpunkt zur Bekämpfung der CD-Piraterie muß es daher sein, die Käufer vom Kauf von Piratenware abzuhalten. Auf diese Art und Weise kann der CD-Piraterie der wirtschaftliche Nährboden entzogen werden. Da die Mittel des Strafrechts hier begrenzt sind[589], geht es um eine moralische Überzeugung der Konsumenten von Piratenware. Den (potentiellen) Käufern muß dargelegt werden, daß ihr Verhalten strafbare Tatgelegenheiten eröffnet.[590] Dabei muß dem Einzelnen klar gemacht werden, daß der Ruf nach dem „starken Staat" die notwendige Vorsicht in eigenen Angelegenheiten nicht ersetzt, sondern daß es um Kriminalitätsverhinderung geht, die der Gesellschaft insgesamt obliegt. In dem Ruf nach dem "starken Staat" manifestiert sich die Kapitulation der Gesellschaft - die Kapitulation, welche den Befürwortern einer Reduzierung des Strafrechts auf das Wesentliche immer unterstellt wird. Dies zeigt sich auch in den Ergebnissen der angestellten Befragung, bei der die Befragten die Sozialschädlichkeit des Kaufs von Piratenware nicht sahen.

Die Bewußtseinsschärfung der Bevölkerung sah die Mitgliederversammlung der Deutschen Landesgruppe der IFPI bereits im Oktober 1976 als „entscheidend" an.[591] Es muß deutlich gemacht werden, daß nur der geringste Teil des Kaufpreises einer CD den Materialwert decken soll, daß damit vor allem die Bezahlung der Urheber abgedeckt wird; daß die CD-Industrie nicht einfach CDs preßt

---

587 *Heinrich*, S. 74.

588 Dies ist z.B. bei der Kriminalität Jugendlicher der Fall, die mit der Begehung einer Straftat Aufsehen erregen und sich eine eigene Identität verschaffen wollen.

589 Vgl. Kapitel 11.2.3.

590 *Hund*, in: ZRP 1994, 4 (6).

591 *O.V.*, Der Musikmarkt vom 15.11.1976 (Nr. 22/1976).

und diese dann im Verkauf angeboten werden, sondern daß vor allem Programme angeboten werden und beim Kauf deren Genuß und nicht der Datenträger im Vordergrund steht.

Die Schaffung eines entsprechenden Bewußtseins kann sicherlich nicht von heute auf morgen gelingen, denn das auch bei der Umfrage zutage getretene Defizit erklärt sich nicht zuletzt auch aus der Rechts-Historie: Während es dem Eigentümer einer Sache schon in den Rechtsordnungen des Altertums zustand, sich daraus fließende Nutzungserträge anzueignen, ist der Eigentumscharakter einer geistigen Schöpfung als Ausfluß der Naturrechtslehre des 18. Jahrhunderts eine relativ junge Eigenschaft.[592] Es kommt darauf an, den erst spät aufgekommenen Gedanken[593], daß auch Urheberrechte geistiges Eigentum sind[594], zu verwurzeln. Der Mangel an dieser Rechts-Tradition, der sich hinsichtlich der Verwurzelung und Internalisierung negativ auswirkt, muß wettgemacht werden.[595] Einhergehend mit der Entkriminalisierung der privaten Kopie kann für die „Verwurzelung" an die bereits bestehende Einschätzung gesteigerter Verwerflichkeit der gewerblichen Kopie angeknüpft werden.

Der unerlaubte Erwerb geistigen Eigentums verdient keine geringere sozialethische Mißbilligung als der unrechtmäßige Erwerb von Sacheigentum.[596] Produktpiraterie darf nicht länger als Kavaliersdelikt angesehen werden, sondern als Bereicherung durch Arbeit anderer.

Im Bereich des Samplings muß klargemacht werden, daß es sich auch hierbei in erster Linie um Urheberrechtsverletzungen handelt - auch wenn es sich dabei um eine Form der Bearbeitung handelt, die teilweise als Kunstwerk angepriesen wird.

Eine solche moralische Verbindlichkeit der Normen des Urheberrechts verleiht ihnen großes Gewicht[597] und ist eine der ersten Voraussetzungen dafür, daß die Gesetze und die vertraglichen Sicherungen beachtet werden.[598]

Dafür müssen sich auch die Rechteinhaber und Verwertungsgesellschaften zusammenschließen. Erfolgreich war eine Kampagne des englischen Händlerverbandes BARD „Let's stamp out piracy".[599] Der Musikverlag Breitkopf &

---

[592] *Zombik*, in: Media Perspektiven 1987, 437 (447).
[593] Vgl. zur historischen Entwicklung des Begriffs des geistigen Eigentums: *von Olenhusen*.
[594] Vgl. dazu: *Kohler*, in: UFITA 1993, S. 99
[595] Vgl. zu positiven und negativen Einflußfaktoren auf die Intensität von Normen: *Thelen*, S. 125.
[596] *Weber* (1976), S. 424
[597] Vgl. dazu allgemein: *Schöch* (FS-Jescheck), S. 1099; *Streng*, S. 22.
[598] *Eck*, in: FAZ vom 17.2.1997.
[599] *O.V.*, in: Musikhandel 1994, S. 318.

Härtel eröffnete auf der 1993er Frankfurter Musikmesse eine gezielte Kampagne unter dem Titel „Kopieren erleichtert ... Autoren, Fachhändler und Verleger um ihre Anteile“.[600]

Die Kampagne zeigte vor allem auf, daß Wirtschaftskriminalität nicht opferlos ist. Ziel ist die Herstellung einer persönlichen Betroffenheit, indem in verstärktem Maße klar gemacht wird, daß das Opfer der Wirtschaftsstraftat sozial ist.[601] Eine solche Vorgehensweise deckt sich mit der Erkenntnis, daß in gleichem Maß wie das geschützte Rechtsgut abstrakter und die Schäden unpersönlicher werden, die Chancen einer wirkungsvollen Strafverfolgung geringer werden.[602]

Anknüpfungspunkt könnten auch Forschungen über die Scham als negative Konditionierung darstellen. Damit könnte auch die für Wirtschaftskriminalität typische mangelnde Affektivität aufgegriffen werden.

Die Bewußtseinsbeeinflussung dürfte jedoch um so schwerer werden als soziale Elemente in der Wirtschaft immer weniger zum Tragen kommen, sondern vielmehr als „Standortnachteil“ begriffen werden. Vielmehr stehen deutliche Egozentrik, dominierende materielle Zielsetzungen und der radikale Mitteleinsatz zum Erfolg im Vordergrund.[603] Diese Fehleinstellung der Gesellschaft begünstigt u.U. sogar noch die Wirtschaftskriminalität.[604] Damit steht im Einklang, daß über die mangelnde Affektivität hinaus Wirtschaftskriminalität in manchen Fällen sogar bewundert wird.[605]

Hier ist die Entwicklung einer Wirtschaftsethik gefragt, die über die Behebung scheinbarer Sachzwänge - die den Tätern eine Neutralisierung des Unrechtsbewußtseins ermöglichen - und die Beeinflussung von Strukturen und Geschehensabläufe nachdenkt.[606] Dafür muß der zwischen Wirtschaft und Ethik bestehende Gegensatz von Bedürfnisbefriedigung und Bedürfniskritik[607] überwunden werden. Einen Schritt in diese Richtung hat zumindest *Siemens* festgestellt: "Ohne Ethik läuft in der Wirtschaft nichts mehr."[608] Diese im Jahre 1989 getroffene Feststellung hat wohl in den letzten Jahren dem Schlagwort der "Globalisierung" und der Standort-Debatte weichen müssen. Nach *Kube* hat sich die sofortige Bedürfnisbefriedigung auf individueller Basis als Lebensstil

---

600 *O.V.*, in: Musikhandel 1993, S. 214.
601 *Tiedemann* (1970), S. 18.
602 *Poerting*, S. 32.
603 *Ostendorf*, S. 76.
604 *Schneider* (1981a), S. 369.
605 *Thelen*, S. 67.
606 *Wafzig*, S. 109.
607 *Krelle*, S. 10.
608 *Siemens*, in: FAZ vom 17.4.1989.

zur kulturellen, wenn nicht gar moralischen Rechtfertigung unseres Wirtschaftssystems entwickelt.[609] Ein Lebensstil läßt sich vom Strafrecht möglicherweise für kurze Zeit unterdrücken, zur dauerhaften Abänderung bedarf es jedoch der Einsicht.

In diesen Bereich fällt auch eine kritische Betrachtung der Arbeit der GEMA, deren Kampfbereitschaft gegen Null geht, sobald sie ihr Geld bekommt - wenngleich die GEMA bei den Gebühren für den Aufwand der Bekämpfung des Musikdiebstahls einen Zuschlag von 100 % für den Kontrollaufwand auf die tarifmäßige Vergütung verlangt.[610]

Neu überdacht werden muß in diesem Zusammenhang die Regelung der Zwangslizenzen: So sind z.B. die meisten Urheberrechtsgesellschaften dem Gesetz nach verpflichtet, Lizenzen für Kompositionen an Tonträger zu erteilen, auch wenn es sich dabei um Piratenware handelt.[611]

Möglich im Bereich der Bewußtseinsbildung ist auch ein Appell an die Sammlerleidenschaft der Käufer, der das Original als das eigentlich Erstrebenswerte hervorhebt.

Angesichts der großen Verbreitung von Softwarepiraterie und angesichts einer scheinbar wehrlosen Situation der Programmautoren hat sich der von der Ehrlichkeit der Anwender lebende[612] Sharewarevertrieb etabliert. Dessen Wesen besteht darin, daß der Programmautor den Vertrieb des Programms nicht selbst steuert, sondern beliebigen Dritten überläßt und so eine Verbreitung des Programms von selbst erzeugt. Der Händler bezahlt nicht das Programm, sondern läßt sich nur seine Kopier- und Vertriebsleistung bezahlen und fordert den Benutzer auf, bei regelmäßiger Verwendung des Programms an den Urheber die „Registrierungsgebühr", d.h. die Lizenzgebühr für das Programm zu zahlen.[613]

Etabliert hat sich im Bereich der „allgemeinen" Kriminalitätsprävention eine Bewußtseins-schärfung durch eine Gegenüberstellung mit dem Opfer. Im Bereich der CD-Piraterie scheint ein solches Vorgehen jedoch ausgeschlossen: es handelt sich um überindividuelle Rechtsgüter oder juristische Personen als Opfer bzw. die direkt betroffenen Urheber sind so erfolgreich mit den lizenzierten CDs, daß der läuternde Effekt aus der Konfrontation mit dem persönlichen Erleben des Opfers wohl nicht eintreten wird.[614] Jedoch erscheint es

---

[609] *Kube*, S. 26.
[610] Vgl. BGHZ 59, 286.
[611] *Heine*, in: Musikhandel 1993, S. 348.
[612] *Jahn*, in: jur-pc 1995, 3286.
[613] OLG Hamburg, in: NJW-RR 1995, 1324f.; zu den Rechtsproblemen des Sharewarevertriebs vgl. *Heymann*, in: CR 1991, 6.
[614] Vgl. *Eisenberg* (1995) § 43 Rz. 37.

erfolgversprechend, die Opfer bzw. die negativen Folgen sichtbar zu machen. Einen solchen Weg beschreitet Microsoft, indem als Schadensersatz gezahlte Gelder für Projekte genutzt werden, die arbeitslosen Programmierern zugute kommen. Eine solche positive Präventionsarbeit - die also gerade nicht von der Abschreckung durch Androhung von zivil- und strafrechtlichen Folgen lebt - ist jedoch nur sehr schwer in der Öffentlichkeit zu transportieren. Die Medien sind - aufgrund der Nachfrage von Seiten der Konsumenten - stärker an negativen als an positiven Schlagzeilen orientiert. Dementsprechend martialisch gerieren sich teilweise auch die Verbände: Die öffentliche Vernichtung von CDs oder anderen Piraterieprodukten ist ein nicht nur von den Verbänden gerne präsentiertes, sondern auch von den Medien dargestelltes „Happening".[615] Der im November 1998 von Microsoft vorgestellte TV-Spot mit einer Länge von 30 Sekunden stellt einen Unternehmer dar, der durch die Gerichtsgänge flieht, auf der Anklagebank Platz nimmt und ein Urteil über zwei Jahre Freiheitsstrafe ohne Bewährung erhält.

Abschreckender als die - bisher empirisch nicht nachgewiesenen - Präventionszwecke des Strafrechts wird auch die Gefahr der Beeinträchtigung der eigenen Software durch Viren sowie das Fehlen von Gewährleistungsansprüchen, Service und Updates betrachtet.[616] Insbesondere auf die Gefahr des Befalls des Computersystems von Viren macht auch die BSA aufmerksam.[617]

11.7 Der Zusammenschluß der Verwertungsgesellschaften

Multimedia erlaubt durch die Verknüpfung vieler Medien die gleichzeitige Verletzung einer Reihe von Urheberrechten und Leistungsschutzrechten. Notwendig ist deshalb auch der Zusammenschluß der Opfer auf Seiten der Verwertungsgesellschaften zur Verfolgung unautorisierter Verarbeitungen und Vervielfältigungen, jedoch auch, um dem Multimedia-Anwender die Möglichkeit zu geben, sich an zentraler Stelle Verwertungsrechte einräumen zu lassen. Anderenfalls besteht die Gefahr, daß er bei der Fülle der ihm gegenüberstehenden Urheber erst gar keinen Anlauf unternimmt, um sich von allen Urhebern einzeln die Verwertungsrechte einräumen zu lassen.[618]

---

[615] So wurden bspw. anläßlich einer Pressekonferenz der VBP am 01.07.1998 auf dem Münchener Flughafen durch das Hauptzollamt München 5.000 gefälschte Uhren vernichtet.
[616] *Kaiser* (1996), § 74 Rz. 54.
[617] In: 10 Tips für den legalen und sicheren Software-Einkauf, Februar 1998.
[618] *Wand*, in: GRUR int. 1996, 897 (899), *Leutheusser-Schnarrenberger*, in: ZUM 1996, 631 (637).

In Frankreich wurde deshalb auf der internationalen Musikmesse MIDEM 1995 die Gründung der Dachgesellschaft beschlossen, und auch in Deutschland gibt es eine Arbeitsgemeinschaft von GEMA, GVL, VG Bild-Kunst und VG Wort.

Diskutiert wird in Deutschland auch eine Clearingstelle Multimedia (CMM). Dieses Modell geht von der Übertragung der digitalen Nutzungsrechte der Urheber an die Verwertungsgesellschaften aus, die dann gemeinsam für die Multimedia-Nutzung fungieren.[619]

Für ein Verbund-Modell spricht auch, daß - da multimediale Werke oft auf der Verbindung mehrerer Werke unterschiedlicher Art basieren - bei einer individualvertraglichen Einräumung die Summe der einzelnen Lizenzen möglicherweise so hoch ausfallen würde, daß das gesamte Unternehmen sich dann wirtschaftlich nicht mehr lohnte.[620]

Jedoch sollte aber nicht nur eine neue Zentralstelle für die Verwertung der digitalen Nutzungsrechte geschaffen werden, sondern - da die digitalen Techniken immer stärker in den Vordergrund rücken werden - die Zentralisierung der Rechte in einem sog. „one-shop-stop“ erfolgen. Erst der Zusammenschluß zu starken und effizienten Verwertungsgesellschaften macht aus einer Vielzahl von Urhebern einen ernstzunehmenden und adäquaten Verhandlungspartner für die Nutzer-Giganten.[621]

Mit einem solchen Zusammenschluß der Verwertungsgesellschaften würde auch das mit der Multimedia-Technik immer stärker in den Vordergrund rükkende Problem ad acta gelegt, daß die Abgrenzung der einzelnen Verwertungsgesellschaften zueinander bei der digitalen Integration von Musik, Text und Bild nahezu unmöglich wird.[622]

Im Hinblick auf die Intensität digitaler Werknutzung und unterschiedlicher Regelungen für Wort, Text und Bild gehört auch der Grundsatz der Prozentbeteiligung auf den Prüfstand. Denkbar wäre es, nach einem gemeinsamen Parameter zu suchen. Dafür könnte der jeweils eingenommene Speicherplatz in Betracht kommen, was jedoch zu ungerechten Ergebnissen führen würde, da bspw. Musik und Text im Umfang unterschiedlichen Speicherplatz benötigen. Zudem ist zu berücksichtigen, daß sich die Kompressionstechnik ständig verbessert.[623]

---

[619] *Lühr*, in: "M" 3/96, S. 11.
[620] *Leutheusser-Schnarrenberger*, in: ZUM 1996, 631 (635).
[621] *Kreile, J. / Becker*, in: GRUR int. 1996, 677 (680).
[622] *Hoeren* (1995), S.17.
[623] *Kreile, J. / Becker*, in: GRUR int. 1996, 677 (682).

Da hier letztlich das Selbstorganisationsrecht der Urheber gefragt ist, müssen diese sich klar werden, ob und inwieweit die individuelle Rechtevergabe noch zeitgemäß ist, oder ob sich aus praktischen Gründen in bestimmten Fällen eine vermehrte kollektive oder zentrale Rechteverwaltung und -vergabe empfiehlt.[624] Jedenfalls sollte so bald wie möglich Klarheit darüber geschaffen werden, welche multimedialen Nutzungsrechte die Verwertungsgesellschaften für ihre Urheber wahrnehmen sollen.[625]

11.8 Zusammenschluß der Wirtschaftsverbände

Da die CDs und deren Produktion sowohl in der Video-, Audio- und Software-Anwendung auf dem internationalen Markt verstärkt von einer Hand angeboten werden, sollten sich die Organisationen bzw. ihre Mitgliedsfirmen überlegen, inwieweit sie Anstrengungen zur Piraterie-Bekämpfung gemeinsam unternehmen bzw. ihre verschiedenen Aktivitäten auf diesem Bereich besser koordinieren können. Bei CD-Piraterie handelt es sich im internationalen Bereich um keinen für die verschiedenen medialen Anwendungen trennbaren Markt mehr. Das zeigt sich auch darin, daß die Musikindustrie nach eigenen Angaben einen Umsatzrückgang zugunsten von Multimedia-Produkten bzw. eine verstärkte Konkurrenz mit Computersoftware und -spielen verzeichnet. Ein Datenaustausch zwischen den Verbänden und Firmen könnte deshalb zu Synergie-Effekten führen.

Im Bereich der deutschen Wirtschaft wurde dementsprechend Ende 1997 beim Industrie- und Handelstag ein Aktionskreis gegen Produkt- und Markenpiraterie (AKPM) gegründet.[626]

Bei der Internationalen Handelskammer in Paris wurde auf Initiative der deutschen Vereinigung zur Bekämpfung von Produktpiraterie e.V. eine "Global Anti-Counterfeiting Group (GACG)" gegegründet.

Es darf natürlich nicht dabei bleiben, Arbeitskreise zu bilden. Informationsaustausch ist zwar wichtig, jedoch muß es auch darum gehen, gemeinsame konkrete Vorstellungen zu gewünschten Gesetzesnovellen und zur Vereinbarung gemeinsamer Sicherheitsstandards zu entwickeln. Insbesondere letzterer Aspekt muß dabei im Mittelpunkt stehen und auch die Frage danach, wie man einen solchen technischen Schutz gesetzlich verankern kann. Das bloße gemeinsame Verlangen der Inpflichtnahme des Staates wird das Problem sicherlich nicht auf Dauer lösen.

---

[624] *Kreile, J. / Becker*, in: GRUR int. 1996, 677 (678).
[625] *Kornmeier*, S. 896.
[626] Zum Gründerkreis gehören jedoch vor allem Firmen der Autoindustrie.

11.9 Ausblick: Internet und kein Ende der Piraterie

Hinsichtlich der Piraterie ist bereits jetzt abzusehen, daß diese durch die steigende Vernetzung zunehmen wird. Schon heute werden nach Angaben der IFPI in vielen der über 40.000 Musik-Homepages Musik-Titel ohne Genehmigung angeboten. Der daraus resultierende jährliche Schaden der Musikindustrie in Deutschland wird auf 12 Millionen DM geschätzt. Eine neuere Studie der IFPI ergab, daß es auf etwa 2.000 Internet-Seiten bis zu 80.000 illegale Musikdateien gibt. Auch das illegale Software-Angebot im Internet ist mittlerweile nicht mehr zu überblicken.

Der bisher noch als Kopierer arbeitende „Pirat" muß dann nicht einmal mehr selbst vervielfältigen, sondern braucht die Produkte nur noch on-line zur Verfügung zu stellen. Aber auch der Käufer braucht seine Privatsphäre nicht mehr zu verlassen. Strafbares Verhalten ist so nicht mehr als einen Mausklick entfernt. Notwendig zum Schutz der Urheberrechtsinhaber scheint hier eine Verschlüsselung der über das Netz zu sendenden Daten zu sein.

Die Bemühung der Hardware-Industrie der Entwicklung eines lediglich an das Netz angeschlossenen low-budget NC (network computer) ohne Disketten- oder CD-Laufwerk, um so die die Möglichkeit des Ladens von off-line-Raubkopien zu verhindern, würde vor diesem Hintergrund wirkungslos.

11.10 Zusammenfassung

Nach den in diesem Abschnitt dargestellen kriminalpolitischen Erwägungen sollen im Folgenden die konkreten Vorschläge zum Umgang mit CD-Piraterie sowie die in diesem Zusammenhang zu klärenden Fragen nochmals zusammenfassend dargestellt werden. Dabei ist darauf hinzuweisen, daß nicht jeder Vorschlag der rechtlichen Verankerung durch den Gesetzgeber bedarf. Insbesondere dort, wo die Schutzrechtsinhaber die Durchsetzung des Schutzes - auch im Rahmen von Vertragsgestaltungen - selbst in der Hand haben, sollte der Verweis auf eine entsprechende Möglichkeit ausreichen.

In folgenden Bereichen besteht im Bereich der CD-Piraterie nach Auffassung des Verfassers Handlungsbedarf:

1. Bewußtseinsschärfung

   - Der Bereich der gewerblichen Produktpiraterie als bedürfnisorientierte Kriminalität basiert auf der Nachfrage der Konsumenten nach Piraterieware. Hauptansatzpunkt zur Bekämpfung der CD-Piraterie muß es daher sein, die Käufer vom Kauf dieser Produkte abzuhalten. Im Bereich der Bewußtseinsbildung bestehen aus Sicht des Verfassers folgende Wege und Möglichkeiten:

- die Sichtbarmachung der Opfer bzw. der negativen Folgen von CD-Piraterie, z.B. durch Verwendung der von den Tätern gezahlter Gelder für Projekte, die arbeitslosen Programmierern zugute kommen;
- Hinweise auf die Gefahr der Beeinträchtigung der eigenen Software durch Viren sowie auf das Fehlen von Gewährleistungsansprüchen, Service und Updates;
- ein Appell an die Sammlerleidenschaft der Käufer, der das Original als das eigentlich Erstrebenswerte hervorhebt.

2. Selbstorganisation der Urheber und Leistungsschutzberechtigten
   - Die Verwertung der Rechte sollte in einem sog. „one-shop-stop" zur Verwertung sämtlicher Rechte erfolgen. Bis dahin sollte so bald wie möglich Klarheit darüber geschaffen werden, welche multimedialen Nutzungsrechte die Verwertungsgesellschaften für ihre Urheber wahrnehmen sollen.
   - Die Wirtschafts-Organisationen bzw. ihre Mitgliedsfirmen sollten überdenken, inwieweit sie Anstrengungen zur Piraterie-Bekämpfung gemeinsam unternehmen bzw. besser koordinieren können. Dabei müssen folgende Punkte im Vordergrund stehen:
     - Informationsaustausch,
     - Entwicklung gemeinsamer konkreter Vorstellungen zu gewünschten Gesetzesnovellen und
     - Vereinbarung gemeinsamer Sicherheitsstandards.
   - Die Urheberrechtsindustrie ist gefordert, den Strafverfolgungsbehörden eine Datenbank zur Verfügung zu stellen, die ein zeitnahes Erkennen von Piratenware ermöglicht.
3. Weiterentwicklung des Urheberrechts auf internationaler Ebene
   - Für eine größere Rechtsklarheit und zur Erleichterung der Beweisführung sollte bei der WIPO ein Verzeichnis der urheberrechtlich sowie der nach den verwandten Schutzrechten geschützten Werke und der Inhaber der jeweiligen Schutzrechte geführt werden, in welches auch Nutzungsrechte für die jeweiligen Werke eingetragen werden könnten.
   - In den EGV sollte eine Rechtsgrundlage für die Gesetzgebung auf der Gemein-
     schaftsebene für den Bereich geistigen Eigentums eingefügt werden.

4. Weiterentwicklung des Urheberrechts auf nationaler Ebene

a) Schließung von Schutzlücken

– Eine sich derzeitig zeigende Schutzlücke besteht im Bereich des Zur-Verfügung-Stellens des technischen Equipments. Hier besteht Bedarf nach einer Klärung von Seiten des Gesetzgebers.

b) Weiterentwicklung im Bereich der Urheberrechtsabgaben

– Mit einer ständigen Ausweitung der privaten Kopie in allen Medien-Bereichen muß der vom Gesetzgeber bereits beschrittene Weg einer Ausweitung der Urheberrechtsabgaben weiterverfolgt werden. Es sollte eine Ausweitung auf zur Aufnahme größerer Datenmengen geeignete Speichermedien, Modems und Internet-Nutzer und -Provider erfolgen. Diese Pauschalabgabe sollte später für die Online-Nutzung durch das Electronic Copyright Management System (EMCS) abgelöst werden. Für Internet-Nutzer sollte bis zur Einführung des EMCS übergangsweise eine Abgabe eingeführt werden, welche eine monatliche oder auch eine von der Dauer der Nutzung abhängige Gebühr darstellen könnte, die an den Provider zu entrichten und von diesem an die „one-stop"-Verwertungsgesellschaft abzuführen wäre.

– Für gewerblich zur Verfügung gestellte CD-Brenner u.a. Datenspeicher sollte eine Nutzungsvergütung eingeführt werden.

– Die Höhe der Abgaben sollte regelmäßig entsprechend dem Lebenshaltungskosten-Index angepaßt werden.

– Im Hinblick auf die Intensität digitaler Werknutzung und unterschiedlicher Regelungen für Wort, Text und Bild ist für die Beteiligung an den Einnahmen der „one-stop"-Verwertungsgesellschaft nach einem gemeinsamen Parameter für alle Werkarten zu suchen.

– Den Verwertungsgesellschaften muß im Falle von Piratenware die Erteilung von Lizenzen verwehrt sein.

c) Urheberstrafrechtliche Konsequenzen

– § 111 UrhG - die öffentliche Bekanntmachung der Verurteilung - sollte konsequenter genutzt werden. Dieser Weg ist der Verhängung der kurzzeitigen Freiheitsstrafe vorzuziehen.

– Die (urheberrechtliche) Strafbarkeit des Vervielfältigens sollte für alle auf CD-Format gespeicherten Formate auf den gewerblichen Bereich beschränkt werden.

- Vertragsbrüche - insbesondere illegale Parallelimporte und „Überpressungen" - sollten entkriminalisiert werden.
- Es bedarf einer Klarstellung durch den Gesetzgeber, ob und ggf. bis zu welchem Ausmaß die Entnahme von digitalisierten Bestandteilen eines Werkes der Musik, der bildenden Kunst oder der Photographie ohne Rechtsverletzung möglich ist.

d) Schadensersatzrecht

- Im Bereich der gewerblichen Schutzrechtsverletzung der Urheber und Leistungsschutzberechtigten sollten bei der Berechnung des Schadensersatzes über dessen pauschale Erhöhung auch Aspekte der Prävention und Sanktion in den Schadensersatzanspruch („punitive damage") einfließen.

5. Effektivierung der Strafverfolgung(-sorgane)
   - Entsprechend § 105 UrhG sollten auch beim Strafgericht Spezialkammern für Verstöße gegen das UrhG eingerichtet werden.
   - Die universitäre Juristenausbildung sollte im Wirtschaftsstrafrecht verstärkt werden, wobei auch die Vermittlung von Grundkenntnissen des Wirtschaftslebens notwendig ist.
6. Technische Schutzmöglichkeiten sowie deren gesetzliche Verankerung
   - Durch die Anbringung eines technischen Kopierschutzes sollte der Hersteller zu erkennen geben, daß er sein Werk für schützenswert hält.
   - Umgesetzt werden sollten die in den WIPO-Vereinbarungen vom 20.12.1996 über die Urheberrechte (Art. 11) und über die Darbietungen und Tonträger (Art. 17)[627] enthaltenen Verpflichtungen, Maßnahmen gegen Vorrichtungen zur Umgehung des Kopierschutzes zu ergreifen.
   - Für digitale Aufnahmegeräte sollten verbindlich Vorrichtungen zur Begrenzung der Kopiermöglichkeiten vorgeschrieben werden.
   - Die Kopiergeräte sollten mit einer Protokollfunktion ausgestattet werden, so daß zumindest die Zeiten des Zugriffs und die Anzahl der Kopien nachweisbar ist.
   - Der von der IFPI in Zusammenarbeit mit Philips Consumer Electronics entwickelte SID-Code zur Identifizierung der Preßwerke sollte auf alle CDs gepreßt werden. Eine entsprechende Verpflichtung sollte international vereinbart werden. In diesem Zusammenhang sollte auch die Verbreitung

---

[627] IIC 1997, 208 bzw. 214.

des von der ISO entwickelten International Standard Recording Code (ISRC) unterstützt werden.

- Der Produzent von zur Kennzeichnung von Originalware dienenden Hologrammen sollte verpflichtet werden, Umfang und Verwendung von deren Produktion zu dokumentieren.
- Rundfunk- und Fernsehprogramme sollten so gekennzeichnet sein, daß eine Identifizierung der Quelle als Nachweis illegaler Mitschnitte möglich wird.

Anhang I: Leitfaden der Experteninterviews

Die Fragen beziehen sich sowohl auf Raubpressungen / -brennungen von Musik- und Software-CDs und - soweit überhaupt behandelt - auch von Video-CDs bzw. DVDs.

Statistik und Verfahren

1. In wievielen Fällen ermittelten Polizei / Schutzrechtsinhaber in den Jahren seit 1989?
2. Um welche Fälle handelte es sich dabei?
3. Wie haben Polizei / Schutzrechtsinhaber von den Fällen Kenntnis erlangt?
4. In welchem prozentualen Verhältnis stehen Kenntnisnahme durch Polizei / durch Schutzrechtsinhaber?
5. Informierten Polizei und Schutzrechtsinhaber sich jeweils gegenseitig?
6. Wird jeder Verdachtsanzeige nachgegangen?
7. Bearbeitet die Polizei auch Verdachtsanzeigen, ohne daß der Anzeigende Beweise mitbringt?
8. Wie funktioniert die Zusammenarbeit Polizei - Verletzte?
9. Wie groß schätzen Sie das Dunkelfeld
   - im privaten Bereich?
   - im gewerblichen Bereich?
10. Inwieweit ergeben sich Veränderungen durch Multimedia-Werke
    - für die Piraterie?
    - für deren Verfolgung?
11. Gab es Veränderungen durch den Preisverfall bei CD-Brennern?
12. Vor welche Ermittlungsprobleme sieht sich die Polizei gestellt? - z.B. Ablehnung von Durchsuchungen wegen fehlender Verhältnismäßigkeit wegen Bagatellcharakters von Softwarepiraterie? Behandlung von CDs als Papiere iSv § 110 StPO?
13. Welche Beweisschwierigkeiten gibt es?
    - insbesondere Vorsatznachweis?
14. Welche Schutzlücken nutzten / nutzen die Täter aus?
15. Wie berechnen Sie den durch CD-Piraterie entstehenden Schaden?
16. Verhalten sich Polizei bzw. Schutzrechtsinhaber kooperativ?

17. Glauben Sie, daß es von Seiten der Gerichte / StA „Berührungsängste" mit dem Thema gibt?
18. Was wissen Sie über den Ausgang von Verfahren?
    - Einstellungen?
    - Verurteilungen?

Täter und Tatorganisation

1. Wie organisiert sich CD-Piraterie?
   - „Wohnzimmer-Piraterie"?
   - „Organisierte Kriminalität"?
2. Gibt es Verbindungen zu „klassischen Bereichen" der OK, z.B. Waffen- oder Drogenhandel?
3. Welche „Produktpalette" gibt es im Rahmen von CD-Piraterie?
4. Wie wird die (CD-)Piratenware vertrieben?
5. Wieviel Prozent der (CD-) Piratenware wird nach Deutschland importiert? Welche Ursprungsländer?
6. Wie alt sind die Täter? Welchen sozialen Status haben die Täter auf den verschiedenen Ebenen (Händler, Kopierer...)?
7. Wie groß ist die Beteiligung Nicht-Deutscher? Welche Nationalitäten sind unter den Tätern auf welcher Ebene besonders vertreten?
8. Welche Unterschiede sehen Sie zur bisher vorrangigen MC-/LP-/Video-/ Disketten-Piraterie?
9. Welche Unterschiede sehen Sie zu anderen Formen der Produktpiraterie?

Vorschläge zur Problemlösung

1. Welche Vorschläge haben Sie zur Bekämpfung von CD-Piraterie?
2. Sollte CD-Piraterie stärker durch die Polizei / die Schutzrechtsinhaber verfolgt werden?
3. Ist eine Strafverfolgung Ihrer Meinung nach gerechtfertigt?

Anhang II: Gesprächs - und Ansprechpartner [628]

[628] Im Nachfolgenden werden Adressen von Personen und Institutionen aufgeführt, die sich u.a. mit dem Thema der "CD-Piraterie" beschäftigen. Der Verfasser führte nicht mit allen der dort aufgeführten Personen Gespräche.

Industrievertreter

Softwareindustrie:

- Beiersdorff GmbH, Agentur für Marketing-Kommunikation, Frau Gabriele Toering, Brunhildenstr. 32, 80639 München, tel: 089/178037-17, fax: 089/170725, http://www.beiersdorff.de
- Business Software Alliance (BSA), Frau Schwarz, Dillwächterstr. 1, 80686 München, tel: 0130/171801, fax: 0130/171802, http://www.bsa.de
- GVU, s. Videoindustrie
- Microsoft GmbH, Frau Kroll, Edisonstr. 1, 85713 Unterschleißheim, tel: (089) 3176-0, fax: 089/3176-3120
- Verband der Softwareindustrie Deutschlands e.V. (VSI), Frau Miriam Hohenfeldt, Seitzstr. 17, 80538 München, tel: 089/29160293, fax: 089/29160296
- Verband der Unterhaltungssoftware Deutschlands (VUD), Herr Achilles, Bad Meinberger Str. 1, 37620 Detmold, tel: 05231/954405, fax: 05231/954408

Audioindustrie

- International Federation of the Phonografic Industry (IFPI), Rue de Belle-Vue 20, Box 2, B - 1050 Bruxelles, tel: 00322/646 73 00, fax: 00322/646 53 95
- Deutsche Landesgruppe der IFPI e.V., Herr Dr. Martin Schaefer, Grelckstr. 36, 22529 Hamburg, tel: 040/580258, fax: 040/582842

Videoindustrie

- Gesellschaft zur Verfolgung von Urheberrechtsverletzungen e.V. (GVU), Herr Jan Scharringhausen (Justitiar), Bramfelder Str. 102a, 22305 Hamburg, tel: 040/6906141-44, fax: 040/6906237

- Motion Picture Association (MPA),
  Herr Bonet, Avenue de Tervuren 270, B - 1150 Bruxelles,
  tel: 0032-2/778 27 11, fax: 0032-2/778 27 50

Weitere Industrieverbände

- Aktionskreis Deutsche Wirtschaft gegen Produkt- und Markenpiraterie e.V.,
  RA'in Doris Möller, Adenauerallee 148, 53113 Bonn,
  tel: 0228/104328
- Deutscher Industrie- und Handelstag,
  An der Kollonade 10, 10117 Berlin,
  tel: 030/238 56 47, fax: 030/238 56 46
- Vereinigung zur Bekämpfung der Produktpiraterie e.V.,
  Herr RA Spitz, Bavariaring 20, 80336 München,
  tel: 089/544 25 40, fax: 089/543 90 40, e-mail: message@vbp.org

Vertreter der Autoren und Künstler

- Gesellschaft für musikalische Aufführungs- und mechanische Vervielfältigungsrechte (GEMA), Herr Woelfe, Rosenheimer Str. 11, 81667 München,
  tel: 089/480 03 - 00, fax: 089/480 03-969
- IG Medien, Landesverband Berlin,
  Herr Kolinski, Dudenstr. 10, 10965 Berlin,
  tel: 030/78 80 09-0, fax: 030/78 80 09 20

Behörden

- Landeskriminalämter

Baden-Württemberg	Herr Ranze, PF 500729, 70337 Stuttgart, tel: 0711/24890026, fax: 0711/24890017
Bayern	Herr Hofmann, Maillingerstr. 15, 80636 München, tel: 089/1212-0, fax: 089/1212-2356
Berlin	Herr Hecheler (Software), Keithstr. 30, 10787 Berlin, tel: (030) 78051633
	Herr Sonnenschein (Musik-CDs), Otto-Braun-Str. 27, 10178 Berlin, tel: (030) 24372517

Brandenburg	Herr Salender, Prenzlauer Str. 66-70, 16352 Basdorf, tel: 033397/402, fax: 033397/42509
Bremen	k. A.
Hamburg	LKA 521, Herr Scholz, Sachsenstr. 10-16, 20097 Hamburg, tel. 040/236400, fax: 040/23640162
Hessen	Herr Krieg, Hölderlinstr. 5, 65187 Wiesbaden, tel: 0611/83-0, fax: 0611/834399
Mecklenburg / Vorpommern	Herr Lemrich, Retgendorfer Str. 2, 19067 Rampe, tel: 03866/64-0, fax: 03866/64-224
Niedersachsen	Herr Förster, Herr Wandtke, Schützenstr. 25, 30161 Hannover, tel: 0511/3303400, fax: 0511/3303408
Nordrhein-Westfalen	Frau Scherer, Völklinger Str. 49, 40221 Düsseldorf, tel: 0211/939-0, fax: 0211/939 69 41
Rheinland-Pfalz	Herr Holly, Valenciaplatz 1-7, 55118 Mainz, tel: 06131/65-0, fax: 06131/652480
Saarland	Herr Pfeifer, Koblenzer Str. 23, 66115 Saarbrücken, tel: 0681/9761-140, fax: 0681/9761105
Sachsen	Herr Schlotterer, Neuländer Str. 60, 01129 Dresden, tel: 0351/855-0, fax: 0351/8580044
Sachsen-Anhalt	Herr Backhaus, Dez. 34, Lübecker Str. 53-63, 39116 Magdeburg, tel: 0391/2500, fax: 0391/2502635
Schleswig-Holstein	Mühlenweg 166, 24116 Kiel, tel: 0431/160-4000, fax: 0431/160-5029
Thüringen	Herr Schmidt, Am Schwemmbach, 99099 Erfurt, tel: 0361/3411163, fax: 0361/3411109

- Bundeskriminalamt, OA 34,
  Herr Bernd Fröhlich, Thaerstr. 11, 65193 Wiesbaden,
  tel: 0611/555712, fax: 0611/555725

- Oberfinanzdirektion München, SV 1204 B,
  Herr Hoffmeister, Sophienstr. 6, 80333 München,
  tel: 089/5995-00, fax: 089/5995-1150
- Zollkriminalamt,
  Herr Holländer, Tel-Aviv-Str. 1, 50676 Köln,
  tel:0221/20600, fax: 0221/2060310
- World Intellectual Property Organisation,
  34, chemin des Collombettes, CH-1211 Genève,
  tel: 0041-22/7309111, fax: 0041-22/7335428

Anhang III: Fragebogen [629]

[629] Aus drucktechnischen Gründen ist eine originalgetreue Wiedergabe des Layouts des Fragebogens nicht möglich.

1. Bitte kreuzen Sie auf der Skala von -2 (starke Ablehnung) bis +2 (volle Zustimmung) Ihre Meinung zu den folgenden Aussagen an.

- Der Ehrliche ist der Dumme.

starke Ablehnung □ □ □ □ □ volle Zustimmung
-2 -1 0 +1 +2

- Kriminelle werden heute nicht mehr richtig bestraft.

starke Ablehnung □ □ □ □ □ volle Zustimmung
-2 -1 0 +1 +2

- Den *Hersteller* einer kopierten CD kann man nicht so behandeln wie einen gewöhnlichen Kriminellen.

starke Ablehnung □ □ □ □ □ volle Zustimmung
-2 -1 0 +1 +2

- Den *Hersteller* einer kopierten CD-ROM kann man nicht so behandeln wie einen gewöhnlichen Kriminellen.

starke Ablehnung □ □ □ □ □ volle Zustimmung
-2 -1 0 +1 +2

- Den *Käufer* einer kopierten CD kann man nicht so behandeln wie einen gewöhnlichen Kriminellen.

starke Ablehnung □ □ □ □ □ volle Zustimmung
-2 -1 0 +1 +2

- Den *Käufer* einer kopierten CD-ROM kann man nicht so behandeln wie einen gewöhnlichen Kriminellen.

starke Ablehnung □ □ □ □ □ volle Zustimmung
-2 -1 0 +1 +2

- Softwarepiraten muß man wegen ihrer Intelligenz bewundern, insbesondere bei der Umgehung des Kopierschutzes.

starke Ablehnung □ □ □ □ □ volle Zustimmung
-2 -1 0 +1 +2

- Das Überspielen einer CD ist die eine Möglichkeit, sich gegen die Preisgestaltung der Musik-Industrie zu wehren.

starke Ablehnung □ □ □ □ □ volle Zustimmung
-2 -1 0 +1 +2

- Das Kopieren einer CD-ROM ist eine Möglichkeit, sich gegen die Preisgestaltung der Computer-Industrie zu wehren.

starke Ablehnung □ □ □ □ □ volle Zustimmung
-2 -1 0 +1 +2

- Gegen CD- und CD-ROM-Piraten soll sich die Industrie selbst wehren. Für den strafrechtlichen Schutz brauchen keine Steuergelder verschwendet werden.

starke Ablehnung □ □ □ □ □ volle Zustimmung
-2 -1 0 +1 +2

- Die Industrie geht bei ihrer Preisbildung bereits von einer gewissen Anzahl Raubkopien aus. Deshalb entsteht der Industrie dadurch gar kein Schaden.

starke Ablehnung □ □ □ □ □ volle Zustimmung
-2 -1 0 +1 +2

2. Sind CD-ROMs Ihrer Meinung nach zu teuer? (Bitte ankreuzen.)

❍ ja

❍ nein

❍ weiß nicht

3. Sind CDs Ihrer Meinung nach zu teuer? (Bitte ankreuzen und ausfüllen.)

❍ ja

Wieviel sollte eine CD kosten? (bitte Preis angeben) ______DM

❍ nein

❍ weiß nicht

4. Stellen Sie sich vor, daß Sie sich eine raubkopierte CD oder CD-ROM kaufen. Entsteht Ihrer Meinung nach dem Produzenten der CD dadurch ein Schaden? (Bitte ankreuzen.)

❍ ja Schätzung der Schadenshöhe (bitte beziffern):

❍ nein (Mehrfachnennungen möglich)

❍ dem Produzenten sind keine Materialkosten entstanden

❍ weil ich mir diese CD sonst nicht kaufen würde

❍ andere Gründe (bitte angeben):

5. Sie sollen nun verschiedene Verhaltensweisen zueinander einordnen. Bitte geben Sie eine Reihen- bzw. Rangfolge an, nach der Sie die Sozialschädlichkeit folgender Ihnen vorgegebener neun Verhaltensweisen einordnen (1 bedeutet „am meisten sozialschädlich"). Tragen Sie die Reihenfolge („Plazierung") bitte in die Kästchen ein.

☐ Kauf einer kopierten CD-ROM

☐ Anfertigung einer Kopie einer CD-ROM unter Umgehung eines Kopierschutzes

☐ Anfertigung einer Kopie einer (Musik-)CD

☐ Diebstahl eines Gemäldes in der Nationalgalerie

☐ Diebstahl einer Flasche Wein im Supermarkt

☐ Entsorgung eines Alt-Autos im Wald

☐ doppelter Bezug von Sozialhilfe an zwei verschiedenen Wohnorten

☐ Nichtangabe von Einkünften in der Steuererklärung

☐ „Schwarzfahren" in öffentlichen Verkehrsmitteln

In den nun folgenden Fragen sollen Sie dazu Stellung nehmen, ob und wie bestimmte Handlungen bestraft werden sollen. Sollten Sie sich für eine Bestrafung entscheiden, dann tragen Sie bitte ein, ob mit Geld- oder Freiheitsstrafe. Bei der Geldstrafe tragen Sie bitte die Höhe der Tagessätze ein.

Zum Beispiel: Sie sind der Meinung, daß 1 monatliches Netto-Gehalt als Strafe gezahlt werden sollte, dann tragen Sie 30 Tagessätze ein, ein halber Monat entspricht 15 Tagessätzen usw. Bei einer Freiheitsstrafe tragen Sie bitte ein, wieviel Wochen, Monate und Jahre, wobei diese Zahlen kombiniert werden können, z.B. 1 Jahr 6 Monate 2 Wochen.

6. Sollen Hersteller von Raubkopien von CDs bestraft werden? (Bitte ankreuzen und vervollständigen.)

❍ ja

Mit welcher Strafe?

❍ Geldstrafe, und zwar ___ Tagessätze

❍ Freiheitsstrafe, und zwar

_ Jahre

_ Monate

_ Wochen

❍ nein

❍ weiß nicht

7. Sollen Hersteller von Raubkopien von CD-ROMs bestraft werden? (Bitte ankreuzen und vervollständigen.)

❍ ja

Mit welcher Strafe?

❍ Geldstrafe, und zwar ___ Tagessätze

❍ Freiheitsstrafe, und zwar

_ Jahre

_ Monate

_ Wochen

❍ nein

❍ weiß nicht

8. Sollen Käufer von Raubkopien von CDs bestraft werden? (Bitte ankreuzen und vervollständigen.)

❍ ja

Mit welcher Strafe?

❍ Geldstrafe, und zwar ___ Tagessätze

❍ Freiheitsstrafe, und zwar

_ Jahre

_ Monate

_ Wochen

❍ nein

❍ weiß nicht

9. Sollen Käufer von Raubkopien von CD-ROMs bestraft werden? (Bitte ankreuzen und vervollständigen.)

❍ ja

Mit welcher Strafe?

❍ Geldstrafe, und zwar ___ Tagessätze

❍ Freiheitsstrafe, und zwar

_ Jahre

_ Monate

_ Wochen

❍ nein

❍ weiß nicht

10. Was ist Ihrer Meinung nach illegal / strafbar? (Bitte ankreuzen. Mehrfachnennungen möglich.)

❍ Kauf kopierter CDs

❍ Verkauf kopierter CDs

❍ Überspielen von CD auf CD

❍ Überspielen von CD auf MC (Cassette)

❍ Abspielen einer kopierten CD zu Hause

❍ Abspielen einer kopierten CD im Supermarkt

❍ Überspielen von auf CD-ROM gespeicherten Computerprogrammen auf eine andere CD-ROM

❍ Überspielen von auf Diskette gespeicherten Computerprogrammen auf Diskette

❍ Abspielen / Benutzen auf CD-ROM kopierter Computerprogramme

❍ Weitergeben von Raubkopien auf CD-ROM an Freunde

❍ Weitergeben lizenzierter Computerprogramme auf CD-ROM an Freunde zum Kopieren

❍ Verkaufen kopierter Computerprogramme

11. Welches Strafmaß sieht das Gesetz Ihrer Meinung nach allgemein für Produktpiraten vor? (Bitte ankreuzen und vervollständigen.)

❍ keine Strafe

❍ Geldstrafe, und zwar ___ Tagessätze

❍ Geldstrafe und Freiheitsstrafe

❍ bis 6 Monate Freiheitsstrafe

❍ bis 12 Monate Freiheitsstrafe

❍ bis 3 Jahre Freiheitsstrafe

❍ bis 5 Jahre Freiheitsstrafe

❍ mehr als 5 Jahre Freiheitsstrafe

12. Haben Sie schon einmal Raubkopien von CDs gekauft? (Bitte ankreuzen.)

❍ ja

wieso?

❍ billiger als das Original
❍ Sonderpressung
❍ andere Gründe (bitte angeben):

wo?

❍ Trödelmarkt
❍ Straßenverkauf
❍ Direktversand
❍ andere Angaben:

❍ weiß nicht
❍ nein

Hätten Sie die CD gekauft, wenn Sie sicher wüßten, daß es sich um nicht-lizenzierte Ware handelt? ❍ ja ❍ nein

13. Besitzen Sie kopierte Computerprogramme? (Bitte ankreuzen.)

❍ nein
❍ ja ❍ auch auf CD-ROM

Wie sind Sie in den Besitz dieses Computerprogrammes gekommen?

❍ Kopie eines Programms von Freunden
❍ Geschenk
❍ Kauf
❍ auf andere Art und Weise

14. Würden Sie die Raubkopie einer CD erkennen? (Bitte ankreuzen.)

❍ ja, und zwar am:

❍ Einleger (booklet)
❍ kein GEMA-Aufdruck
❍ am Platten-Label
❍ fehlender Hinweis auf Lizenzgeber bei Hits-Compilations
❍ schlechte Musik-Qualität
❍ andere Erkennungszeichen (bitte angeben):

❍ nein
❍ weiß nicht

15. Würden Sie die Raubkopie einer CD-ROM erkennen? (Bitte ankreuzen)

❍ ja, und zwar am:

❍ Einleger (booklet)
❍ am Software-Produzenten
❍ andere Erkennungszeichen (bitte angeben):

❍ nein
❍ weiß nicht

16. Bitte schätzen Sie: Wieviel Prozent der Bevölkerung der Bundesrepublik würden raubkopierte CDs kaufen, wenn sie die Gelegenheit dazu hätten? (Bitte ausfüllen.)

_______%

17. Bitte schätzen Sie: Wieviel Prozent der Bevölkerung der Bundesrepublik würden sich die Raubkopie einer CD-ROM aneignen, wenn sie die Möglichkeit dazu hätten? (Bitte ausfüllen.)

_______%

18. Wie hoch schätzen Sie den jährlichen Schaden, der in der BRD durch CD-Piraterie entsteht? (Bitte ausfüllen.)

____________DM

19. Wie hoch schätzen Sie den jährlichen Schaden, der in der BRD durch CD-ROM-Piraterie entsteht? (Bitte ausfüllen.)

____________DM

- **Persönliche Angaben**

20. Bitte geben Sie Ihr Alter an: ____________Jahre

21. Bitte geben Sie Ihr Geschlecht an: ❍ männlich ❍ weiblich

22. In welchem Bundesland wohnen Sie? (Bitte eintragen.)

23. Besitzen Sie einen Computer? ❍ ja ❍ mit CD-ROM-Laufwerk ❍ nein

24. Wieviele CD-ROMs besitzen Sie? (Bitte ausfüllen.)

25. Wieviele CDs besitzen Sie? (Bitte ausfüllen.)

26. Welches Musik-Genre liegt Ihnen am nächsten? (Bitte ankreuzen. Mehrfachnennungen möglich.)

❍ Klassik ❍ Jazz ❍ Rock
❍ Techno ❍ Pop ❍ Independent

27. Wieviele CDs bzw. CD-ROMs kaufen Sie sich durchschnittlich? (Bitte ankreuzen.)

CDs	CD-ROMs
❍ 1-2 im Jahr	❍ 1-2 im Jahr
❍ 1 im Monat	❍ 1 im Monat
❍ 1 pro Woche	❍ 1 pro Woche
❍ 2-3 pro Woche	❍ 2-3 pro Woche
❍ häufiger	❍ häufiger

28. Wieviel Geld steht Ihnen monatlich (netto) zur Verfügung? (Bitte ankreuzen.)

❍ weniger als 500	❍ 2500-3500
❍ 500-1500	❍ 3500-5000
❍ 1500-2500	❍ mehr als 5000

Peter Lang · Europäischer Verlag der Wissenschaften

Robert Jofer

Strafverfolgung im Internet

Phänomenologie und Bekämpfung kriminellen Verhaltens in internationalen Computernetzen

Frankfurt/M., Berlin, Bern, New York, Paris, Wien, 1999. 252 S.
Europäische Hochschulschriften: Reihe 2, Rechtswissenschaft. Bd. 2555
ISBN 3-631-34335-3 · br. DM 84.–*

Das Internet hat Straftätern neue Betätigungsfelder eröffnet, mit denen sich Justiz und Gesetzgeber zunehmend auseinandersetzen müssen. Nach der Darstellung der bisher aufgetretenen Kriminalitätsphänomene und der zugehörigen Erkenntnisquellen widmet sich ein zweiter Schwerpunkt materiell-rechtlichen Fragestellungen. Unter anderem werden die Anwendbarkeit deutschen Strafrechts und die Strafbarkeit des Providers – unter Berücksichtigung des neuen TDG – intensiv erörtert. Im dritten Teil werden die technischen und prozessualen Probleme der Strafverfolgung in Computernetzen sowie die Möglichkeiten und Grenzen der Strafverfolgung untersucht. Schwierigkeiten bereitet die Internationalität des Mißbrauchs und der Auslandsbezug von Ermittlungen. Der staatliche Zugriff auf Mailboxen ist mit dem vorhandenen rechtlichen Instrumentarium kaum zu rechtfertigen. Verschlüsselungsverbote werden ausführlich behandelt.

Aus dem Inhalt: Erscheinungsformen des Verbrechens im Internet · Strafbarkeit von Providern und Nutzern · Technische und strafprozessuale Probleme der Strafverfolgung im Internet · Überwachung von Mailboxen · Das Kryptographieproblem

Frankfurt/M · Berlin · Bern · Bruxelles · New York · Oxford · Wien
Auslieferung: Verlag Peter Lang AG
Jupiterstr. 15, CH-3000 Bern 15
Telefax (004131) 9402131
*inklusive Mehrwertsteuer
Preisänderungen vorbehalten

FSC
www.fsc.org
MIX
Papier | Fördert gute Waldnutzung
FSC® C083411

Kolibri 360 GmbH
Ferdinand-Jühlke-Straße 7
99095 Erfurt, Deutschland
produktsicherheit@kolibri360.de

Druck:
CPI Druckdienstleistungen GmbH
im Auftrag der
Kolibri 360 GmbH
Ferdinand-Jühlke-Str. 7
99095 Erfurt